महादेवी वर्मा

26 मार्च, 1907—11 सितम्बर, 1987

छायावादी कविता की इकलौती स्त्री कवि। गद्य में भी उतनी ही प्रभावी और सिद्धहस्त। अपनी रचनाओं में पितृसत्ता की दमनकारी संरचना का विखंडन प्रस्तुत किया। उनकी किताब 'शृंखला की कड़ियाँ' स्त्री विमर्श की भारतीय सैद्धान्तिकी निर्मित करती है। 'भारत-भारती पुरस्कार', 'पद्म विभूषण' और 'भारतीय ज्ञानपीठ पुरस्कार' से सम्मानित।

सम्पादक

अर्चना सिंह

युवा समाजविज्ञानी। उत्तर भारत की राजनीति में महिलाओं की उपस्थिति, उनकी अंदरूनी और बाहरी दुनिया की आशाओं, स्वप्नों और राजनीति तथा भारत में नारीवाद के पर्यावरणीय पक्षों पर विशेष रूप से काम। न्यायिक अधिकारियों, प्रशासकों और छात्रों को लैंगिक रूप से संवेदनशील बनाने और शिक्षित करने के लिए कई वर्कशॉप। गोविन्द बल्लभ पन्त सामाजिक विज्ञान संस्थान में एसोसिएट प्रोफेसर।

शृंखला सम्पादक

बद्री नारायण

हिन्दी के महत्त्वपूर्ण कवि और समाजविज्ञानी। कविताओं के चार संग्रह प्रकाशित। हिन्दी और अंग्रेजी में अनेक किताबों के लिए चर्चित। आजकल गोविन्द बल्लभ पंत सामाजिक विज्ञान संस्थान के निदेशक। 'भारतभूषण अग्रवाल पुरस्कार' और 'साहित्य अकादेमी पुरस्कार' सहित अनेक महत्त्वपूर्ण सम्मानों से सम्मानित।

श्रृंखला संयोजन

डॉ. सूर्य नारायण
डॉ. विवेक निराला
डॉ. सुबोध शुक्ल

विचार का आईना

कला ✦ साहित्य ✦ संस्कृति

महादेवी वर्मा

सम्पादक

अर्चना सिंह

शृंखला सम्पादक

बद्री नारायण

लोकभारती पेपरबैक्स

लोकभारती पेपरबैक्स में
पहला संस्करण : 2023

लोकभारती पेपरबैक्स : उत्कृष्ट साहित्य के लोकप्रिय संस्करण

लोकभारती प्रकाशन
पहली मंजिल, दरबारी बिल्डिंग, महात्मा गांधी मार्ग
प्रयागराज-211 001
द्वारा प्रकाशित

शाखाएँ : 1-बी, नेताजी सुभाष मार्ग, दरियागंज, नई दिल्ली-110 002
अशोक राजपथ, साइंस कॉलेज के सामने, पटना-800 006
वेबसाइट : www.lokbhartiprakashan.com
ई-मेल : info@lokbhartiprakashan.com

बी.के. ऑफसेट
नवीन शाहदरा, दिल्ली-110 032
द्वारा मुद्रित

मूल्य : ₹250

Vichar Ka Aina
Kala Sahitya Sanskriti
MAHADEVI VERMA
Edited by Archana Singh

ISBN : 978-93-92186-14-1

दो शब्द

कला, साहित्य, संस्कृति लोकभारती प्रकाशन की एक अनूठी पुस्तक शृंखला है जिसमें भारत के मनीषियों, रचनाकारों एवं चिन्तकों के कला, साहित्य एवं संस्कृति पर केन्द्रित आलेखों, विचारों एवं साहित्य के अनेक विधाओं में अभिव्यक्त चिन्तनपूर्ण गद्यों का संकलन किया गया है।

आज के बाजारवाद के दौर में कला, साहित्य एवं संस्कृति को बचाए रखने के लिए यह जरूरी है कि हम अपने लेखकों, कवियों, मनीषियों, राजनीतिक द्रष्टाओं के कला, साहित्य एवं संस्कृति विषयक विमर्शों को याद करें एवं उनसे अपने को जोड़ें। ये विमर्श ही हमारी रचनाशीलता पर उपस्थित खतरों से हमें बचा पाएँगे। आज तो हमारी सामाजिकता पर भी खतरे उपस्थित हो गए हैं। मुझे तो लगता है कि कला, साहित्य एवं संस्कृति न हो तो समाज नहीं, समाज नहीं तो हम नहीं। फिर प्रश्न उठता है कि कला, साहित्य एवं संस्कृति को सत्ता एवं बाजार से कैसे बचाया जाए? मुझे तो लगता है कि खुद साहित्य, कला एवं संस्कृति में निहित, प्रवाहित एवं अभिव्यक्त हो रहे विचार ही साहित्य, कला एवं संस्कृति को बचा पाएँगे। उन विचारों को जितना स्मरण एवं पाठ किया जाएगा, उतना ही कला, साहित्य एवं संस्कृति के बचने के स्पेस हम निर्मित कर पाएँगे।

यह शृंखला न केवल हिन्दी वरन अनेक विश्व भाषाओं में इसलिए विशिष्ट है क्योंकि इसमें भारतीय लोक एवं समाज-चिन्तन की वैचारिक छाया भी मौजूद है। इस शृंखला में शामिल चिन्तकों एवं लेखकों का चयन एक अत्यन्त संवेदनशील विद्वानों के समूह ने किया है। साथ ही इसमें हरेक खंड के सम्पादक अपने-अपने क्षेत्र के महत्त्वपूर्ण नाम हैं।

शृंखला के इस खंड का सम्पादन युवा समाज वैज्ञानिक एवं नारी अध्ययन की प्रखर अध्येता डॉ. अर्चना सिंह ने किया है। यह खंड हमारे साहित्य जगत एवं अकादमिक दुनिया में महादेवी वर्मा के बन गए स्टीरिओटाइप 'नीर भरी दुःख की बदली' को विखंडित कर उनके चिन्तन के व्यापक फैलाव, उसमें भरी विविधता एवं सभ्यता विमर्श के अनेक ट्रैजेक्टरीज की तरफ हमें ले जाता है। इसमें कला, साहित्य, विज्ञान के अन्य संवादों पर महादेवी जी के विचार-प्रवण साहित्य संकलित

तो किये ही गए हैं, साथ ही यह संकलन साहित्यकार के आस्था, आदर्श एवं यथार्थ की अपेक्षाओं पर अत्यन्त अन्तर्दृष्टिपूर्ण चिन्तन से हमारा साक्षात्कार कराता है। इस संकलन की एक विशिष्ट खूबी है—महादेवी जी के नारी-सम्बन्धी चिन्तन, आलोचना एवं विचारों का संकलन कर उन्हें सही परिप्रेक्ष्य में प्रस्तुत करना। डॉ. अर्चना सिंह द्वारा लिखित सम्पादकीय इन आलेखों को एक समग्र परिप्रेक्ष्य देता है। यह संकलन साहित्य के ही नहीं, समाज-विज्ञान, नारी-अध्ययन एवं उपेक्षितों के अध्ययन के लिए महत्त्वपूर्ण परिप्रेक्ष्य एवं सामग्री उपलब्ध कराता है।

—बद्री नारायण
गोविन्द वल्लभ पंत सामाजिक विज्ञान संस्थान
प्रयागराज-2110019

स्त्री-विमर्श की देशज सैद्धान्तिकी और महादेवी

भारतीय स्त्री की व्याख्या दो विपरीत ध्रुवों पर परस्पर विरोधी बिम्बों के द्वारा होती है। भारतीय स्त्री कभी देवी, कभी प्रकृति, कभी मातृशक्ति के रूप में पूजी जाती है या कभी परिवार की सेवा के लिए समर्पित अनुगामिनी के रूप में रची-गढ़ी जाती है। इतिहासकारों में भी प्राचीन भारत में स्त्री की स्थिति को लेकर अनेक मत हैं। अल्टेकर जैसे इतिहासकार प्राचीन काल में स्त्री की बेहतर स्थिति का दावा करते हैं जबकि कुमकुम रॉय, उमा चक्रवर्ती जैसे इतिहासकार इसे मिथ मानते हैं। उनके अनुसार स्त्रियों को शक्तिहीन बनाने के प्रयास प्राचीन काल से ही शुरू हो गए थे। परन्तु स्त्री के इतिहास को समझने से पहले हमें, स्त्री को लेकर प्रचलित पूर्वस्थापित व्याख्याओं व मान्यताओं के अतिरिक्त स्त्री जीवन तथा उसकी वंचना, उन वंचनाओं की निर्मिति को समझना होगा। साथ ही इस विमर्श में निहित सत्य को समझने में ज्ञान की राजनीति को भी समझना होगा। इसके लिए हमें अपने दृष्टिकोण का पुनर्सृजन व देशज संस्रोतों की पुनर्व्याख्या करनी होगी।

आग हूँ जिससे ढुलकते बिन्दु हिमजल के
शून्य हूँ जिसके बिछे हैं पाँवड़े पलकें
पुलक हूँ जो पला है कठिन प्रस्तर में
हूँ वही प्रतिबिम्ब जो आधार के उर में
नील घन भी हूँ सुनहली दामिनी भी हूँ!
बीन भी हूँ मैं तुम्हारी रागिनी भी हूँ

—महादेवी

इन रूपकों का विरोधाभास स्त्री जीवन के द्वंद्वों को उकेरने का एक प्रयास है। ऐसे प्रयास हमारे समाज को समझने का एक लेंस हो सकते हैं। हम समाजविज्ञानी पश्चिमी चिन्तकों की दृष्टि से भारतीय समाज को समझने का प्रयास करते हैं। हमें नई देशज दृष्टि विकसित करनी होगी। नये तरह का समाजविज्ञान लिखना और समझना होगा। इस दिशा में हिन्दी साहित्य एक महत्त्वपूर्ण भूमिका निभा सकता है। हिन्दी साहित्य में हुए महत्त्वपूर्ण बौद्धिक कार्य, जो समाजविज्ञानियों की चर्चा से बाहर रहे हैं, उन्हें एक बार खँगालना होगा। ये साहित्यिक कार्य हमारे भारतीय समाज

को समझने का एक बड़ा स्रोत हो सकते हैं। समाजविज्ञान लिखते समय हमें अपनी पोजीशन, समाज को देखने का लेंस देशज रखना होगा। कई बार हम वैधता के प्रश्न में उलझकर अपने अनुभवजन्य ज्ञान को नकार देते हैं और पश्चिमी ढाँचे से प्रेरित होकर पूर्वग्रह रहित सार देखने के फेर में सामाजिक सन्दर्भों की अनदेखी कर देते हैं।

इन सामाजिक सन्दर्भों को समझे बिना हम शक्ति-संचरण की प्रक्रिया नहीं समझ सकते हैं। अपवंचना की निर्मिति करनेवाली शक्ति केवल संसाधनों तक सीमित नहीं रहती है। ज्ञान की दुनिया को भी नियंत्रित करने का प्रयास करती है। शक्ति संचालन के बिना ज्ञान सम्भव नहीं है। लेकिन इसी शक्ति संचालन के साथ एक प्रतिरोधी धारा भी क्रियाशील रहती है। शक्ति की उपस्थिति प्रतिरोध को जन्म देती है। अकादमिशियनों व समाजशास्त्रियों ने इन प्रतिरोधों के विभिन्न आयामों का विस्तृत अध्ययन व डाक्यूमेंटेशन किया है, पर स्त्री जीवन के छोटे-छोटे प्रतिरोध मुक्ति की चाह में उठाये गए छोटे-छोटे कदम अन-डाक्यूमेंटेड रह जाते हैं। यदि साहित्य में ये आते हैं तो कोरी कल्पनाएँ बनकर रह जाते हैं। विशेषकर हिन्दी पट्टी में सामन्ती मूल्यों से दबे समाज में ये प्रतिरोध अकल्पनीय हो जाते हैं।

भारतीय समाज में प्रतिरोध की परम्परा लोक-परम्पराओं में, साहित्य में हमेशा से चलती रही है। हमारे साहित्य में भारतीय समाज के प्रतिरोधी पहलुओं की लगातार पड़ताल होती रही है। भारतीय समाज के सत्य को सन्दर्भ सहित ही समझ सकते हैं। सत्य को समझने के लिए हमें आयातित टूल्स से बचना होगा। हमारा साहित्य, हमारे देशज संस्रोत समाजविज्ञान के लिए एक बड़ा नॉलेज बेस बन सकते हैं। हजारीप्रसाद द्विवेदी का 'नाथ सम्प्रदाय' एक बेहतरीन एथनोग्राफिक कार्य है। श्रीलाल शुक्ल की 'राग दरबारी' एक बेहतरीन ग्राम अध्ययन का स्रोत है। हजारीप्रसाद द्विवेदी, राहुल सांकृत्यायन और वासुदेवशरण अग्रवाल समाजविज्ञान के शोध में महत्त्वपूर्ण स्रोत हो सकते हैं। ऐसे साहित्य का अध्ययन समाजविज्ञान के लिए मील का पत्थर साबित हो सकता है।

यह संकलन एक समाजविज्ञानी दृष्टि से देशज स्त्रीवादी विमर्श को महादेवी के साहित्य के माध्यम से समझने का प्रयास है जो महादेवी के लेखन को केवल साहित्य न मानकर समाजविज्ञान का एक महत्त्वपूर्ण स्रोत मानता है; विशेष कर स्त्री-विमर्श की सैद्धान्तिकी गढ़ने में। आजकल समाजविज्ञान में नैरेटिव एनालिसिस की पद्धति उभर रही है। हम दो प्रकार की वास्तविकताओं पर काम करते हैं : एक पैराडिगमेटिक वास्तविकता, जिसके अध्ययन का केन्द्र संस्कृति है; दूसरी नैरेटिव रियल्टी, जिसके अध्ययन का केन्द्र जमीनी स्तर की वास्तविकताएँ हैं। महादेवी का लेखन दोनों प्रकार की एनालिसिस के लिए हमें कथ्य देता है। उनके लेखन में सामाजिक व सांस्कृतिक, दोनों प्रकार के तथ्यों का वर्णन होता है। वे लिखती हैं कि "हिन्दू समाज ने उसे अपनी प्राचीन गौरवगाथा का प्रदर्शन मात्र बनाकर रख छोड़ा

है और वह मूक निरीह भाव से उसको वहन करती जा रही है। परिस्थितियाँ बदल रही हैं परन्तु समाज केवल स्त्री को, जिसे उसने दासता के अतिरिक्त कुछ नहीं देना सीखा, प्रलय की उथल-पुथल में भी शिला के समान स्थिर देखना चाहता है।"[1]

हम जब भी स्त्री-विमर्श की बात करते हैं, मूल ग्रंथ के रूप में सिमोन डी. बुआ की 1949 में छपी पुस्तक 'द सेकेंड सेक्स' हमारे लिए आधार की तरह काम करती है। पर भारत के हिन्दी साहित्य में कुछ बहुत महत्त्वपूर्ण रचनाओं ने यह विमर्श बहुत पहले शुरू कर दिया था। उन्नीसवीं शताब्दी के उत्तरार्द्ध व बीसवीं शताब्दी के पूर्वार्द्ध भारत में स्त्री-विमर्श के लिए बहुत महत्त्वपूर्ण है। इस समय न केवल सामन्तवादी ढाँचे टूट रहे थे बल्कि स्त्री-विमर्श का अनेक मुखर व मूक अभिव्यक्तियों के द्वारा उद्भव हो रहा था। इसी परम्परा की एक महत्त्वपूर्ण कड़ी भारतेन्दु द्वारा प्रकाशित 'बालबोधिनी' पत्रिका थी, जो 1874 में शुरू होकर 1877 में बन्द हो गई थी। 1882 से ताराबाई शिन्दे की पुस्तक 'स्त्री-पुरुष तुलना' में पितृसत्ता, सामाजिक व्यवस्था, संस्कृति व पुरुषों की मानसिकता की तीखी आलोचना है। 1894 में प्रकाशित 'कुलीन स्त्री-संस्कृति' नामक मिशनरी पत्रिका के उपसंहार में लेखक स्पष्ट करते हैं कि यद्यपि हिन्द की स्त्रियों में अनेक प्रशंसनीय गुण हैं परन्तु कई अफसोसजनक दुर्गुण भी हैं, जिसका कारण ज्ञान का अभाव है, क्योंकि उनको कभी शिक्षा नहीं मिली जिसके दोषी यहाँ के पुरुष हैं। इसी समय की एक अन्य महत्त्वपूर्ण पुस्तक 'सीमन्तनी उपदेश' है, जिसमें लेखकों के नाम नहीं हैं। इस संकलन के लेख ये बताते हैं कि शायद समय अनुकूल न होने के कारण शास्त्रार्थ की परम्परा वाले इस देश में स्त्री प्रश्न तो खड़े कर रही थी पर बिना अपनी पहचान बताए। इसे 1988 में सम्पादित कर डॉ. धर्मवीर ने प्रकाशित किया। लेखिका का नाम ज्ञात न होने के कारण धर्मवीर ने उसे 'एक अज्ञात हिन्दू औरत' लिखा है। यह पुस्तक स्त्री की यातना के विभिन्न पक्षों को सामने लाती है। इसमें विधवा स्त्री की पीड़ा, सती-प्रथा का विरोध, सतीत्व जैसी दमनकारी छवि का पुरजोर खंडन है। हम साहित्य की इस धारा को स्त्री-विमर्श के सैद्धान्तिक खाँचे में भले न रख पाए परन्तु यह एक नये तरह के प्रतिरोधी विमर्श का उद्भव था जिसमें स्त्री-प्रश्नों को अलग-अलग तरीके से उठाया जा रहा था और उनके उत्तर ढूँढ़ने के सार्थक प्रयास हो रहे थे।

किसी भी रचना को उसके समय तथा सन्दर्भ में समझना आवश्यक होता है। तभी हम उस समय-काल की सीमाओं को समझ पाएँगे। उन्नीसवीं सदी के सुधारक भी, जोकि स्त्री की उन्नति के पक्षधर थे और देश के विकास में उनकी अहम भूमिका देख रहे थे, वे भी स्त्री की भूमिका को एक अच्छी पत्नी या माँ के खाँचे से बाहर ले जाकर नहीं देख पा रहे थे। यहाँ तक कि स्त्री-प्रश्न भी भारतीय स्त्री की आदर्श रूप के खाँचे में बँधे थे, एक आध्यात्मिक छवि से ग्रसित थे—एक ऐसी छवि, जो पश्चिम की स्त्री से एकदम भिन्न थी।[2]

महादेवी जी जिस युग में लिख रखी थीं, उस युग में शिक्षा के प्रसार के साथ हिन्दी में पाठकों की संख्या बढ़ रही थी। परन्तु एक बड़ी संख्या में लोगों ने औपचारिक शिक्षा नहीं ग्रहण की थी और उनकी रुचि मनोरंजक साहित्य में अधिक थी। शिक्षित स्त्रियाँ भी स्वतंत्र थीं। उनके जीवन की डोर उनके पुरुषों के हाथ में थी। सुधारवादी भी उनका विकास पारिवारिक परिधि के अन्दर ही देख रहे थे। स्त्री-प्रश्न भी स्त्रीत्व की उस भूमिका से बँधे थे, जो भारतीय समाज की पहचान था और पश्चिम से एकदम अलग था। स्त्रियों की शिक्षा सुगृहिणी बनने के लिए और सक्षम मातृत्व के लिए थी। उन्हें हर स्थिति में नियमों का पालन कर मर्यादित बने रहना था। 'गृहलक्ष्मी' और 'स्त्री दरपन' (1909) जैसी पत्रिकाएँ महिलाओं के अनौपचारिक शिक्षा का साधन थीं। ये पत्रिकाएँ उपदेशात्मक होती थीं। यहाँ तक कि स्त्रियों के विद्यालय में विषयों का चयन भी स्त्री स्वभाव के अनुसार था। हिन्दी, इतिहास, भूगोल और गृहविज्ञान मुख्य विषय थे। गणित, विज्ञान, धर्म और साहित्य वैकल्पिक विषय थे। अधिकतर पत्रिकाओं के लेख चाहे पुरुष लिख रहे हों या महिला, कर्तव्यों व आदर्श की बात कर रहे थे। परन्तु इसी समय 'चाँद' जैसी पत्रिकाएँ शुरू हुईं जिनमें स्त्री-प्रश्नों को उनके अनुभवजन्य लेखन के द्वारा उठाया जा रहा था। 'चाँद' हिन्दी की एक प्रगतिशील पत्रिका थी, जिसका प्रकाशन सन् 1923 में इलाहाबाद से हुआ। इस पत्रिका में नारी जीवन से सम्बन्धित चर्चा अधिक रहती थी। साहित्यिक होते हुए भी यह पत्रिका लगातार सामाजिक प्रश्नों से जूझती रहती थी। इस पत्रिका में स्त्री के विचारों, भावों और आकांक्षाओं की बात की गई। 'चाँद' के सम्पादक के तौर पर 1935-38 में महादेवी जी ने राजनैतिक और सामाजिक सुधारवादी लेखों से परहेज किया है। उनका जोर साहित्य और कविताओं पर अधिक था। एक ओर वे स्त्री-अभिव्यक्ति को स्पेस दे रही थीं और दूसरी ओर वे समस्याओं का समाधान स्त्री की मर्यादित छवि के भीतर ही ढूँढ़ रही थीं। चाँद की सम्पादकीय 'अपनी बात' में महादेवी जी कहती हैं कि "समाज की दो आधार शिलाएँ हैं : एक अर्थ का विभाजन और दूसरा स्त्री-पुरुष का सम्बन्ध। इनमें से यदि एक भी स्थिति से विषमता पैदा होने लगती है तो समाज का सम्पूर्ण प्रासाद हिले बिना नहीं रह सकता।"[3] उस समय का समाज मुखर अभिव्यक्ति व तीव्र प्रतिरोध के लिए शायद एकदम तैयार नहीं था। इसीलिए 'चाँद' का एक विशेष अंक, जोकि विधवाओं की स्थिति पर था, उसके सम्पादकीय[4] में नयनतारा सहगल को स्पष्ट करना पड़ा कि "इस अंक का उद्देश्य विधवा-विवाह को प्रोत्साहन देना नहीं है।" 'चाँद' के कुछ अंकों को सारे सामंजस्य की कोशिश के बाद भी बहुत विरोध झेलना पड़ा। सारे विरोधाभास के बाद भी 'चाँद' में लगातार स्त्री-प्रश्न सशक्त ढंग से खड़े किये जा रहे थे। 'चाँद' के मई, 1912 के अंक में चाँदरानी अपने लेख 'औरतों की जिन्दगी के सारांश' में कहती हैं कि "आजादी के खयाल को बिलकुल छोड़ देना चाहिए जो कि गलत तालीम की वजह से हिन्दोस्तान

में फैलता जा रहा है।" वहीं उसी पत्रिका के जून, 1912 के अंक में मिसेज मुशरान अपने लेख 'औरतों की आजादी' में चाँदरानी का जवाब देती हैं। वे लिखती हैं कि "बहन चाँदरानी जी को आजकल इस आजादी पर बड़ा दु:ख होता है कि औरत मर्द के बराबर क्यों होना चाहती है, सो यह बात याद रखो कि जब तक मर्द हमें अपने बराबर रखकर इज्जत न करेंगे, कभी कामयाब न होंगे।" अनेक सीमाओं के बाद भी 'चाँद' जैसी पत्रिका लगातार साहसिक कदम उठा रही थी। 'चाँद' एक मंच था जहाँ चरित्रहीन स्त्री की सामाजिक छवि पर भी प्रश्न उठ रहा था। उसके लिए समाज व परिवार की जिम्मेदारी सुनिश्चित की जा रही थी। 'चाँद' के 1929 के 'मारवाड़ी विशेषांक' के विरुद्ध बहुत शोर मचा। घनश्याम दास बिरला ने गांधी जी को इसके विरुद्ध लिखने को प्रेरित किया। यह स्पष्ट था कि भारतीय संस्कृति व समाज में अन्तर्निहित पुरुषवादी कट्टरता स्त्री-मुक्ति के प्रश्नों की तीव्रता को लगातार क्षीण करने की कोशिश में थी, पर मुक्तिकामी चेतना से युक्त ये स्त्रियाँ लगातार, धीरे-धीरे अपना मार्ग प्रशस्त कर रही थीं।

सच है कि महादेवी का समय स्त्री-प्रश्न को उठाने के लिए बहुत उपयुक्त नहीं था। उस समय तक पश्चिम में भी नारीवादी विमर्श ठीक से नहीं स्थापित हो पाया था। महादेवी जी के अनुसार, साहित्य का उद्देश्य सामाजिक समस्याओं और उनका हल ढूँढ़ने से अधिक अनुभव और अन्तर्दृष्टि से लैस व्यक्ति विशेष के परिवर्तन के लिए होना चाहिए।

''क्रान्ति की अग्रदूती और स्वतंत्रता की ध्वजधारिणी नारी का कार्य जीवन के स्वस्थ निर्माण में शेष होगा, केवल ध्वंस में नहीं।"[5] उनके प्रतीकों का विश्लेषण करते हुए अज्ञेय जी ने कहा था। उन्हें तो वैयक्तिक अनुभूतियों को अभिव्यक्ति भी देनी थी और सामाजिक शिष्टाचार और रूढ़ बन्धन की मर्यादा भी निभानी थी, यही भाव उन्हें प्रतीकों का आश्रय लेने पर बाध्य करता है।

तमाम सीमाओं के बाद भी बीसवीं सदी के प्रारम्भ में महादेवी वर्मा जी का लेखन प्रतिरोधों की अभिव्यक्ति है, जो रूढ़ियाँ तोड़ता हुआ, नये बिम्बों के सहारे पाठकों को अचंभित करता है। उनका लेखन एक विमर्श को स्थापित करने का सार्थक प्रयास है। अलग-अलग विधाओं में अलग-अलग रणनीति के द्वारा महादेवीजी न केवल एक विमर्श खड़ा करने की कोशिश करती हैं बल्कि स्त्री-विमर्श की सैद्धान्तिकी रचने का प्रयास करती हैं। वे अनुभवजन्य ज्ञान से स्त्री की विवेचना करती हैं। "जहाँ तक नारी की स्थिति का प्रश्न है, वह आज इतनी संज्ञाहीन व पंगु नहीं हैं कि पुरुष अकेले ही उसके भविष्य और गति के सम्बन्ध में निर्णय कर ले। हमारे राष्ट्रीय जागरण में उसका सहयोग महत्त्वपूर्ण और बलिदान असंख्य है। समाज में वह अपनी स्थिति के प्रति विशेष सजग और सतर्क हो चुकी है। साहित्य को कुछ ही सालों में उसकी सजीवता का जैसे परिचय मिल चुका है। वह भी उपेक्षणीय

नहीं है। इसके अतिरिक्त संक्रान्ति काल में सभी देशों की नारी अपने कठिन त्यागों से अर्जित गृह, सन्तान और जीवन को अरक्षित देखकर और पुरुष की स्वभावगत पुरानी बर्बरता का नया परिचय पाकर, सम्पूर्ण शक्ति के साथ जग चुकी हैं। भारतीय नारी भी इसका अपवाद नहीं।"[6]

महादेवी जी की रचनाओं को समझने के लिए उस समय के सन्दर्भ, परिवेश, स्त्री जीवन को समझना सहायक हो सकता है। पर काव्य और गद्य के लेखन से वे अलग-अलग खाँचे में चलती हैं। काव्य को अनचाहा विस्तार न देकर व्यक्तिगत सुख-दुःख तक ही रखती हैं। वे कहती हैं कि "स्वर्ग की उस समय भी कोई कामना मेरी कविता में नहीं थी और आज भी नहीं है।" वे आगे कहती हैं कि "आँसू मुझे उस व्यक्ति के साथ बिठा देते हैं, एकदम उसमें मेरा तादाम्य हो जाता है। किसी और स्थिति में नहीं होता। दुःख में निरन्तर हो जाता है।"[7] गद्य और पद्य लेखन में अभिव्यक्ति के तरीके में स्पष्ट अन्तर देखा जा सकता है। वे स्वयं इस बात को स्वीकारते हुए कहती हैं कि "गद्य में मैं कुछ और बात कहती हूँ, पद्य में वह न कहूँ यानी वही बात जो गद्य में कहती हूँ तो मुझे बल नहीं मिलेगा। मेरा अन्तर्जगत दूसरे प्रकार का है और वह दूसरी अभिव्यक्ति चाहता है।"[8] परन्तु एक बात दोनों में है कि वे स्वयं दुःख को प्रकट करती हैं, जीवन के दुःख को अभिव्यक्त करती हैं, परन्तु दुःख उन्हें रोक नहीं पाता है। उनकी कल्पनाओं के पंख नहीं काट पाता है। वे स्वप्न देखती हैं, वे रूढ़ियों को तोड़ती हैं, कामनाएँ व्यक्त करती हैं।

स्त्री-विमर्श का पश्चिमी ढाँचा शायद हमें वह शक्ति नहीं दे सकता है जो महादेवी जी का लेखन। यह विमर्श हमारे सामाजिक परिप्रेक्ष्य से नारीवादी विमर्श व प्रतिरोध को समझने की शक्ति देता है। महादेवी भारतीय समाज की पितृसत्तात्मक जड़ों की गहराई और उससे उपजी रचनाधर्मिता के बन्धनों को तोड़ती हैं और मुक्ति के हर सम्भव रास्ते की पड़ताल करती हैं।

एक ओर वह कहती हैं कि "मैं नीर भरी दुःख की बदली", वहीं दूसरी ओर यह बदली उनको रोक नहीं पाती है और वे कहती हैं : "इन सपनों के पंख न काटो, इन सपनों की गति मत बाँधो।"

महादेवी जी उस समय इतनी बेड़ियों के बाद भी स्वप्न देखने का साहस कर पा रही थीं। मुक्ति के मार्ग खोजने की कोशिश कर रही थीं। वह कहती हैं कि "आप कल्पना कीजिए कि समाज के संघर्ष, परिवार के संघर्ष और एक प्रकार से सारी व्यवस्था से संघर्ष उसके बीच में पढ़ना है, उसके बीच में लिखना है।"[9]

महादेवी के लेखन में विशेष कर कविताओं की स्त्री की पीड़ा की अनेक छवियाँ मिलती हैं—कभी उलाहना, कभी इन्तजार, कभी मुक्ति की छटपटाहट। हजारीप्रसाद द्विवेदी उनके बारे में कहते हैं : "वे प्रतीकों के माध्यम से और सतर्क लाक्षणिकता के सहारे, भावावेशों को दबाती हैं।"

महादेवी जी ने अपने समय के सभी प्रासंगिक प्रश्नों को छुआ है। उन्होंने पितृसत्तात्मक समाज में नारीवादी कर्मठता की अभिव्यक्ति अलग-अलग प्रकार से की है। महादेवी की रचनाओं में एक 'मुक्तिकामी आकांक्षा' लगातार दिखाई देती है। महादेवी स्त्री के दु:ख व घुटन की बात करते हुए निर्वाण की कल्पना भी कर पाती हैं। वे स्त्री-पीड़ा के प्रति सचेत होती हैं—व्यक्तिगत और मानसिक, दोनों स्तरों पर। स्त्री-पुरुष सम्बन्धों से शक्ति-संचालन व असन्तुलन की व्याख्या करके ही नहीं छोड़ देतीं परन्तु स्त्री-प्रश्नों से जूझने की भी शक्ति देती हैं। हालाँकि महादेवी जी इन प्रतिरोधी अभिव्यक्तियों, स्त्री-प्रश्नों को पहली बार मंच पर नहीं ला रही थीं।

मीराबाई, बहिना बाई, अक्का महादेवी, ललद्यद जैसी सन्त कवयित्रियों ने महिलाओं की स्वतंत्रता व रचनात्मक प्रेरणा के स्वर देना भक्ति काल से ही शुरू कर दिया था। पर उन अभिव्यक्तियों की भी अपनी सीमा थी। मीरा जैसी भक्त कवियों की एक समस्या है—पितृसत्तात्मक षड्यंत्रों का घेरा तो लाँघ लेती हैं, स्वयंवरा हो जाती हैं पर पितृसत्ता का हल्का अभ्यंत्रण उनमें भी होता है। तभी तो वे दास्यभक्ति आरोपित कर देती हैं अपने कृष्ण पर, जिसे काट कर वे आगे बढ़ी थी।"[10] हमारी सामाजिक रूढ़ियाँ इस प्रतिरोधी धारा की शक्ति को अनेक तरीकों से चुनौती देती रहती थीं ये कभी समाजीकरण के नाम पर, कभी संस्कृति के नाम पर। पर ऐसी विषम परिस्थितियों में भी महादेवी का लेखन एक शक्ति का स्रोत था। उन्होंने लिखा है कि कल्पना कीजिए कि जब एक पन्द्रह-सोलह साल की लड़की कहती है कि वह गृहस्थ नहीं होगी तो भिक्षु होगी। कल्पना कीजिए, उसने कितना कष्ट, कितना संघर्ष झेला होगा![11]

महादेवी समाजविज्ञानी नहीं थीं लेकिन स्त्री-अस्मिता और उसके संघर्षों को भारतीय सन्दर्भ में समझने में उनका साहित्य बड़ा संस्रोत हो सकता है। अपनी समझ और शक्ति से वह समाजविज्ञान के लिए विमर्श गढ़ रही थीं। प्रतिरोधी भाव को समझने व उसे अपने साहित्य में उकेरने की अद्‌भुत क्षमता, महादेवी के साहित्य को भारतीय नारीवाद की जड़ों को समझने के लिए एक महत्त्वपूर्ण स्रोत बनाती है। सामाजिक सन्दर्भ के बीच से उठे प्रश्न और उनके हल शायद महादेवी जी को अधिक रेलिवेंट बनाते हैं। 'श्रृंखला की कड़ियाँ' के प्रारम्भ में 'अपनी बात' में वे कहती हैं : "अन्याय के प्रति मैं स्वभाव से असहिष्णु हूँ। इन निबन्धों में उग्रता की गन्ध आना स्वाभाविक है। परन्तु ध्वंस के लिए ध्वंस के सिद्धान्त में मेरा विश्वास नहीं रहा। मैं तो सृजन के उन प्रकाश-तत्त्वों के प्रति निष्ठावान हूँ जिनकी उपस्थिति में विकृति अन्धकार के समान विलीन हो जाती है।"[12] शायद महादेवी उस समकालीन समय की सीमाएँ समझ रही थीं। पर ये सीमाएँ उनकी गति को अवरुद्ध नहीं कर पाती हैं। वे प्रभुत्व स्थापित करनेवाली सामाजिक व सांस्कृतिक रचनाओं उनकी अन्त:क्रियाओं की लगातार पड़ताल करती हैं। महादेवी कहती हैं कि स्त्री का सामाजिक रूप उसके भावात्मक रूप से उसी प्रकार प्रभावित होता है, जैसे वृक्ष के फल-फूल धरती की

अन्तर्निहित आर्द्रता से।[13] यद्यपि उनका लेंस समाजविज्ञानी जैसा नहीं था, पर स्त्री स्वभाव को समझने की एक सार्थक कोशिश है। जहाँ लीला दुबे जैसी समाजविज्ञानी स्त्री शरीर की जेडेरिंग की प्रक्रिया को समझकर स्त्री-जीवन में उसके प्रभाव को देख पा रही थीं जिससे स्त्री के भीतर अनेक प्रक्रियाओं से संयम और सहनशीलता विकसित की जाती है।"[14] वहीं महादेवी इस प्रक्रिया को समझ रही थीं। महादेवी उससे पहले ही इस स्टीरिओटाइपिंग का स्त्री जीवन पर असर देख पा रही थीं पर एक अलग तरीके से तीव्र प्रतिक्रिया के साथ। धीरे-धीरे बनते-बनते स्त्री को बाँध रखने का सामाजिक, आर्थिक और धार्मिक उपकरणों से बना हुआ यंत्र इतना पूर्ण और इतना सफलतापूर्वक सक्रिय हो उठा कि उसमें ढलकर स्त्री केवल सफल दासी के रूप में निकलने लगी। न उसकी मानसिक दासता में कोई अभाव या न्यूनता थी और न ही शारीरिक दासता में। विद्रोह तो क्या, अपनी स्थिति के विषय में प्रश्न करना भी उसके लिए जीवन में यंत्रणा और मृत्यु के उपरान्त नरक मिलने का साधन था। आज यंत्रों के युग में भी दासत्व के इस पुराने किन्तु निर्माण-कौशल पर हमें विस्मृत होना पड़ता है। क्योंकि इसमें मूक यंत्रणा सहनेवाला व्यक्ति ही सहायता देनेवाले के कार्य में बाधा डालता रहता है।[15]

अपने समय की पड़ताल करते हुए 'छायावाद' लेख में महादेवी कहती हैं कि नारी की सामाजिक स्थिति के सम्बन्ध में उस समय तक बहुत-से आन्दोलन चल चुके थे। उसके जीवन की कठोर सीमा-रेखाओं को कोमल करने के लिए भी प्रयत्न हो रहे थे।[16] अपने पक्ष को सशक्त ढंग से आगे बढ़ाते हुए वे कहती हैं, छाया युग की नारी शायद अपने व्यक्तिगत जीवन के लिए विशेष सुविधा न प्राप्त कर सकी हो पर उसकी शक्ति ने पुरुष की वासना-व्यवसायी दृष्टि को एक दीर्घ काल तक जहाँ का तहाँ ठहरा दिया। छायावादी पुरुष कवि भी स्त्री को देह मात्र समझने की पुरुष-दृष्टि पर प्रहार कर रहे थे।

पर तुमने तो पाया सदैव उसकी सुन्दर जड़ देह मात्र
सौन्दर्य जलधि से भर लाये, केवल तुम अपना गरल पात्र [17]

इस विकृति के कारण की ओर संकेत भी स्वाभाविक है। छायावादी कवियों को इस सौन्दर्य को संकीर्ण बनाये जाने की पूरी प्रक्रिया का ज्ञान है।

तुम भूल गये पुरुषत्वमोह में, कुछ सत्ता है नारी। [18] —प्रसाद

महादेवी छायावाद की स्त्री को चेतनापूर्ण संवाद करती दिखाती हैं, और इसका प्रभाव लगातार छायावादी रचनाओं में दिखाई देता है। उनके विचार पुरुषों की सीमाओं को लेकर एकदम साफ हैं और वे किसी भी पुरुष को उन सीमाओं को लाँघने की इजाजत नहीं देती हैं।

छायायुग की नारी पुरुष के सौन्दर्य-बोध, स्वप्न, आदर्श आदि का प्रतीक है। आज पुरुष यदि उस प्रतीक को जीवन की पीठिका पर प्रतिष्ठित करने की क्षमता नहीं रखता, तो क्षम्य है। किन्तु अपनी ही अर्चित मूर्ति को पैरों तले कुचलने के लिए यदि वह जीवित नारी को अपनी कुत्सा में समाधि देना चाहे, मधु सौरभ पर पली हुई अपनी ही सृष्टि को आत्मसात् करने की इच्छा से, नारी के अस्तित्व के लिए क्रव्याद बन जाए, तो उसका अपराध अक्षम्य हो उठेगा।[19]

उनकी रचनाओं में अनेक स्वरूपों में स्त्री-चेतना का निर्माण हो रहा था, यद्यपि इसके स्वरूप भिन्न थे। स्त्री शिक्षा पर बार-बार लगातार जोर दिया जा रहा था पर शिक्षा का प्रारूप ऐसा बनाया जा रहा था, जहाँ स्त्रियाँ अपने गृहस्थ जीवन की सारी जिम्मेदारियाँ उठाती हुई शिक्षित बन सकें। ऐसे में महादेवी यह महत्त्वपूर्ण प्रश्न उठाती हैं कि "हम शिक्षक में योग्यताएँ क्यों नहीं ढूँढ़ते हैं? जो हमारी बालिकाओं, भविष्य की माताओं का निर्माण करेंगे, उनके प्रति हमारी उदासीनता को अक्षम्य ही कहना चाहिए।"[20] सामाजिक समस्याएँ, उनमें स्त्री की भूमिका, उसके समाज में योगदान को लेकर वे लगातार प्रश्न खड़े करती रहती हैं। वे स्त्री की भूमिका को लेकर अत्यन्त सजग हैं।

यदि वे अपने-आपको केवल मनोरंजन का साधन समझती हैं तब तो उनका चित्र बना रहना ही अच्छा है अन्यथा उन्हें अपने-आपको बाधाओं के अनुरूप वीर, कर्मठ प्रमाणित करना ही पड़ेगा।[21] स्त्री शक्ति पर विश्वास उनके लेखन में सशक्त रूप से उभरकर आता है। भारतीय नारी जिस दिन अपने पूर्व प्राणवेग से जाग सके, उस दिन उसकी गति रोकना किसी के लिए सम्भव नहीं है। उसके अधिकारों के सम्बन्ध में यह सत्य है कि वे भिक्षावृत्ति से न मिलेंगे।[22] सन्दर्भ और काल की सीमाओं के कारण कभी वे मूक प्रतिरोध करती हैं, कभी अनुगमन, कभी मुखर प्रतिरोध। इन अलग-अलग अभिव्यक्तियों के लिए वे अलग-अलग रास्ते बनाती हैं। "अनेक बार नारी की बाह्य स्थितियों के परिवर्तन की ओर ध्यान न देकर मैं उसकी शक्तियों को जागृत करके परिस्थितियों में साम्य लानेवाली सफलता सम्भव कर सकी हूँ। भारतीय नारी में कहीं साधारण दयनीयता है और कहीं असाधारण विद्रोह है, परन्तु सन्तुलन से उसका जीवन परिचित नहीं।"[23] परन्तु वहीं दूसरी ओर अतीत के चलचित्र में वे सभी वर्जनाओं को लाँघते हुए सशक्त महिला चरित्रों को गढ़ती हैं। 'लछमा' में वह कहती हैं : "इस तरह पग-पग पुरुष की सहायता की याचना न करनेवाली स्त्री की स्थिति कुछ विचित्र रही है। वह जितनी भी पहुँच के बाहर होती है, पुरुष उतना ही झुँझलाता है और प्राय: यह झुँझलाहट मिथ्या अभियोगों के रूप में परिवर्तित हो जाती है।"[24] वे पितृसत्ता व उससे उपजी बाधाओं को समझ रही थीं।

महादेवी साहित्य और समाज के अन्त:संवाद को समझ पा रही थीं। उनकी दृष्टि में साहित्यकार की आस्था बहुत महत्त्वपूर्ण भूमिका निभाती है। वे कहती हैं :

"आज साहित्यकार की आस्था का क्षेत्र अधिक व्यापक हो गया है पर यह व्यापकता उसे समसामयिक परिस्थितियों से संघर्ष कर उन्हें लक्ष्योन्मुख बना लेने की शक्ति दे सकती है।"[25] महादेवी जी के लेखन में एक ऐसी नारी विमर्श की विरासत है जो स्त्री-भावों, विचारों, तर्कों, बिम्बों व व्याख्याओं में अलग-अलग मुखर या अन्तर्निहित रूप में प्रस्तुत करता है।

महादेवी उस स्त्री का बिम्ब हैं जो एक सैद्धान्तिकी की खोज में है जहाँ स्त्री-विमर्श उनकी स्वयं की जमीन पर खड़ा हो सके। शायद इसीलिए वे कभी संस्कृति के नाम पर स्त्री को पारम्परिक छवि में बाँधती हैं, कभी उसकी मुक्तिकामी आकांक्षाओं की पड़ताल करती हैं और कभी वर्जनाओं पर प्रहार करती हैं। अलग-अलग विधाओं से वे अलग तरह के टूल्स का उपयोग करती हैं। पर स्त्री जीवन की वर्जनाओं पर वे लगातार प्रश्न खड़े करती हैं, उसकी प्राचीरों पर प्रहार करती हैं।

स्वर्ग बनाने का फिर कोई शिल्प, भूमि को सिखलाएगा
नभ तक जाने से मत रोको, धरती से इसे मत बाँधो

पर एक बात हर जगह दिखती है कि वे पीड़ा को समझती हैं और उसका बेलौस चित्रण करती हैं। वे प्रतिरोध के हर रूप को समझने का प्रयास करती हैं और उसे डॉक्यूमेंट भी करती हैं। मीरा विषयक व्याख्यानों की श्रृंखला में महादेवी जी कहती हैं कि "उसके विद्रोह के सम्बन्ध में जहाँ तक मैं कह सकती हूँ या उसको समझ पाती हूँ तो वह मधुर है। उसका जो स्थायी तत्त्व है उसकी उपमा कैसे खोजूँ मैं? अगर फूल पर तलवार का पानी चढ़ाया जा सकता तो सम्भवत: मीरा की मूर्ति गढ़ी जा सकती थी।"[26] वे प्रतिरोध का केवल वर्णन ही नहीं करतीं, उस पूरी प्रक्रिया की पड़ताल करती हैं जहाँ प्रतिरोध जन्म लेता है। सुभद्रा कुमारी चौहान के बारे में अपने संस्करण में वह सुभद्रा जी को उद्धृत करती हैं : "परम्परा का पालन ही जब स्त्री का परम कर्तव्य समझा जाता था तब वे उसे तोड़ने की भूमिका बाँधती हैं। चितपरिचित रूढ़ियों और चितपरिचित विश्वासों को आघात पहुँचानेवाली हलचलों को हम देखना-सुनना नहीं चाहते। ऐसी हलचलों को अधर्म समझकर उनके प्रति आँखें मीच लेना उचित समझते हैं। किन्तु ऐसा करने से काम नहीं चलता। यह हलचल व क्रान्ति हमें बरबस झकझोरती है और बिना होश में लाये नहीं छोड़ती।"[27]

महादेवी का लेखन, उनके विषयों का चयन एक विशेष सामाजिक सन्दर्भ की ओर इंगित करता है, जिससे वे कभी स्त्री के लिए सीमाएँ बाँधती हैं तो कभी सामाजिक न्याय के सवाल खड़ी करती हैं। कभी पितृसत्ता को सामाजिक व्यवस्था के तहत आंशिक रूप से स्त्रियोचित कर्तव्यों के तहत स्वीकारती हैं तो कभी उस पर तंज करती हैं। कभी अपनी शिकायत दर्ज करती हैं। स्त्री का दु:ख उन्हें विचलित कर जाता है। सुख पुलकित करता है। "मुक्त हँसी से भरी पहाड़ी युवती, न जाने

क्यों मुझे इतनी भली लगती है।"[28] उनके प्रहार बहुत ही सशक्त हैं। स्त्री और पुरुष के सम्बन्ध के बारे में पड़ताल करते हुए पितृसत्ता पर प्रहार करती हैं और कहती हैं: "जब पुरुष ने सौन्दर्य के इसी यथार्थ को विकलांगता और जीवन के इसी आदर्श को खंडित बना, उसे अपने मदिरा पात्र में नाप लेने का स्वाँग करते हुए आश्वस्त भाव से कहा—बस, नारी तो इतनी ही है, तब उसने अपनी बुद्धि की पंगुता और हृदय की जड़ता की ही घोषणा की।"[29] वे केवल नारी की छवि ही नहीं बल्कि साहित्य में शृंगार भाव के लिए परोसी जा रही स्त्री को भी साहित्यकारों की विचलन बताती हैं।

उनका लेखन लगातार सामाजिक न्याय की आकांक्षा को चित्रित करता है। जो प्रश्न उनके काव्य में छूटे, उन्हें वे विवेचनात्मक गद्य में पकड़ने की कोशिश करती हैं और अपने संस्मरणों में तो वे स्त्री के साहस को जैसे सेलिब्रेट करती हैं, सामाजिक सन्दर्भों में भीतर ही मुक्ति का रास्ता खोजती महादेवी रेफ्लेक्सिविटी के साथ एक नये तरह की स्त्री-विमर्श को गढ़ने का प्रयास करती हैं। "भोगा हुआ यथार्थ अर्थात् उनका अनुभव, उनकी पोजीशनैलिटी उनकी शक्ति बन जाती है। वे स्त्री-विमर्श के नाम पर एकतरफा तर्क न देकर उनकी शक्ति व बाधाओं के साथ विवेचना करती हैं।"[30]

नारी में परिस्थिति के अनुसार अपने बाह्य जीवन को ढाल लेने की जितनी सहज प्रवृत्ति है, अपने स्वभावगत गुण न छोड़ने की आन्तरिक प्रेरणा उससे कम नहीं। इसी से भारतीय नारी, भारतीय पुरुष से अधिक सतर्कता के साथ अपनी विशेषताओं की रक्षा कर सकती हैं। पुरुष के समान अपनी व्यथा भूलने को वह कादम्बिनी नहीं माँगती, उल्लास के स्पन्दन के लिए लालसा का तांडव नहीं चाहती क्योंकि दुःख को वह जीवन की शक्ति की परीक्षण के रूप में ग्रहण कर सकती हैं और सुख को कर्तव्य से प्राप्त कर लेने की क्षमता रखती हैं। दुःख को जीवन की शक्ति परीक्षा के रूप में देखने का लेंस पश्चिमी विचारक हमें नहीं दे सकते हैं। शक्ति-संचालन के फ्रेम को तोड़ना तो शायद महादेवी रेडिकल फेमिनिस्ट की तरह नहीं सिखा पातीं परन्तु शक्ति का केन्द्र समझने में सफल रहती हैं। भारतीय स्त्री के लाइफ वर्ल्ड की समझ ही उनकी शक्ति है। "वह हार बनेगा क्या, जिसने सीखा न हृदय को बिंधवाना।"[31] अपने लेखन में उन्होंने स्त्री के लाइफ वर्ल्ड के सभी पक्षों की विवेचना की है। वे बन्धन में भी मुक्ति का मार्ग खोजती हैं। अपने कर्तव्य की गुरुता को भलीभाँति हृदयंगम कर यदि हम अपना लक्ष्य स्थिर कर सकें तो हमारी लौह शृंखलाएँ हमारी गरिमा से गलकर मोम बन सकती हैं, इसमें सन्देह नहीं। महादेवी स्त्री जीवन की सारी समस्याओं को पितृसत्ता के दोष के रूप में आरोपित न करके स्त्री की स्वयं की जिम्मेदारी भी सुनिश्चित करने का प्रयास करती हैं। उनका विमर्श केवल सैद्धान्तिकी की बात न करके स्त्री जीवन के सभी पहलुओं, विमाता का व्यवहार, बाल-विवाह, वैधव्य, गरीबी, वृद्ध-विवाह, चरित्र भ्रष्ट पति की पड़ताल करता है। वे एक अच्छी नारी गढ़ने के पितृसत्तात्मक समाज की रणनीतियों पर तंज भी करती हैं : जिन भारतीय

दुर्बलताओं को वे अविरत संयम और अटूट साधना से भी जीवन के अन्तिम क्षण तक न जीत सकेंगे, उन्हीं दुर्बलताओं को किसी भूली हुई अस्पष्ट सुधि द्वारा जीत लेने के आदेश वे उन अबोध बालिकाओं को दे डालेंगे जो जीवन से अपिरिचित हैं।

स्त्री-विमर्श के विभिन्न पक्ष, स्त्री के सशक्त व्यक्तित्व का अलग-अलग सन्दर्भ, उन्होंने अपने कलम से उकेरा है। यद्यपि वे लगातार अपने फ्रेम बदलती रहती हैं। संसार की प्रगति से अनभिज्ञ, अनुभव-शून्य पिंजर बँधे पक्षी के समान अधिकार-विहीन, रुग्ण अज्ञानी नारी से फिर शक्ति-सम्पन्न सृष्टि की आशा की जाती है, जो मृगतृष्णा से तृप्ति के प्रयास के समान ही निष्फल सिद्ध होगी। स्त्री-मुक्ति का आख्यान रचती हुई महादेवी के समय भारतीय स्त्री के लिए स्वतंत्रता या मुक्ति की कामना भी वर्जित थी। तब स्त्री-आन्दोलन भी नहीं था, जागरूकता भी नहीं थी और स्त्री स्वयं वर्जनाओं को सहर्ष ढो रही थी। ऐसे में महादेवी जी पुरुष वर्चस्व पर सवाल करती हैं। ये प्रश्न वर्चस्व की कामना न होकर आत्मावलोकन हैं। आज के सशक्त स्त्री-विमर्श के दौर में हम उनके प्रश्नों की तीव्रता पर सवाल खड़े कर सकते हैं परन्तु उस समय कठिन था। वे अपने समय-काल के हिसाब से रणनीति बनाती हैं।

वे यद्यपि उमा चक्रवर्ती की तरह यह नहीं समझतीं या शायद कह नहीं पातीं कि स्त्री को संसाधन के रूप में नियंत्रित रखने के लिए कैसे स्त्री स्वभाव व स्त्री धर्म परिभाषित किये गए लेकिन विभिन्न स्त्री पात्रों की जीवन-संघर्ष पर प्रश्न खड़ा करके वे स्त्री की अधीनता को एक नये लेंस से देखने का प्रयास करती हैं। वे कहती हैं कि "प्राचीनकाल में मनुष्य को सामाजिक प्राणी बनाने में पत्नी, पुत्रादि के लिए गृह और उनकी पवित्रता की रक्षा करने के लिए नियमों का आविष्कार कराने में स्त्री का कितना हाथ था, यह कहना कठिन है परन्तु उसके व्यक्तित्व के प्रति समाज का इतना आदर और स्नेह प्रकट करना सिद्ध करता है कि मानव समाज की अनिवार्य आवश्यकताओं की पूर्ति उसी से सम्भव थी। प्राचीन आर्य नारी के सहधर्मिणी तथा सहभागिनी के रूप में कहीं भी पुरुषों का अन्धानुसरण या अपने आपको छाया बना लेने का आभास नहीं मिलता।"[32] लेकिन महादेवी समस्या या शक्ति संचालन से अर्थ का असमान वितरण की भूमिका को बखूबी समझती थीं। आज की बदली हुई परिस्थितियों में स्त्री केवल उन आदर्शों से सन्तोष न कर लेगी जिसके सारे रंग उसके आँसुओं से धुल चुके हैं, जिनकी सारी शीतलता उसके सन्ताप से उष्ण हो चुकी है। समाज यदि स्वेच्छा से उसके अर्थ सम्बन्धी वैषम्य पर ध्यान न दे, उसमें परिवर्तन या संशोधन की आवश्यकता न समझे तो स्त्री का विद्रोह दिशाहीन आँधी की तरह वेग पकड़ता जाएगा और तब एक निरन्तर ध्वंस के अतिरिक्त समाज उससे कुछ न पा सकेगा। ऐसी स्थिति न स्त्री के लिए सुखकर होगी, न समाज के लिए सृजनात्मक। वे अर्थ-स्वातंत्र व स्वावलम्बन के साथ स्त्री जीवन को शासित बनाने में ज्ञान की दुनिया की भूमिका को बाखूबी समझती हैं। वे समझती हैं कि ज्ञान एक निरपेक्ष

तत्त्व नहीं होता है। प्रत्येक समाज अपनी एक ज्ञान की दुनिया खड़ी करता है अपनी रणनीति के अनुसार। इस समय हमारी ईष्ट स्वतंत्रता है, जिसके द्वारा हम अपने जंग लगे हुए बन्धनों को एक ही प्रयास में काट सकती हैं। इसके लिए शिक्षा चाहिए, उसे चाहे किसी भी मूल्य पर क्रय करना पड़े, परन्तु आज वह हमें महँगी न लगेगी। कारण वह हमारे शक्ति के बल के कोष की कुंजी है। वही उस व्यूह से निकलने का द्वार है, जिसमें हमारे दुर्भाग्य ने हमें न जाने कब से घेर रखा है। स्त्री के सहभागिता को लेकर बहुत ही सचेत द्रष्टा थीं। वह प्रतिरोधी स्पेस की तलाश में राजनीतिक व सार्वजनिक क्षेत्रों में स्त्री की सहभागिता की बात करती हैं। शासन-व्यवस्था में भी उन्हें स्थान न मिलने से आधा नागरिक समाज प्रतिनिधिहीन रह जाएगा, कारण अपने स्वत्वों के रूप तथा आवश्यकताओं से स्त्रियाँ जितनी परिचित हो सकती हैं, उतने पुरुष नहीं। परन्तु स्थान मिलने का अर्थ यह नहीं है कि उन्हें केवल पुरुष परिषदों को अलंकृत करने के लिए रखा जाय। वे अनुभव की शक्ति पर लगातार जोर देती हैं। पुरुष के लिए नारीत्व अनुमान है, परन्तु नारी के लिए अनुभव। महादेवी अपने विमर्श में स्त्री के स्त्रैण भूमिका को कभी नहीं नकारती हैं परन्तु इस बात पर उनका लगातार जोर रहता है कि वह भूमिका उसकी स्वयं की चुनी हो, न कि किसी दबाववश। वे कहती हैं : "स्त्री के विकास की चरम सीमा उसके मातृत्व में हो सकती है, परन्तु यह कर्तव्य उसे अपनी मानसिक व शारीरिक शक्तियों को तौल कर स्वेच्छा से स्वीकार करना चाहिए, परवश होकर नहीं। कोई अन्य कार्य न होने पर बाध्य होकर जो स्वीकार किया जाता है, वह कर्तव्य नहीं कहा जा सकता।"[33]

जान स्टुअर्ट मिल शायद महादेवी जैसे विमर्श खड़े करनेवाली स्त्री की शक्ति व उससे पुरुष तानाशाही को खतरा 1869 में ही भाँप गए थे। उनका कहना था : जो स्त्रियाँ पढ़ती हैं और उससे भी ज्यादा जो स्त्रियाँ लिखती हैं, वे आज की सामाजिक संरचना के अनुकूल नहीं बैठतीं। वे एक विरोधाभास और सामाजिक व्यवस्था में व्यवधान पैदा करती हैं। स्त्रियों को रसिका या घरेलू नौकर की आवश्यकता से ज्यादा शिक्षा और संस्कार नहीं दिये जाने चाहिए। महादेवी ने स्त्री के साथ पक्षपात का रवैया नहीं अपनाया और यथासम्भव स्वयं को उदासीन रखा—समस्याओं की विवेचना करते समय; परन्तु स्त्री होने के कारण उन्होंने स्त्री के दु:ख, वेदना को बेहतर ढंग से समझा—पूरी रेफ्लेक्सिविटी के साथ। उन्होंने कहा कि मुझे दु:ख के दोनों ही रूप प्रिय हैं : एक वह, जो मनुष्य के संवेदनशील हृदय को सारे संसार से एक अविच्छिन्न बंध में बाँध देता है और दूसरा वह, जो काल और सीमा के बन्धन से पड़े असीम चेतन का क्रन्दन है।

महादेवी की रचना 'श्रृंखला की कड़ियाँ' का महत्त्व केवल ऐतिहासिक नहीं है। वह आज भी प्रासंगिक है। उसमें भारतीय स्त्री को गुलाम बनानेवाली आर्थिक, सामाजिक व धार्मिक प्रतिक्रियाओं से निर्मित जटिल व्यवस्था की कार्य-पद्धति के

विभिन्न रूपों का विश्लेषण है, जो आज भी सक्रिय है। पितृसत्ता को समझने, उससे संवाद करने और उससे मुक्ति की कामना करने में आज भी उनकी रचनाएँ प्रासंगिक हैं। नारी के भीतर प्रतिरोधी चेतना जगानेवाली महादेवी नारी-अधिकारों व नारी-मुक्ति के विभिन्न पक्षों की बात लगातार करती हैं। महादेवी स्त्री से अपेक्षा करती हैं कि वह घर-परिवार की सीमा में ही न बँधे, वह घर-परिवार की चहारदीवारी से निकलकर समाज और देश के निर्माण में महत्त्वपूर्ण भूमिका निभाए।

महादेवी के संस्मरण के स्त्री पात्र समाज या पितृसत्ता द्वारा निर्धारित स्पेस में रहते हुए अपना प्रतिरोध दर्ज कराते रहते हैं। महादेवी जी ने स्वयं अपने जीवन में विवाह-संस्था को बेड़ी न बनने दिया। वे विवाह-संस्था के बिना भी जीवन जीने का साहस कर पाई थीं; जो कि उस समय एक कठिन कदम था। जे.एस. मिल भी ये प्रश्न उठाते हैं कि क्या विवाह को हर स्त्री के लिए सचमुच इतना आकर्षण और गौरवपूर्ण बना दिया गया है कि स्त्री किसी और विकल्प की कमी महसूस न करे? महादेवी जी भी स्त्री को पतीत्व व मातृत्व तक ही न सीमित रहने पर लगातार प्रश्न उठाती हैं, प्रहार करती हैं। वे कहती हैं कि "समाज की स्थिति के लिए मातृत्व पूज्य है, व्यक्ति की पूर्णता के लिए सहधर्मिणीत्व भी श्लाघ्य है, परन्तु क्या यह माना जा सकता है कि सौ में से सौ स्त्रियों की शारीरिक व मानसिक स्थिति केवल इन्हीं दो उत्तरदायित्वों के उपयुक्त होगी? क्या स्त्री को भी उसकी शारीरिक व मानसिक शक्तियाँ और रुचि किसी अन्य श्लाघ्य लक्ष्य की ओर प्रेरित नहीं कर सकतीं? वे विवाह की बेड़ी व उससे उपजी बेबसी को समझती थीं इसीलिए अपने संस्मरण 'स्मृति की रेखाएँ' में वे बिबिया के ससुराल से उसका समाचार न मिलने पर कहती हैं कि "जब एक वर्ष तक मुझको उसका समाचार न मिला तब मैंने आश्वस्त होकर सोचा कि वह जंगली लड़की अब पालतू हो गई।"[34] वे विवाह-संस्था के रूप में स्त्री की बेड़ियों को भलीभाँति समझ पा रही थीं। उनके पात्र लगातार प्रतिरोध करते रहे हैं—कभी मुखर और कभी अप्रत्यक्ष। 'स्मृति की रेखाएँ' में ठकुरी बाबा के संस्मरण में पंडिताइन के लिए वह कहती हैं कि पति के पूजा-पाठ का खटराग पंडिताइन को फूटी आँखों नहीं सुहाता, इसी से वह कभी चंदन का मुठिया नाज में गाड़ देती हैं, कभी सुमिरनी मोखे में छिपा आती हैं और कभी पोथी-पत्रा अपनी पिटारी में बन्द कर देती हैं। महादेवी उन मूक प्रतिरोधों को भी डाक्यूमेंट कर लेती हैं जो कभी इतिहास का हिस्सा नहीं बन पाते। महादेवी के मीरा पर दिये व्याख्यानों की श्रृंखला में अनामिका इस अप्रत्यक्ष प्रतिरोध की शक्ति को स्वीकार करती है और अपने प्रस्तावना के अन्त में लिखती हैं : "आलोत्से ने कहा था, पुरुष की शक्ति है चट्टान जैसी, और स्त्री की चट्टान पर गिरती जलाधार जैसी। चट्टान की सारी अकड़ दूर हो जाएगी।"[35]

अपनी व्यथा व पीड़ा को टूल बनाकर महादेवी ने एक सशक्त स्त्री-विमर्श खड़ा करने का प्रयास किया। जिस काल से पश्चिम में भी स्त्री-विमर्श पल्लवित न

हो पाया था, उसी समय भारतीय समाज में महादेवी स्त्री-विमर्श की सैद्धान्तिकी रच रही थीं। उनका विमर्श आत्मकथा या आत्म-वंचना तक ही सीमित न रहकर स्त्री-दृष्टि से वंचना की विवेचना कर रहा था। नारी-वेदना का वर्णन करते समय महादेवी नारी-स्वातंत्र्य के प्रश्न भी खड़े कर रही थीं। प्रश्न यह है कि वे कैसी स्वतंत्रता की कामना कर रही थीं? नारी अधिकारों की बात करते समय वह कहती हैं कि हमें न किसी पर जय चाहिए, न किसी से पराजय : न किसी पर प्रभुता चाहिए, न किसी पर प्रभुत्व—केवल अपना स्थान। वह स्वत्व चाहिए जितना पुरुष के निकट कोई उपयोग नहीं है। महादेवी की कविता स्त्री-मन का उद्‌गार थी, पीड़ा थी, स्वतंत्र होने की चाहत थी। उनकी कविता में मुक्ति की आकांक्षा बार-बार दिखाई देती है।

महादेवी स्त्री की पीड़ा के साथ उसकी बाधाओं, सीमाओं को भी बखूबी समझती हैं। शायद इसीलिए उनका बिम्बों का चयन बहुत सटीक होता है जो उनके विमर्श को और प्रखर बनाता है।

बाँध लेंगे क्या तुझे यह मोम के बन्धन सजीले?
पन्थ की बाधा बनेंगे तितलियों के पर रँगीले?
विश्व का क्रन्दन भुला देगी मधुप की मधुर गुनगुन,
क्या डुबो देंगे तुझे यह फूल के दल ओस गीले?
तू न अपनी छाँह को अपने लिए कारा बनाना!
जाग तुझको दूर जाना!

वे स्त्री के स्वतंत्र अस्तित्व की कामना और अस्तित्वविहीन होने की पीड़ा को बखूबी समझती और कहती हैं : "विस्तृत नभ का कोई कोना, मेरा न कभी अपना होना, परिचय इतना, इतिहास यही, उमड़ी कल थी, मिट आज चली।" कृष्ण दत्त पालीवाल 'नवजागरण और महादेवी का रचना-कार्य, स्त्री-विमर्श के स्वर' में लिखते हैं : "द्विवेदी युगीन का अबला बिम्ब महादेवी तोड़कर चूर कर देती है :

शृंखलाएँ ताप के डर से गलेंगी, भित्तियाँ लोहे की रज में मिलेंगी।"[36]

दूधनाथ जी अपनी पुस्तक 'महादेवी' में कहते हैं : "लेकिन महादेवी ने जब स्त्रियों की समस्याओं पर सोचना-लिखना शुरू किया तो उन्हें किसी तरह का प्रलोभन नहीं था। यह एक जेनुइन मानसिक स्थिति थी। यह उनका सचेतपन था जब उन्होंने शृंखला की कड़ियों का अनुभव किया। जिन कड़ियों को वे खुद तोड़ चुकी थीं, उनकी दिली ख्वाहिश थी कि वे दूसरी संगिनियों के लिए भी टूटें।"[37]

महादेवी के विचारों में जो उतार-चढ़ाव दिखते हैं, उनकी स्त्री की छवि को लेकर जो विरोधाभास दिखते हैं, वह उनके इस कथन से स्पष्ट हो जाता है कि आदर्श का सत्य निरपेक्ष है, परन्तु यथार्थ की सीमा के लिए सापेक्षता आवश्यक ही

नहीं, अनिवार्य रहेगी। समाजविज्ञान की सैद्धान्तिकी को भी निरपेक्ष यथार्थ की जगह, सापेक्ष सत्य को देखना होगा। हम स्त्री-विमर्श को किसी एक कैटेगरी में न रखकर, इसे सन्दर्भिक सत्य के सापेक्ष समझेंगे, तभी हम विमर्श खड़ा कर पाएँगे जो सच में उनके जीवन को समझ सके। ज्ञान-परम्परा, एकरेखीय नहीं होती। हमें उसकी सभी धाराओं को समझना होगा। महादेवी ने अपनी रचनाओं में ऐसे मुद्दे उठाये, जो आज भी प्रासंगिक हैं। उन्होंने उपेक्षितों को अपनी आवाज दी। हमें यथार्थ और आदर्श, साहित्य व समाजविज्ञान के बीच अन्त:सम्बन्ध व संवाद स्थापित करना होगा, तभी हम स्त्री-विमर्श की देशज सैद्धान्तिक को समझ पाएँगे, और विमर्श को सही दिशा में आगे ले जा पाएँगे।

—अर्चना सिंह

सन्दर्भ

1. महादेवी वर्मा, 2008, श्रृंखला की कड़ियाँ—जीने की कला, लोकभारती
2. चटर्जी, पी., 1994, दी नेशन एंड इट्स फ्रेगमेंट्स, प्रिंसटन यूनिवर्सिटी
3. महादेवी वर्मा, 2008, श्रृंखला की कड़ियाँ—समाज और व्यक्ति, लोकभारती
4. विधवा-अंक, चाँद 1, 6, अप्रैल, 1923
5. महादेवी वर्मा, 2008, श्रृंखला की कड़ियाँ—आधुनिक नारी, लोकभारती
6. महादेवी वर्मा, 2008 साहित्यकार की आस्था व अन्य निबन्ध—सामयिक समस्या, लोकभारती
7. जैन निर्मला, सम्पा. वर्मा महादेवी समग्र खंड 4 मैं और मेरा परिवेश, वाणी प्रकाशन
8. वही
9. वही
10. मीरां और मीरां—महादेवी के मीरा विषयक व्याख्यान, राजकमल प्रकाशन
11. जैन निर्मला, सम्पा. वर्मा महादेवी समग्र, खंड 4 मैं और मेरा परिवेश, वाणी प्रकाशन
12. वर्मा महादेवी, 2008, श्रृंखला की कड़ियाँ-अपनी बात, लोकभारती
13. जैन निर्मला, सम्पा. महादेवी समग्र खंड 4 वाणी प्रकाशन-भारतीय संस्कृति और नारी
14. दुबे लीला, 1988, ऑन कंस्ट्रक्शन ऑफ जेंडर : हिन्दू गर्ल्स इन पैट्रिलिनेअल इंडिया, इकोनॉमिक एंड पोलिटिकल वीकली, खंड 23, अंक 18
15. वर्मा महादेवी, 2008 श्रृंखला की कड़ियाँ—जीने की कला, लोकभारती
16. वर्मा महादेवी; 2008, साहित्यकार की आस्था व अन्य निबन्ध-छायावाद, लोकभारती
17. वही
18. वही
19. वही, सामयिक समस्या, लोकभारती
20. वर्मा महादेवी; 2008; श्रृंखला की कड़ियाँ—हमारी समस्याएँ, लोकभारती
21. वही

22. वर्मा महादेवी; 2008; शृंखला की कड़ियाँ—अपनी बात, लोकभारती
23. वही
24. वर्मा महादेवी; 2008; अतीत के चलचित्र लछमा, लोकभारती
25. वर्मा महादेवी; 2008; साहित्यकार की आस्था व अन्य निबन्ध—साहित्यकार की आस्था, लोकभारती
26. मीरां और मीरां—महादेवी के मीरा विषयक व्याख्यान, राजकमल प्रकाशन
27. वर्मा महादेवी; 2008; पथ के साथी, सुभद्रा कुमारी चौहान, लोकभारती प्रकाशन
28. वर्मा महादेवी; 2008; अतीत के चलचित्र, लछमा, लोकभारती प्रकाशन
29. वर्मा महादेवी; 2008; साहित्यकार की आस्था व अन्य निबन्ध—यथार्थ और आदर्श, लोकभारती
30. वही
31. वही
32. वही, नारीत्व का अभिशाप, लोकभारती
33. वर्मा महादेवी; 2008; शृंखला की कड़ियाँ, लोकभारती
34. वही
35. वही, स्त्री के अर्थ स्वातंत्र्य का प्रश्न, लोकभारती
36. वही, हमारी समस्याएँ, लोकभारती
37. वही

क्रम

कला

कला और हमारा चित्रमय साहित्य

जिस प्रकार मानव-शरीर का जितना बाह्य अंश हम अपने चक्षुओं से देख सकते हैं, उतना उसे पूर्ण नहीं बना पाते; उसके हृदय, मस्तिष्क आदि अनेक हमारी दृष्टि से छिपे अंग उसे पूर्णता देकर कार्य के योग्य बनाते हैं, उसी प्रकार देश काल की सीमा में बँधा हुआ, परिस्थितियों में ढला हुआ मनुष्य का जितना जीवन हमारे सम्मुख रहता है, उतना ही उसकी पूर्णता के लिए पर्याप्त नहीं होता। उसकी पूर्णता के लिए हमें केवल चलने, काम करने या देखनेवाले सीमित जीवन को ही नहीं समझना पड़ेगा, वरन कल्पना-लोक में विचरते, स्वप्न देखते तथा सत्य को खोजते हुए जीवन को भी जानना होगा।

मनुष्य का जीवन रागात्मक तथा इतिवृत्तात्मक अनुभूतियों का संघात कहा जा सकता है जिनमें एक उसे व्यावहारिक संसार के लिए उपयोगी बनाती है और दूसरी एक अलौकिकता की सृष्टि कर कला को जन्म देती है, जो व्यावहारिक जीवन की रुक्षता को सरस बनाती हुई उसके सम्मुख विकास का सुन्दरतम आदर्श उपस्थित करती रहती है। वास्तव में मनुष्य में सत्य का ऐसा एक क्रियात्मक और रहस्यमय अंश छिपा हुआ है, जो अपनी अभिव्यक्ति के लिए सुन्दरता का साधन खोजता रहता है और इस सत्य का सौन्दर्य में रागात्मक प्रकाशन ही कला के सत्यं शिवं सुन्दरम की परिभाषा हो सकता है।

कलाकार का लक्ष्य जीवन की कुरूपता तथा सौन्दर्य, दुर्बलता तथा शक्ति, पूर्णता और अपूर्णता—सबकी सामंजस्यपूर्ण रागात्मक अभिव्यक्ति है और उसकी चरम सफलता जीवन तथा विश्व में छिपे हुए सत्य को सब ओर से स्पर्श कर लेने में निहित है। हम बाह्य विश्व को दो दृष्टिकोण से देख सकते हैं—प्राकृतिक और मानवीय; एक के द्वारा हम वस्तुओं के भौतिक उपकरणों का ज्ञान प्राप्त कर मनुष्य को भी उन्हीं की श्रेणी में सम्मिलित कर लेते हैं, दूसरे से विश्व के विभिन्न रूपों में व्यक्तित्व का आरोपण कर उन्हें भी मनुष्य के संगी के रूप में स्वीकार कर उनके सौन्दर्य पर मुग्ध और अभव्यता पर खिन्न होने लगते हैं। पहला दृष्टिकोण वैज्ञानिक तथा दार्शनिक से सम्बन्ध रखता है और संसार की सारी सुषमा में कंकाल दिखाकर उसकी व्यर्थता के प्रति हमारे हृदय में विराग उत्पन्न किये बिना नहीं रहता। दूसरा

कलाकार का है, जो विश्व की अपूर्णता को अपनी कल्पना से पूर्ण और उसके सौन्दर्य के आवरण में सत्य की झाँकी दिखा हमारे हृदय में आनन्द उत्पन्न कर देने में समर्थ है।

सत्य के अन्वेषक दोनों हैं; परन्तु एक परिचित वस्तु को भी अपरिचित बनाकर उससे दूरी की भावना को जन्म देता है; दूसरा परिचित को परिचिततम बनाकर उसे अपना एक अंश मान लेने पर बाध्य करता है। उदाहरणार्थ—रश्मियों से खेलने के लिए उत्सुक रंग-शिशुओं से हमारा निकटतम परिचय है, परन्तु जल को बनानेवाले हाइड्रोजन ऑक्सीजन से हम अपरिचित हैं। इसी से एक को हम चाहते हैं तथा दूसरे से अपना ज्ञानकोष बढ़ाकर भी दूर रहना चाहते हैं।

इन्हीं कारणों से कलाकार हमारे जीवन में एक विशेष स्थान रखता है। वह अपनी एकत्रीकरण शक्ति से एक वस्तु की अपूर्णता में दूसरी की पूर्णता मिलाकर एक ऐसी नवीन वस्तु का निर्माण कर देता है, जो हमारे लिए सौन्दर्यशक्ति आदि का अमर आदर्श बन सकती है। इसी से हमारे जीवन के उच्च और सुन्दरतम आदर्श कलाकारों की ही कृतियाँ रहे हैं।

कलाकार यदि सत्य अर्थों में कलाकार हो, तो वह कल्पना को सौन्दर्यमय आकार देगा, उसमें वास्तविकता का रंग भरेगा और उससे जीवन-संगीत की सुरीली लय की सृष्टि कर लेगा। उसके, कला में साकार आदर्श, तलवार की झनझनाहट में नहीं टूटते, बाँसुरी की मादक तान में नहीं बह जाते, मनुष्य की दुर्बलता पर हताश नहीं होते, कुरूपता पर कुंठित नहीं होते और क्षणिक सौन्दर्य पर चमत्कृत होना भी नहीं जानते। सभी सुगम-दुर्गम मार्गों में, सारे सुख-दु:खों में सारी फूल-शूलमयी परिस्थितियों में कला जीवन की संगिनी रही है और भविष्य में भी रहेगी।

कला, कला के लिए है या जीवन के लिए, यह प्रश्न उत्तर को अपने भीतर ही छिपाये हुए है। कला यदि जीवन की, सौन्दर्य में, सत्य में अभिव्यक्ति है तो भी यह जीवन से सम्बद्ध है। यह यदि जीवन की अपूर्णताओं को पूर्ण करने का प्रयास है तो भी उसके निकट है और यदि केवल उससे प्रसूत या उसका प्रतिबिम्ब है तो उसी की है। प्रकारान्तर से कहा जा सकता है कि जीवन कलामय है और कला जीवन, अत: इनका परस्पर अपेक्षित अस्तित्व अनपेक्षित बनकर नहीं जी पाता, चाहे निर्जीव प्रतिमा बनकर रह सके। प्राय: कार्य और कारण या उपकरण और उससे बनी वस्तु में रूप, रंग और आकार की भिन्नता हो सकती है, प्रकृति की नहीं, परन्तु हमारी कला इस कार्य-कारण सम्बन्धी नियम के अनुसार नहीं चलती, कारण वह क्षणिक जीवन से प्रसूत होकर भी अमर है। वह हमारे नीरस जीवन को सरस बनाने में, निराश्रय हृदय को अवलम्ब देने में और हमारे साधारण जीवन के लिए आदर्श स्थापित करने में सदा से समर्थ रही है।

हमारा जीवन अपनी उच्चतम, प्रियतम भावनाओं को, कल्पनाओं को उसमें साकार करता है और फिर उस आकार के अनुसार अपने-आपको बनाने का प्रयत्न करता रहता है।

कलाओं में काव्य जैसी श्रव्य कलाओं की अपेक्षा चित्र जैसी दृश्य कलाओं की ओर मनुष्य स्वभावत: अधिक आकर्षित रहता है। मूर्तिकला, चित्रकला आदि दृश्यकलाएँ एक ही साथ हमारे नेत्र-स्पर्श और मन की तृप्ति कर सकती थीं, इसी से वे हमें अधिक सुगम और तात्कालिक आनन्ददायिनी जान पड़ीं। विशेष कर चित्रकला, मूर्तिकला के काठिन्य से रहित और रंगों से सजीव होने के कारण अधिक आदृत हो सकीं। यह बोधगम्य इतनी अधिक है कि शैशव में कठिन-से-कठिन ज्ञान उसके द्वारा सहज हो जाता है। यह जीवन के निकट इतनी है कि बालक पहले सारे प्रत्यक्ष ज्ञान को टेढ़ी-मेढ़ी रेखाओं में बाँधने का प्रयत्न किये बिना नहीं रहता। प्राचीनकाल में इसने मनुष्य के निकट कितना सम्मान पाया, इसका निदर्शन अजन्ता तथा एलोरा के गह्वरों में अंकित चित्र हैं। पुरातन काल की सभी पौराणिक कथाएँ—चाहे विरही यक्ष से सम्बन्ध रखती हों, चाहे राजा दुष्यन्त से—बिना इस कला के मानो पूर्ण ही न होती थीं।

कला मनुष्य से सम्बन्ध रखती है और मनुष्य को किसी विशेष वातावरण में पलकर बड़ा होना पड़ता है जिसके प्रभाव से पूर्णतया मुक्त हो सकना उसके लिए सम्भव नहीं। यह वातावरण सामाजिक परिस्थितियों से और सामाजिक परिस्थितियाँ प्राय: राजनीतिक परिस्थितियों से प्रभावित होकर विशेष रूपरेखा पाती हैं। परन्तु, यह निर्विवाद है कि प्रत्येक परिस्थिति अपनी समस्याओं से ऊपर उठ सकनेवाले कलाकारों को उत्पन्न कर लेती है। एक युग की विशेष परिस्थितियाँ और उनके अनुरूप निर्मित आदर्श दूसरे युग में ठीक उसी रूप में नहीं लौटते और यदि लौटे भी तो विकास की गति में बाधा ही बनकर लौटेंगे। उपयोगी बने रहने के लिए उन्हें पुरानी आत्मा को नये कलेवर में छिपाकर अवतीर्ण होना पड़ता रहा है। जिस समय शत्रु सम्मुख थे, हाथ में असि थी, उस समय कला का आह्वान हृदय की सारी रौद्रता और निष्ठुरता जगाने के लिए ही हुआ था। उसके उपरान्त जब पराजित जाति हताश थी, अपमान के शूल से बिंधा हृदय लिये तड़प रही थी, उस समय कला एक हाथ में भक्ति की सुधा और दूसरे में विलास की मदिरा लेकर अवतीर्ण हुई। कोई तन्मयता में अपने-आपको भूला और किसी ने नशे में वास्तविकता डुबो दी। इसी प्रकार समय की लहरों से परिस्थितियों और परिस्थितियों से कला में परिवर्तन आते रहे, जिन पर उनके युग विशेष की अमिट छाप थी। हमारे वर्तमान युग की भी विशेष परिस्थितियाँ हैं, परन्तु यह नहीं कहा जा सकता कि कला इस युग में सुधा और मदिरा, दोनों लेकर उतरी है या केवल मदिरा।

अन्य कलाओं के समान चित्रकला ने केवल विशेष उन्नति ही नहीं की, वरन वह उत्तरोत्तर व्यापक से व्यापकतर होती जा रही है। विशेष कर हमारे प्रौढ़ पत्र-साहित्य ने बालक के समान चित्रकला की उँगली पकड़कर इस प्रकार चलना आरम्भ किया है कि उसे अब चित्र-साहित्य के नाम से पुकारना अधिक उपयुक्त होगा।

साप्ताहिक हो चाहे मासिक, सभी पत्रों को अच्छी-से-अच्छी पाठ्य-सामग्री के रहते हुए भी सस्ते उत्तेजक चित्रों के बिना मृत्यु चित्रित दिखाई देने लगती है। जनता की विषम रुचि, चित्रकारों की दुरवस्था, चित्रों का सस्तापन, छापने की सुविधा, सबने मिलकर इस कला के आदर्श की प्रतिमा को जैसे तिल-तिल करके तोड़ना आरम्भ किया है। उसे देखते हुए यह अनुमान कर लेना असंगत नहीं कि कुछ दिनों में उसे पूर्ण निर्वाण मिले बिना न रहेगा।

इसमें जो न्यूनता शेष रह सकती थी, वह चलचित्रों की अभिनेत्रियों और कलाविद् फोटोग्राफर्स ने पूर्ण कर दी है, यह कहना अतिशयोक्ति न होगी। यदि हम चित्रों की दृष्टि से अपने पत्र-साहित्य के विभाग कर सकें तो वे चार श्रेणियों में रखे जा सकते हैं—एक तो वे पत्र, जो अपनी सुरुचि और उच्चादर्श के अनुरूप केवल ऐसे ही चित्रों को स्थान देते हैं, जिनका आरम्भ यथार्थवाद और अन्त आदर्शवाद में होता हो, जिनमें किसी प्रकार की कुरुचि और उत्तेजना के प्रवेश के लिए, छोटा-सा रंध्र भी न मिल सकता हो। ऐसे चित्र अपनी अपेक्षाकृत न्यूनता के कारण महँगे और सबके लिए अप्राप्य तो हैं ही, साथ ही उन्हें समझनेवाले व्यक्तियों की संख्या भी इनी-गिनी ही रहती है। उनके द्वारा चित्रकला का आदर्श उन्नत हो सकता है, सुन्दर के साथ शिव का संयोग भी हो सकता है, परन्तु उनके द्वारा स्थापित आदर्श तक सर्वसाधारण को ले सकना अभी शताब्दियों का कार्य है। ऐसे चित्रों में प्राचीन आदर्शों के साथ नवीन परिवर्तनों का इतना अनुकूल सम्मिलन हुआ है कि वह अपनी विविधता, सजीवता और सौन्दर्य के लिए कलाविदों को सदा प्रिय रहेंगे; परन्तु जब तक यह सब के या अधिक-से-अधिक संख्या के लिए सुलभ न हो जावें, तब तक इनसे कोई स्थायी उपकार हो सकना कठिन जान पड़ता है।

दूसरे वे हैं, जो अपनी संकीर्ण सात्त्विक-वृत्ति की रक्षा के लिए एक विशेष अंग-भंगी से खड़े श्रीकृष्ण, विशेष प्रकार से धनुष धारण किये हुए राम या किसी और देवता के चित्र के अतिरिक्त कुछ और देना, चाहे वह कला का उत्कृष्टतम निदर्शन क्यों न हो, स्वीकार नहीं करते। इन चित्रों में न सजीवता रहती है न कला, मानो लकड़ी पर एक आकार खोदकर सब स्थानों में छाप दिया हो! मर्यादा पुरुषोत्तम के नाम से प्रख्यात राम और योगिराज कृष्ण के पराक्रम और ज्ञान को रेखाओं में सजीव कर देने में समर्थ चित्रकार न उन्हें मिलता है और न वे उसे खोजने का कष्ट ही उठाना चाहते हैं। ऐसे चित्रों के आधार-पत्र, यदि अपकार करते हैं तो केवल इतना कि कला के आदर्श को अपेक्षाकृत अवनत करके जनसाधारण की रुचि को परिष्कृत नहीं होने देते और यदि उपकार करते हैं तो इतना कि कला और पाठक, दोनों को निर्बन्ध नहीं बहने देते।

विषय पर कोई कला निर्भर नहीं रहती। सच्चे चित्रकार की तूलिका भगवान बुद्ध की चिर शान्त मुद्रा अंकित करके भी धन्य हो सकती है और हल कन्धे पर लेकर

घर लौटनेवाले कृषक का चित्र बनाकर भी अमर हो सकती है। कलाकार अमरता का विधायक हो सकता है; परन्तु तभी, जब उसकी कला उसकी अनवरत साधना में तप-तप कर खरा सोना बनकर निकलती है। ऐसे कलाकारों का अभाव है, यह सत्य नहीं; परन्तु इसमें बहुत कुछ सत्य है कि हम उन्हें न पहचानते हैं और न पहचानने का प्रयत्न करते हैं। फलत: अनधिकारियों के हाथ में पड़कर न तो कला विकसित होती है और न जिनके लिए कला अवतीर्ण हुई है, उनकी रुचि ही विकास पाती है।

तीसरी श्रेणी में वे सचित्र पत्र-पत्रिकाएँ रखी जा सकती हैं, जिन्हें अपने व्यवसाय के अतिरिक्त किसी की चिन्ता नहीं। उन्हें न कला की उन्नति-अवनति से सम्पर्क रखना है, न जनसाधारण की भलाई-बुराई का विचार करना है, अत: प्राय: वे साधारण मनुष्यों की दुर्बलता से लाभ उठाने का प्रयत्न करते हैं, उसे दूर करने का नहीं। वैसे तो वह सारा चित्र-जगत ही स्त्रीमय हो रहा है; परन्तु जिन्हें केवल व्यवसाय की चिन्ता है, उनके पत्रों ने तो स्त्रियों की शोचनीय दुर्दशा कर डाली है। जिस चित्रकार को देखिए, अस्त-व्यस्त या विवस्त्र युवती का चित्र बना रहा है। उसी की माँग है, परिस्थितियों का दास चित्रकार क्या करे!

युवती का चित्र देना कोई दोष नहीं है, परन्तु उसके पीछे जो एक पाशविक मनोवृत्ति छिपी है, उसी को अमंगलमयी कहना चाहिए। यदि एक चित्रकार हिमालय की चोटी को छूकर रंगों के फव्वारे की तरह बिखर जानेवाली किरणों को अंकित करने के लिए विकल हो उठा हो, अशान्त समुद्र की ऊँची-नीची लहरों में झूल-झूलकर अन्त की ओर जाती हुई छोटी तरणी का चित्र बनाने के लिए उसका हृदय उमड़ आया हो, जर्जर वस्त्र में लिपटे क्षीण-मलिन बालक का हाथ पकड़कर पेड़ के नीचे आ बैठनेवाली अन्धी भिखारिन का चित्र आँकते-आँकते यदि उसकी तूलिका थक गई हो और सुनहली गोधूलि में लौटते हुए श्रान्त कृशकाय और उसकी रूखे बिखरे बालोंवाली बालिका का मुख यदि उसके कागज पर उतर आया हो, तो वह युवती का सौन्दर्य भी अंकित करके और अधिक पवित्र हो उठेगा। उसके लिए स्त्री का सौन्दर्य संसार के अखंड सौन्दर्य का एक खंड मात्र है। जब ऐसा नहीं होता और चित्रकार केवल वासना से सूखे कंठवालों के लिए नारी के पूत सौन्दर्य को मदिराधारा बनाकर बहाने चलता है तब अवश्य ही उसमें न कला का आदर रह जाता है, न स्त्री का। प्राचीन चित्रों में चीरहरण लीला को हम अश्लील समझा करते थे, अब स्वयं ही उसे दूसरे रूपों में दिखाने में भी हम कुंठित नहीं होते।

चौथी श्रेणी में आनेवाली वाक्पटु सम्बन्धी पत्रिकाओं के अद्भुत चित्रों और सुरुचि की छाँह से भी दूर चित्र-परिचयों के विषय में तो 'गिरा अनयन नयन बिनु बानी' कहना चाहिए। यह तो चित्रकार की कल्पना नहीं है। सत्य का प्रतिबिम्ब है। कैसे-कैसे नग्न नृत्य वे कला के नाम पर करा लेते हैं और हम सब असीम धैर्य से देख आते हैं, यह सत्य होकर भी कहानी जैसा लगता है। इस समानता के युग में स्त्री माँगने

गई थी अपनी स्वतंत्रता और दे आई अपने स्त्रीत्व के प्रदर्शन का वचन। बाजार के पोस्टर, दवा और तेल के विज्ञापन, पत्र-पत्रिकाओं का अधिकांश वाक्पटु-मंच—सब जगह स्त्री का जैसा प्रदर्शन पुरुष करना चाहते हैं, अकुंठित भाव से करते हैं। यदि वह बाधा डालती है तो इन्हीं बीभत्स प्रदर्शनों को स्वाधीनता का चिन्ह बताकर उसे समझा दिया जाता है। वह स्वयं यह नहीं जानती कि इनसे उसका आदर हो रहा है या अनादर, पहले से अच्छी दशा है या बुरी। वह सोचती है, उसे संसार के उन्मुक्त वातावरण में स्वच्छन्द भाव से आने-जाने का अधिकार मिल गया है, जिसके लिए वह युगों से लालायित थी। जिस जाति ने स्त्रियों की एक बड़ी संख्या को समाज, धर्म आदि के सब बन्धनों से केवल अपनी स्वच्छन्द प्रवृत्तियों की परिचर्या कराने के लिए ही मुक्त कर रखा है, वह स्त्रियों की वास्तविक स्वाधीनता का मर्म कितना जानती होगी, यह कहना कठिन है।

केवल सिद्धान्त रूप से या स्त्रियों के प्रति निरादर का विचार कर ऐसे चित्र और प्रदर्शन बहिष्कार के योग्य न समझे जावें, तो भी समाज के नवयुवकों की मनोवृत्तियों पर पड़नेवाला उनका प्रभाव उन्हें आपत्तिजनक प्रमाणित किये बिना न रहेगा। अवश्य ही प्राचीन युग के, एकान्त में स्त्री का चित्र भी न देखनेवाले सिद्धान्त इस बीसवीं सदी के लिए उपयुक्त नहीं होंगे; परन्तु इसके विपरीत एकान्त और कोलाहल, दोनों ही में स्त्रीमय जगत देखना भी हमारे जीवन के लिए उपयुक्त न होगा। एक ओर हम जिन स्त्रियों को समाज का कलंक कहकर बस्ती के एक कोने में फेंक आने को उत्सुक हैं, दूसरी ओर आकर्षक परिचय देकर उन्हीं के चित्र छापकर उसी रुचि को प्रश्रय देने में भी हमें संकोच का कारण नहीं दिखाई देता, यही विचित्रता है। संजीवनी जड़ी तो आज तक किसी को नहीं ज्ञात हुई, परन्तु मृत्यु को तत्क्षण उपस्थित कर देनेवाली विषबूटियों को सब जानते-पहचानते हैं। इस मुमुर्ष जाति के आलसी और अकर्मण्य युवकों के रक्त में जीवन शक्ति पहुँचाने का उपाय तो ढूँढ़नेवाले ढूँढ़ते-ढूँढ़ते ही नष्ट हो गए, परन्तु इस तन्द्रा को मृत्यु के समान स्थिर कर देनेवाली ज्वालामुखी मदिरा बिना खोजे ही सबको प्राप्त हो गई।

आज का बालक क्या देखता, क्या समझता और किस प्रकार अपने आगामी जीवन की रूपरेखा निर्धारित कर लेता है, इसका यदि निरीक्षण किया जावे, तो कदाचित् ही कोई ऐसा कठिन हृदय व्यक्ति होगा, जिसके प्राण न सिहर उठें। जब क्षय के कीटाणुओं के समान विषैली दुर्भावनाओं और अस्वाभाविक वासनाओं के कीटाणु उनके रक्त में, उनके विचारों में और उनकी कल्पनाओं में बस जाते हैं, तब उनका स्वस्थ युवक हो सकना सम्भव नहीं। चित्र जिस प्रकार बालक की मानसिक वृत्तियों का केन्द्र बन सकता है, उसके मस्तिष्क और मन, दोनों पर स्थायी संस्कार छोड़ जाता है, उस प्रकार कोई और कला नहीं कर सकती। अत: यदि हम अपनी चित्रों की सृष्टि की रचना में विशेष सतर्क न रह सकें, तो सम्भव है, अपना और

दूसरों का अत्यधिक अपकार कर डालें। हमारी सस्ती उत्तेजना फैलानेवाले चलचित्र जो अपकार कर सके हैं, वही हमारे पतन को दयनीय बनाने के लिए पर्याप्त हैं। उस दशा को और अधिक शोचनीय बना देने में न कोई विशेष पुरुषार्थ है, न लाभ। अवश्य ही हमारे पाठकों की एक विशेष रुचि बन गई है। अच्छे चित्रकार भी संख्या में न्यून और सबके लिए अप्राप्य हैं। हमें सबकी रुचि के विपरीत जाने के प्रयत्न में हानि भी सहनी पड़ेगी; परन्तु यह न भूलना चाहिए कि ऊँचे लक्ष्य तक पहुँचने में असफलता उतनी बुरी नहीं, जितना बुरा लक्ष्य को नीचा बनाते रहना है।

हमारे वैज्ञानिक युग की समस्या

निकट की दूरी हमारे वैज्ञानिक युग की अनेक विशेषताओं में सामान्य विशेषता बन गई है। जड़ वस्तुओं में समीपता स्थितिमात्र है, विकास के किसी सचेतन क्रम में प्रतिफलित होनेवाला आदान-प्रदान नहीं। एक शिला दूसरी पर गिरकर उसे तोड़ सकती है, एक वृक्ष दूसरे के समीप रहकर उसे छाया दे सकता है; पर ये सब स्थितियाँ उनका पारस्परिक आदान-प्रदान नहीं कही जाएँगी, क्योंकि वह तो चेतना ही का गुण है।

मनुष्यता की निकटता की परिणति उस साहचर्य में होती है, जो बुद्धि को बुद्धि से मिलाकर, अनुभव को अनुभव में लय करके, समष्टिगत बुद्धि को अभेद और समष्टिगत अनुभव को समृद्ध करता है। आधुनिक युग अपने साधनों से दूरातिदूर को निकट लाकर स्थिति मात्र उत्पन्न करने में समर्थ है, जो अभेद बुद्धि और अनुभवों की संगति के बिना अपूर्ण होने के साथ-साथ जीवन-क्रम में बाधक भी हो सकती है।

उदाहरणार्थ, पथ के सहयात्री भी एक-दूसरे से समीप होते हैं, और युद्धभूमि पर परस्पर विरोधी सैनिक भी, परन्तु दोनों प्रकार के सामीप्य परिणामतः कितने भिन्न हैं! पहली स्थिति में एक-दूसरे की रक्षा के लिए प्राण तक दे सकता है और दूसरी समीपता में एक-दूसरे के बचाव के सारे साधन नष्ट कर उसे नष्ट करना चाहता है। हमारे मस्तक पर आकाश में उमड़ता हुआ बादल और उमड़ता हुआ बमवर्षक यान, दोनों ही हमारे समीप कहे जाएँगे, परन्तु स्थिति एक होने पर भी परिणाम विरुद्ध ही रहेंगे। जिनके साथ मन शंकारहित नहीं हो सकता, उनकी निकटता संघर्ष की जननी है। इसी से आज के युग में मनुष्य पास है, परन्तु मनुष्य का शंकाकुल मन पास आनेवालों से दूर होता जा रहा है। स्वस्थ आदान-प्रदान के लिए मनों की निकटता पहली आवश्यकता है।

हमारे विशाल और विविधता भरे देश की प्रतिभा ने अपनी विकास-यात्रा के प्रथम प्रहर में ही जीवन की तत्त्वगत एकता का ऐसा सूत्र खोज लिया था, जिसकी सीमा प्राणिमात्र तक फैल गई। हमारे विकास-पथ पर व्यष्टिगत बुद्धि समष्टिगत बुद्धि के इतने समीप रही है और व्यक्तिगत हृदय समष्टिगत हृदय का ऐसा अभिन्न संगी रहा है कि अपरिचय का प्रश्न ही नहीं उठा। इसी से सम्पूर्ण भौगोलिक विभिन्नता और उसमें बँटा जीवन एक ही सांस्कृतिक उच्छ्वास में स्पन्दित और अभिन्न रह सका है।

कहीं किसी सुन्दर भविष्य में, अपरिचय एक ऐक्य के सूक्ष्म बन्धन को छिन्न न कर डाले, सम्भवत: इसी आशंका से अतीत के चिन्तकों ने देश के कोने-कोने में बिखरे जीवन को निकट लाने के साधनों की खोज की। ऐसे तीर्थ, सीमा का स्पर्श, जीवन की चरम सफलता का पर्याय हैं; ऐसे पुण्यपर्व, जिनकी छाया में वर्ण, देश, भाषा आदि की भित्तियाँ मिट जाती हैं; ऐसी यात्राएँ, जो देश के किसी खंड को अपरिचित नहीं रहने देतीं, आदि-आदि सब अपरिचय को दूर रखने के उपाय ही कहे जाएँगे।

अच्छे बुने हुए वस्त्र में जैसे ताना-बाना व्यक्त नहीं होता, वैसे ही हमारी सांस्कृतिक एकता में प्रयास प्रत्यक्ष नहीं है। पर है वह निश्चय ही युगों की अविराम और अथक साधना का परिणाम। राजनीतिक उत्थान-पतन, शासनगत सीमाएँ और विस्तार हमारे मन को बाँधने में असमर्थ ही रहे, अत: किसी भी कोने से आनेवाले चिन्तन, दर्शन, आस्था या स्वप्न की क्षीणतम चाप भी हमारे हृदय में अपनी स्पष्ट प्रतिध्वनि जगाने में समर्थ हो सकी।

जीवन के सत्य तक पहुँचाने वाले हमारे सिद्धान्तों में ऐसा एक भी नहीं, जिसमें असंख्य तत्त्वान्वेषियों के चिन्तन की रेखाएँ न हों। उसे शिवता देनेवाले आदर्शों में ऐसा एक भी नहीं है, जिसमें अनेक साधकों की आस्था की सजीवता न हो और उसे सुन्दर बनानेवाले स्वप्नों में एक भी ऐसा नहीं है, जिसमें युगों-युगों के स्वप्न-द्रष्टाओं की दृष्टि का आलोक न हो।

पर नया जल तो समुद्र को भी चाहिए, नदी-नालों की तो चर्चा ही व्यर्थ है। यदि अपनी क्रमागत एकता को सजीव और व्यापक रखने में हमारा युग कोई महत्त्वपूर्ण योगदान नहीं देता, तों वह अपने महान उत्तराधिकार के उपयुक्त नहीं कहा जाएगा।

युगों के उपरान्त हमारा देश एक राजनीतिक इकाई बन सका है, परन्तु आज यदि हम इसे सांस्कृतिक इकाई का पर्याय मान लें, तो यह हमारी भ्रान्ति ही होगी।

कारण स्पष्ट है। राजनीतिक इकाई जीवन की बाह्य व्यवस्था से सम्बन्ध रखती है, अत: वह बल से भी बनाई जा सकती है। परन्तु सांस्कृतिक इकाई आत्मा की उस मुक्तावस्था में बनती है, जिसमें मनुष्य भेदों से अभेद की ओर, अनेकता से एकता की ओर चलता है। इस मुक्तावस्था को सहज करने के लिए बुद्धि से बुद्धि और हृदय से हृदय का तादात्म्य अनिवार्य हो जाता है।

इस सम्बन्ध में विचार करते समय अपने युग की विशेष स्थिति की ओर भी हमारा ध्यान जाना स्वाभाविक है। हर क्रान्ति, हर संघर्ष और हर उथल-पुथल अपने साथ कुछ वरदान और कुछ अभिशाप लाते हैं। वर्षा की बाढ़ अपने साथ जो कूड़ा-कर्कट बहा लाती है, वह उसके वेग में न ठहर पाता है, और न असुन्दर जान पड़ता है; पर बाढ़ के उतर जाने पर जो कूड़ा-कर्कट छिछले जल या तट से चिपटकर स्थिर हो जाता है, वह असुन्दर भी लगता है और जल की स्वच्छता नष्ट भी करता रहता है। दीर्घ और अनवरत प्रयत्न के उपरान्त ही लहरें उसे धारा के बहाव में डालकर जल को स्वच्छ कर पाती हैं।

बहुत कुछ ऐसी ही स्थिति हमारे युग की है। संघर्ष के दिनों में राजनीतिक स्वतंत्रता हमारी दृष्टि का केन्द्र-बिन्दु थी; और समस्याएँ भी जीवन के उसी अंश से सम्बद्ध रहकर महत्त्व पाती थीं। परन्तु, स्वतंत्रता की प्राप्ति के उपरान्त संघर्ष-जनित वेग के अभाव में हमारी गति में ऐसी शिथिलता आ गई, जिसके कारण हमारे सांस्कृतिक स्तर का निम्न और जड़ हो जाना स्वाभाविक था। इसके साथ ही जीवन के विविध पक्षों की समस्याएँ अपने-अपने समाधान माँगने लगीं। स्वतंत्रता अप्राप्ति के दिनों में साध्य और उपभोग के समय साधन-मात्र रह जाती है, इसी से वह अपने-आपमें निरपेक्ष और पूर्ण नहीं कही जाएगी। जो राष्ट्र राजनीतिक स्वतंत्रता को जीवन के सर्वांगीण विकास का लक्ष्य दे सकता है, उसके जीवन में गतिरोध का प्रश्न नहीं उठता, पर साधन को साध्य मान लेना, गति के अन्त का दूसरा नाम है।

सभ्यता और संस्कृति पर अपना दावा सिद्ध करने के लिए किसी भी समाज के पास उसका लौकिक व्यवहार ही प्रमाण रहता है। अन्य कसौटियाँ महत्त्वपूर्ण हो सकती हैं, परन्तु प्रथम नहीं।

दर्शन, साहित्य आदि से सम्बद्ध उपलब्धियाँ तो व्यक्ति के माध्यम से आती हैं। अभी वे समष्टि की अव्यक्त या व्यक्त प्रवृत्तियाँ का प्रतिनिधित्व करती हैं और कभी उनका विरोध। एक अत्यन्त युद्धप्रिय जाति में ऐसा विचारक या साहित्यकार भी उत्पन्न हो सकता है, जो शान्ति को जीवन का चरम लक्ष्य घोषित करे और ऐसा भी, जो उसी प्रवृत्ति की महत्ता और उपयोगिता सिद्ध करे।

पर सभ्यता और संस्कृति किसी एक में सीमित न होकर सामाजिक विशेषता है, जिसका मूल्यांकन समाजबद्ध व्यक्तियों के पारस्परिक व्यवहार में ही सम्भव है। वह कृति न होकर जीवन की ऐसी शैली है, जिसकी मिट्टी से साहित्य, दर्शन-ज्ञान-विज्ञान की कृतियाँ सम्भव होती हैं।

विगत कुछ वर्षों से हमारे जीवन के संस्कार के बन्धन टूटते जा रहे हैं और यदि यही क्रम रहा, तो आसन्न भविष्य में हमारे लिए संस्कृति पर अपना दावा सिद्ध करना कठिन हो जाएगा। हरे पत्ते और सजीव फूल वृन्त से एक रसमयता में बँधे रहते हैं; पर बिखरनेवाली पंखुड़ियाँ और झड़ने वाले पत्ते न वृन्त के रस में रसमय रहते हैं, न वृन्त की जीवनीशक्ति से सन्तुलित।

हमारे समाज के सम्बन्ध में भी यही सत्य होता जा रहा है। न वह जीवन के व्यापक नियम में प्राणवन्त है और न अपने देशगत संस्कार से रसमय। उसकी यह विच्छिन्नता उसके बिखरने की पूर्व सूचना है या नहीं, यह तो भविष्य ही बता सकेगा, पर इतना तो निर्विवाद सिद्ध है कि यह जीवन के स्वास्थ्य का चिह्न नहीं।

हमारे विषय आचरण, भ्रान्त असंस्कृत आवेग आदि प्रमाणित करते हैं कि हमारा मनोजगत ही ज्वरग्रस्त है।

यह सत्य है कि हमारी परिस्थितियाँ कठिन हैं, पर यह भी मिथ्या नहीं कि हमारी मानसिक स्थिति हमें न किसी परिस्थिति के निदान का अवकाश देती है और न संघर्ष के अनुरूप साधन खोजने का। हम थकते हैं, परन्तु हमारी थकावट के मूल किसी सुनिश्चित लक्ष्य के प्रति आस्था नहीं है। हमारी क्रियाशीलता रोगी की छटपटाहट और क्षण-क्षण करवटें बदलने की क्रिया है, जो उसकी चिन्तनीय स्थिति की अभिव्यक्ति मात्र है। हर मानव-समाज के जीवन में संक्रान्तिकाल आते रहते हैं, जब उसकी मान्यताओं का कायाकल्प होता है, मूल्यांकन के मान नये होते हैं और जीवन की गति में पुरानी गहराई के साथ नई व्यापकता का संगम होता है। परन्तु, जैसे नवीन बेगवती तरंग का पुरानी मंथर लहर में मिलकर अधिक विशाल हो जाना स्वाभाविक और अनायास होता है, वैसे ही संस्कार और अधिक संस्कार, मूल्य और अधिक मूल्य का संगम सहज होता है, सुन्दर और सुन्दरतर, शिव और शिवतर आंशिक सत्य और अधिक आंशिक सत्य में कोई तात्त्विक विरोध नहीं हो सकता। सुन्दरतम शिवतम और पूर्ण सत्य तक पहुँचने के लिए हमें सुन्दर, शिव और आंशिक सत्य को कुरूप, अशिव और असत्य बनाने की आवश्यकता नहीं पड़ती और जिस युग का मानव यह सिद्धान्त भुला देता है, उस युग के सामने सत्य, शिव, सुन्दर तक पहुँचने का मार्ग रुद्ध हो जाता है। आलोक तक पहुँचने के लिए जो अपने सब दीपक बुझा देता है, उसे अँधेरे में भटकता ही पड़ेगा। किसी समाज को ऐसे लक्ष्यरहित कार्य से रोकने के लिए अनेक अन्तर-बाह्य संस्कारों की परीक्षा करनी पड़ती है, निर्माण में उसकी आस्था जगानी पड़ती है, संघर्ष को सृजन-योग बनाना पड़ता है।

आधुनिक युग में मानसिक संस्कार के लिए दर्शन, आधुनिक साहित्य, शिक्षा आदि के जितने साधन उपलब्ध हैं, वे न द्रुतगामी हैं, न सुलभ। पर, साधनों की खोज में हमारी दृष्टि यंत्र-युग की विशाल कठोरता की छाया में भी जीवित रह सकने वाली मानव-संवेदना की ओर न जा सके, तो आश्चर्य की बात होगी।

हमारे चारों ओर कभी प्रदेश, कभी भाषा, कभी जाति, कभी धर्म के नाम पर उठती हुई प्राचीरें प्रमाणित करती हैं कि बौद्धिक दृष्टि से हमारा लक्ष्य अभी कुहराच्छन्न है। पर, जिस दिन हमारी बुद्धि में अभेद और सामंजस्य होगा, उस दिन हमारी सांस्कृतिक परम्परा को नई दिशा प्राप्त हो सकेगी। जीवन के नवनिर्माण में साहित्य और कला विशेष योगदान देने में समर्थ हैं, क्योंकि वे मानव-भावना के उद्गीथ हैं। जब भावयोगी मनुष्य, मनुष्य के निकट पहुँचने के लिए दुर्लंघ्य पर्वतों और दुस्तर समुद्रों को पार करने में वर्षों का समय बिताता था, उस युग में भी मानवमात्र की एकता के वे ही वैतालिक रहे हैं।

आज जब विज्ञान ने वर्षों को घंटों में बदल दिया है, तब साहित्य, कला आदि मनुष्य को मनुष्य से अपरिचित क्यों रहने दें, बुद्धि को बुद्धि का आतंक क्यों बनने दें और हृदय को हृदय के विरोध में क्यों खड़ा होने दें?

हम विश्व भर से परिचय की यात्रा में निकलने के पहले यदि अपने देश के हर कोने से परिचित हो लें, तो इसे शुभ शकुन ही मानना चाहिए। यदि घर में अपरिचय के समुद्र से विरोध और आशंका के काले बादल उठते रहे, तो हमारे उजले संकल्प पथ भूल जाएँगे। अत: दूरी को निकटता बनाने के मुहूर्त में हमें निकट की दूरी से सावधान रहने की आवश्यकता है।

साहित्य

साहित्यकार की आस्था

जीवन के गूढ़ रहस्यों को अंशत: व्यक्त करने के लिए मनुष्य ने जिन भाषा-संकेतों का आविष्कार किया है, वे प्राय: अपनी रूढ़ परिभाषाओं की सीमा पार कर हृदय और बुद्धि के अनेक स्तरों तक फैल जाते हैं। जल पृथ्वी पर तट बनाता है, ऊँचे-नीचे कगारों में बँधता है; पर धरती के नीचे का ज़ल, जल से, ज्वाला से, शिलाखंडों से और अनेक धातुओं से अनायास ही मिल जाता है, इनके बीच तट-रेखाओं का प्रश्न नहीं उठता।

आस्था शब्द भी इसी प्रकार का संकेत में एक, पर संकेतिक लक्ष्य में विविध रूपात्मक कहा जाएगा। आस और आस्था, अस्तित्व और स्थिति, दोनों का उसमें ऐसा समन्वय है कि धर्म के आस्तिक से लेकर वैज्ञानिक युग के नास्तिक तक सब उसे स्वीकृति देते हैं।

जहाँ तक आस्था की भावभूमि का प्रश्न है वह जीवन की सहजात चेतना के विकास-क्रम में ही निर्मित होती चलती है।

हमारे चारों ओर जो प्रत्यक्ष जगत है उसमें सब कुछ निरन्तर परिवर्तित होता, बनता-मिटता रहता है। पर अबोध बालक के लिए यह भी यह शंका स्वाभाविक नहीं कि सूर्य सबेरे लौटेगा या नहीं।

इस धारणा के पीछे अनन्त युगों के अनुभवजन्य संस्कार हैं। मनुष्य अपनी जीवन-यात्रा के लिए जो पाथेय लेकर चलता है, उसका बहुत-सा अंश उसे जन्म के साथ उत्तराधिकार में प्राप्त हो जाता है। शेष की उपलब्धि उसे यात्राक्रम में अपने अनुभव, कल्पना, चिन्तन आदि सें होती रहती है।

इस प्रकार आधुनिक अणुयुग का मानव भी अपने संस्कारों के लिए आदिम पूर्वज का आभारी है।

आस्था के सम्बन्ध में भी यही सत्य है—उसका मूल संस्कार-जन्य है, पर प्रसार और व्याप्ति व्यक्तिगत अनुभवों की उपलब्धि है। कोई भी अस्तित्व, चाहे वह भौतिक हो चाहे भावात्मक, अकेला नहीं हो सकता, क्योंकि अनेक्र अस्तित्वों के साथ होने के कारण ही उसे एक संज्ञा प्राप्त है और वह ज्ञेय कहा जा सकता है। इसी प्रकार कोई भी स्थिति एकाकी नहीं है, क्योंकि उसे स्थिति विशेष बनने के लिए

स्थितियों की समष्टि में अपना परिचय देना पड़ता है; अत: आस्था व्यक्तिगत होने पर भी सीमित नहीं हो सकेगी। वस्तुत: आस्था मानव के युगान्तर से प्राप्त दार्शनिक लक्ष्य पर केन्द्रित रागात्मक दृष्टि है। हर मानव में किसी-न-किसी रूप और सीमा तक इसका होना अनिवार्य है। पर पात्र की सीमा और रेखारंग के अनुसार परिवर्तित जल के समान व्यक्तिगत सीमा में उसका विकास सीमित रहे, यह स्वाभाविक ही है।

आस्था, जिसका एक अर्थ स्वीकारोक्ति भी है, वस्तुत: व्यक्ति के द्वारा समष्टि की स्वीकृति है। इस स्वीकृति के लिए मनुष्य को अपने से बाहर स्थित जीवन से परिचित होना पड़ता है, अनेक परोक्ष और प्रत्यक्ष अनुभवों के आधार पर एक जीवन-दर्शन बनाना और उससे रागात्मक सम्बन्ध स्थापित करना पड़ता है।

व्यक्तिगत आस्था का किसी सामाजिक रूढ़ि से विरोध हो सकता है, पर विकासगत सामाजिक या व्यापक जीवन-लक्ष्य से नहीं।

'मैं केवल अपने सुख में आस्था रखता हूँ', 'मैं केवल अपने जीने की उपयोगिता में आस्था रखता हूँ', आदि भौतिक तथ्य होने पर भी आस्था के विरोधी हैं। पर 'मैं दिव्य जीवन में आस्था रखता हूँ', 'मैं जीवन की आध्यात्मिक परिणति में आस्था रखता हूँ', आदि भावात्मक स्थिति रखने पर भी आस्था के निकट हैं। कारण स्पष्ट है। पहले तथ्य में समष्टि की अस्वीकृति और दूसरी, भावना में उसकी स्वीकृति है।

जीवन की दृष्टि से आस्तिक और नास्तिक, दोनों एक ही रेखा के दो छोरों पर रहते हैं। एक जीवन के उदात्तीकरण के लिए अलौकिक साधनों की शोध में लगा रहता है और दूसरा उसी की भौतिक स्थिति में सामंजस्य लाने के लिए लौकिक माध्यमों का उपयोग करता है।

देवता एक होने के कारण पूजा के उपकरणों की भिन्नता भी उन्हें लक्ष्यत: एक रखती है।

समष्टि की इकाई होने के कारण साहित्यकार के जीवन-दर्शन और आस्था का निर्माण भी समाज-विशेष और युग-विशेष में होता है। पर उसका सृजन-कर्म उसकी आस्था के साथ जैसा अभिन्न और प्रगाढ़ सम्बन्ध रखता है, वैसा अन्य व्यक्तियों और उनके व्यवसायों में नहीं रहता।

एक लौहकार अच्छी तलवार गढ़कर भी मारने में आस्था नहीं रखता। एक व्यापारी को सफलता के लिए सत्य में आस्था की आवश्यकता नहीं होती।

पर साहित्यकार का सृजन आस्था की धरती से इतना रस ग्रहण करता है कि उसे अस्वीकार करके वह स्वयं अपने निकट असत्य बन जाता है। आस्था किसी अन्य कर्म-व्यापार के परिणाम को प्रभावित कर सकती है, परन्तु साहित्य को तो वह स्पन्दित और दीप्त जीवन देती है। साहित्य जीवन का अलंकार नहीं है, वह स्वयं जीवन है। साहित्यकार सृजन के क्षणों में उस जीवन में जीता है और पाठक पढ़ने के क्षणों में।

इस प्रकार साहित्य में हम जीवन के अनेक गहरे अपरिचित स्तरों में, मनोवृत्तियों के अनेक अज्ञात छायालोकों में जीवित होकर अपने जीवन को विस्तार, अनुभूतियों को गहराई और चिन्तन को व्यापकता देकर उसे समष्टि से आत्मीय सम्बन्धों में जोड़ते हैं। इस प्रकार एक जीवन में अनेक जीवन जीने के उल्लास के पीछे यदि कोई गम्भीर विश्वास नहीं है तो यह बाजीगर का खेल मात्र रह जाएगा।

हमारे चिन्तकों ने जीवन और जगत की गतिमय परिवर्तनशीलता को सँभालने वाले जिस महान नियम को ऋत की संज्ञा दी है, आस्था उसी की रागात्मक स्वीकृति है।

अत: जीवन की गतिशीलता से आस्था का कोई विरोध सम्भव नहीं—वैसे ही, जैसे अनेक पथों पर चलनेवालों का क्षितिज से कोई विरोध सम्भव नहीं।

आस्था में और विशेषत: साहित्यकार की आस्था में समसामयिक तत्त्व कितना है और शाश्वत कितना, यह प्रश्न भी कुछ कम उलझन नहीं उत्पन्न करता।

आस्था जीवन-क्रम में निर्मित होती है, अत: उसे कोई जड़ीभूत तत्त्व मान लेना उचित न होगा।

जब मनुष्य के हृदय और बुद्धि की परिधि परिवार ही था, तब उसी के प्रसाधन-संरक्षण तक उसकी आस्था सीमित थी। जैसे-जैसे उसके बुद्धि और हृदय ने समाज, ग्राम, नगर, देश आदि के क्रम पार कर विश्व की सत्ता को स्वीकार किया, उससे रागात्मक सम्बन्ध जोड़े, वैसे-वैसे ही उसकी आस्था नये क्षितिजों को अपनाती गई। व्यक्ति जैसे विश्व तक फैल गया है, वैसे ही उसके सुख-दु:खों का विस्तार हुआ है। दु:ख भोजन-वस्त्र के प्रत्यक्ष अभाव से लेकर परतंत्रता, उपेक्षा, अप्रतिष्ठा आदि की अप्रत्यक्ष भावना तक फैल गया है। सुख शरीर की आवश्यकताओं की पूर्ति से लेकर स्नेह, समता, बन्धुता, आत्मीयता जैसी भावनाओं में सूक्ष्म व्यापकता पा गया है। आज किसी को भोजन-वस्त्र देना मात्र पर्याप्त नहीं है, उसे स्नेह और बन्धुता की छाया भी देना होगा। और यह एक की नहीं, विश्व भर की आवश्यकता है।

इस प्रत्यक्ष के अतिरिक्त जीवन के विकास की अन्य रहस्यमय सूक्ष्म दिशाएँ भी हैं।

अत: आज के व्यक्ति को अपनी आस्था में विराट मानव का कर्तव्य सँभालना पड़ता है। विज्ञान ने भू-खंडों को एक-दूसरे के इतना निकट पहुँचा दिया है कि यह कर्तव्य हर व्यक्ति को प्राप्त हो गया है। ध्वंस और निर्माण, दोनों ही के लिए पहले अधिक संख्या की आवश्यकता थी। आज देश-विशेष के ध्वंस के लिए उद्‌जन बम ले जानेवाला कोई भी एक व्यक्ति पर्याप्त है, पर इसी प्रकार उसे रोकने के लिए भी कोई एक पर्याप्त हो सकता है। यह एक, समष्टि का कोई भी व्यक्ति हो सकता है। परिणामत: समय के आह्वान का उत्तर देने के लिए समष्टि को एक व्यक्ति की तरह तैयार रहना पड़ता है। ऐसी स्थिति में साहित्यकार का कर्तव्य कितना गुरु हो सकता है, इसका अनुमान सहज है।

समसामयिक और शाश्वत परस्पर विरोधी-स्थितियाँ नहीं हैं। उनमें 'है' और 'होना चाहिए' का अन्तर मात्र है। अनेक समसामयिक, अतीत बनकर ही शाश्वत का सृजन करते हैं। एक इतिवृत्त है और दूसरा अनेक इतिवृत्तों के अनुभव-संघात से निर्मित भावनात्मक लक्ष्य है। कोई भी व्यापक लक्ष्य स्वयं तक पहुँचानेवाले साधनों का विरोध नहीं करता और साधनों का अस्तित्व समसामयिक परिस्थितियों में रहता है।

'गंगा सीधे समुद्र में गिरती है' का अर्थ यह नहीं होता कि उसका मार्ग बाण की तरह सीधा है और उसे कोई टीला, गर्त, मोड़ पार नहीं करना पड़ता, तट लक्ष्य होने पर क्या हर लहर से नाव को संघर्ष नहीं करना होगा?

मनुष्यता का सर्वांगीण विकास, मनुष्य के जीवन की दुःख दैन्य-रहित गरिमा, शिवता और सौन्दर्य हमारा लक्ष्य है। और इस विराट शाश्वत का सृजन उस क्षण आरम्भ हुआ होगा जबकि आदिम युग के दो अहेरियों ने एक दूसरे के आघातों को देखकर शस्त्र फेंक दिये होंगे और एक दूसरे को गले लगा लिया होगा।

जिन युगों में एक भू-खंड दूसरे से परिचित नहीं था, उनमें भी मनुष्य ने वसुधा को कुटुम्ब के रूप में स्वीकार कर अनदेखे सहयात्रियों के प्रति आस्था व्यक्त की है। तब आज के मंगल ग्रह-खोजी वैज्ञानिक युग को आस्था का अभाव क्यों हो? आज साहित्यकार की आस्था का क्षेत्र अधिक व्यापक हो गया है, पर यह व्यापकता उसे समसामयिक परिस्थितियों से संघर्ष कर उन्हें लक्ष्योन्मुख बना लेने की शक्ति दे सकती है।

उसे विस्तृत मानव-परिवार को ममता देनी है। इतना ही नहीं, यदि मंगलग्रह-निवासियों को विज्ञान खोज ले तो उन्हें भी उसकी ममता की आवश्यकता पड़ सकती है। और ममता श्रद्धामय आत्मदान है।

माता जिस प्रकार आस्था के बिना अपने रक्त से सन्तान का सृजन नहीं कर सकती, धरती जिस प्रकार ऋत के बिना अंकुर का विकास नहीं दे सकती, साहित्यकार भी उसी प्रकार गम्भीर विश्वास के बिना अपने जीवन को अपने सृजन में अवतार नहीं दे पाता।

यह आस्था सृजन की दृष्टि से व्यक्तिगत, पर प्रसार की दृष्टि से समष्टिगत ही रहेगी।

यथार्थ और आदर्श

सन्तुलन का अभाव हमारा जातीय गुण चाहे न कहा जा सके, परन्तु यह तो स्वीकार करना ही पड़ेगा कि एक दीर्घ काल से हमारे जीवन के सभी क्षेत्रों में यही त्रुटि विशेषता बनती आ रही है। हमारी स्थिति या तो एक सीमा पर सम्भव है या दूसरी पर, किन्तु समन्वय के किसी भी रूप से हमारा हृदय जितना विरक्त है, बुद्धि उतनी ही विमुख। या तो हम ऐसे आध्यात्मिक कवच से ढके वीर हैं कि जीवन की स्थूलता हमें किसी ओर से भी स्पर्श नहीं कर सकती, या ऐसे मुक्त जड़वादी कि सम्पूर्ण जीवन बालू के अनमिल कणों के समान बिखर जाता है; या तो ऐसे तन्मय स्वप्नदर्शी हैं कि अपने पैर के नीचे की धरती का भी अनुभव नहीं कर पाते, या यथार्थ के ऐसे अनुगत कि सामंजस्य का आदर्श भी मिथ्या जान पड़ता है; या तो अलौकिकता के ऐसे अनन्य पुजारी हैं कि आकाश की ओर उद्ग्रीव रहने को ही जीवन की चरम परिणति मानते हैं, या लोक के ऐसे एकनिष्ठ उपासक कि मिट्टी में मुख गड़ाये पड़े रहने ही को विकास की पराकाष्ठा समझते हैं। आज जब बाह्य जीवन से सम्बन्ध रखनेवाले राजनीति, समाज आदि के क्षेत्रों में भी हमारे इस एकांगी दृष्टिकोण ने हमें केवल प्रतिक्रियात्मक ध्वंस में ही जीवित रहने पर बाध्य किया है, तब काव्य के सम्बन्ध में क्या कहा जावे, जिसमें हमारी सारी विषमताएँ अपेक्षाकृत निर्बन्ध विकास पा सकती हैं?

प्रत्येक प्रतिक्रिया किसी विशेष अपूर्णता से सम्बन्ध रखने के कारण तीव्र और एकांगी होती है। यदि उसे भूत और भविष्य की एक समन्वयात्मक कल्पना से संचालित न किया जावे तो वह विकास का अवकाश न देकर विषमताओं की शृंखला बनाती चलती है। यह सत्य है कि जीवन की गतिशीलता के लिए क्रिया-प्रतिक्रिया, दोनों की आवश्यकता रहती है। पर इस गति की लक्ष्यहीनता को विकास से जोड़ देना, हमारी दृष्टि की उसी व्यापकता पर निर्भर है, जो आकाश के नक्षत्र से धरती के फूल तक आ-जा सकती है।

साधारण रूप से गिरना, पड़ना, भटकना—सभी अचलता से भिन्न हैं, परन्तु गति तो वही स्थिति कही जाएगी, जिसमें हमारे पैरों में सन्तुलन और दृष्टिपथ में एक निश्चित गन्तव्य रहता है। प्रतिक्रिया की उपस्थिति किसी प्रकार भी यह नहीं

प्रमाणित कर देती कि हमारे ध्वंसात्मक विद्रोह ने सृजन की समस्या भी सुलझा ली है। यों तो आँधी और तूफान की भी आवश्यकता है, अतिवृष्टि और अनावृष्टि का भी उपयोग है, परन्तु यह कौन कहेगा कि वह आँधी-तूफान को ही श्वासोच्छ्‌वास बना लेगा, केवल अतिवृष्टि या केवल अनावृष्टि में ही बोये-काटेगा? प्रत्येक उथल-पुथल में से निर्माण का जो तन्तु आ रहा है, उसे ग्रहण कर लेना ही विकास है; परन्तु यह कार्य उनके लिए सहज नहीं होता, जिनकी दृष्टि क्रिया-प्रतिक्रिया के उत्तेजक आज तक ही सीमित रहती है। ध्वंस में केवल आवेग की तीव्रता ही अपेक्षित है, पर निर्माण में सृजनात्मक संयम के साथ-साथ समन्वयात्मक दृष्टि की व्यापकता भी चाहिए। प्रासाद का गिरना किसी कौशल की अपेक्षा नहीं रखता, परन्तु बिना किसी शिल्पी के, मिट्टी का कच्चा घर बना लेना भी कठिन होगा, इसी से प्राय: राजनीतिक क्रान्तियों के ध्वंसयुग के सूत्रधार निर्माण-युग में अपना स्थान दूसरों के लिए रिक्त करते रहे हैं।

काव्य-साहित्य और अन्य कलाएँ मूलत: सृजनात्मक हैं, अत: उनमें राजनीति के कार्य-विभाजन जैसा कोई विभाजन सम्भव ही नहीं होता। कोई भी सच्चा कलाकार ध्वंसयुग का अग्रदूत रहकर निर्माण का भार दूसरों पर नहीं छोड़ जा सकता, क्योंकि उसकी रचना तो निर्माण तक पहुँचने के लिए ही ध्वंस का पथ पार करती है। जिस प्रकार मिट्टी की क्रिया से गला और अपनी प्रतिक्रिया में अंकुर बनकर फूटा हुआ बीज तब तक अधूरा है, जब तक वह अपनी और मिट्टी की शक्तियों का समन्वय करके अनेक हरे दलों और रंगीन फूलों में फैल नहीं जाता, उसी प्रकार जीवन के विकासोन्मुख निर्माण में व्यापक न होकर केवल प्रतिक्रियात्मक ध्वंस में सीमित रहनेवाली कला अपूर्ण है।

इस सम्बन्ध में एक प्रश्न तो किया ही जा सकता है। यदि हम केवल लक्ष्य पर दृष्टि न रखें तो लक्ष्यभेद कैसे हो? उत्तर सहज और स्पष्ट है। जीवन केवल लक्ष्यभेद ही नहीं, लक्ष्य का स्थापन भी तो है। कलाएँ ही नहीं, जीवन की स्थूलतम आवश्यकताएँ भी मत्स्य की आँख को बाण की नोक से छेद देने के समान नहीं कही जा सकतीं। भोजन के एक ग्रास की इच्छा भी ईंधन-पानी से लेकर शरीर के रस तक किस प्रकार फैली है, कौन नहीं जानता!

मनुष्य यंत्र मात्र नहीं है (आज तो यंत्रों के कलपुर्जे भी न सबके लिए स्पष्ट हैं, न रहस्य से शून्य) कि उसका सम्पूर्ण बाह्य और अन्तर्जगत कुछ विशेष नियमों से संचालित हो सके। बाह्य जीवन को तो विधिनिषेध किसी अंश तक बाँध भी सकते हैं, परन्तु अन्तर्जगत अपनी सूक्ष्मता के कारण उनकी परिधि से परे ही रहेगा। हमारा कोई भी स्वप्न, किसी प्रकार की भी कल्पना, कैसी भी इच्छा जब तक स्थूल साकारता नहीं ग्रहण करती, तब तक बाह्य संसार के निकट उसका अस्तित्व नहीं है। परन्तु हमारे अन्तर्जगत में तो उसकी स्थिति रहेगी ही और इस प्रकार वह रोग

के कीटाणुओं के समान उपचारहीन क्षय भी करती रह सकती है और जीवन रस के समान स्फूर्ति का कारण भी बन सकती है। हमारे अन्तर्जगत में पली हुई विषम भावना, विकृत कल्पना आदि के परिणाम में, प्रकट स्थूल रूप-रेखा की कमी हो सकती है, परन्तु जीवन को जर्जरित कर देनेवाली शक्ति का अभाव नहीं होता, इस सत्य को हमें स्वीकार करना ही होगा।

राजनीति और समाज के विधान हमारे इस सूक्ष्म जीवन को बाँध नहीं पाते। स्थूल धर्म और सूक्ष्म अध्यात्म भी इस कार्य में प्राय: असमर्थ ही प्रमाणित होते रहे हैं, क्योंकि पहला तो राजनीति के न्याय-विधान को ही परलोक में प्रतिष्ठित कर आता है और दूसरा सत्य को सौन्दर्यरहित कर देने के कारण केवल बुद्धिग्राह्य बनकर हृदय के लिए अपरिचित हो जाता है।

इस सम्बन्ध में एक बात और ध्यान देने योग्य है। जिस प्रकार बाह्य शारीरिक कुरूपता मनुष्य के सौन्दर्य-बोध को कुंठित नहीं कर देती, प्रत्युत कभी-कभी और अधिक तीव्रता दे देती है, उसी प्रकार उसके बाह्य या अन्तर्जगत की अपूर्णता उसे पूर्णता का सौन्दर्य देखने से नहीं रोकती। ऐसा कुत्सित मनुष्य मिलना कठिन होगा, जिसके अन्तर्जगत से पूर्णता की प्रत्येक रेखा मिट गई हो, सामंजस्य के आदर्श के सब रंग धुल गए हों। साधारणत: घोर मिथ्यावादी भी सत्य को सबसे अधिक सम्मान देता है। मलिनतम व्यक्ति भी पवित्रता का सबसे अधिक मूल्य निश्चित करता है। मनुष्य संसार के सामने ही नहीं, हृदय के एकान्त कोने में भी यह नहीं स्वीकार करना चाहता कि वह मिथ्या के लिए ही मिथ्यावादी है, मलिनता के प्रेम के कारण ही मलिन है। प्राय: वह सब व्यक्तिगत अपूर्णताओं और विषमताओं का भार परिस्थितियों पर डालकर, अन्तर्जगत में प्रतिष्ठित किसी पूर्णता और सामंजस्य की प्रतिमा के निकट अपने-आपको क्षम्य सिद्ध कर लेता है।

यह अपूर्णता से पूर्णता, यथार्थ से आदर्श और भौतिकता से सूक्ष्म तत्त्वों तक विस्तृत जीवन, काव्य और कलाओं की उसी परिधि से घिर सकता है जो सौन्दर्य की विविधता से लेकर सत्य की असीम एकरूपता तक फैली हुई है।

विशेष रूप से काव्य तो हमारे अन्तर्जगत के सूक्ष्म तत्त्वों को, देशकाल से सीमित जीवन की स्थूल रूप-रेखा में इस प्रकार ढाल देता है कि वे हमारे लिए एक परिहासभरी नवीनता बन जाते हैं। उसका संस्पर्श तो बहुत कुछ वैसा ही है, जैसा कि दूरात रागिनी का, जिसकी लहरें बिना आहट के ही हमारे हृदय को पुलक-कम्प से भर देती हैं, पर हमारे बाह्य-जीवन में ढला उसका रूप किसी प्रकार भी अशरीरी नहीं जान पड़ता।

काव्य का देशकाल से नियंत्रित रूप विभिन्नता से शून्य नहीं हो सकता, परन्तु उसमें व्यक्त जीवन की मूल प्रवृत्तियाँ परिष्कृत से परिष्कृत होती रहती हैं, बदलती नहीं। उनका विकास कली का वह विकास है, जो पंखड़ियों को पुष्टि और रंग को

गहरा कर सकता है, गन्ध को व्यापकता और मधु को भारीपन दे सकता है, जीवन को पूर्णता और सौन्दर्य को सजीवता प्रदान कर सकता है, परन्तु कली को न तितली बनाने में समर्थ हैं, न गुबरीला।

जीवन की इसी विविधता और एकता की अभिव्यक्ति के लिए काव्य ने यथार्थ और आदर्शवाद की, रूप में भिन्न पर प्रेरणा में एक, शैलियाँ अपनाई हैं। जीवन प्रत्यक्ष जैसा है और हमारी परिपूर्ण कल्पना में जैसा है, यही हमारा यथार्थ और आदर्श है और इस रूप में तो वे दोनों, जीवन के उतने ही दूर-पास हैं, जितने जल की आर्द्रता से मिले रहने के कारण एक और उसे मर्यादित रखने के लिए भिन्न, नदी के दो तट। उनमें से केवल एक से जीवन को घेरने का प्रयास, प्रयास ही बनकर रह सकता है, उसे सफलता की संज्ञा देना कठिन होगा।

किसी भी युग में आदर्श और यथार्थ या स्वप्न और सत्य, कुरुक्षेत्र के उन दो विरोधी पक्षों में परिवर्तित करके नहीं खड़े किये जा सकते, जिनमें से एक युद्ध की आग में जल गया और दूसरे को पश्चात्ताप के हिम में गल जाना पड़ा। वे एक-दूसरे के पूरक रहकर ही जीवन को पूर्णता दे सकते हैं, अत: काव्य उन्हें विरोधियों की भूमिका देकर जीवन में एक नई विषमता उत्पन्न कर सकता है, सामंजस्य नहीं। न यथार्थ का कठोरतम अनुशासन आदर्श के सूक्ष्म चित्राधार पर कालिमा फेर सकता है, और न आदर्श का पूर्णतम विधान यथार्थ को शून्य आकाश बना सकता है।

जहाँ तक स्वप्न और सत्य का प्रश्न है, हमारे विकास-क्रम ने उनमें कोई विशेष अन्तर नहीं रहने दिया, क्योंकि एक युग का स्वप्न दूसरे युग का सत्य बनता ही आया है। पाषाण-युग के वीर के लिए महाभारत के अग्निबाण स्वप्न ही रहे होंगे, कन्दरा में रहनेवाले मानव ने गगनचुम्बी प्रासादों की कल्पना को स्वप्न ही माना होगा और आदिम-युग के स्त्री-पुरुष ने एक पति-व्रत और एक पत्नी-व्रत का स्वप्न ही देखा होगा। हमारे युग की अनेक वैज्ञानिक सुविधाएँ पिछले युग के लिए स्वप्नमात्र थीं, इसे कौन अस्वीकार कर सकता है?

जब एक युग अपनी पूर्णता और सामंजस्य के स्वप्न को इतनी स्पष्ट रेखाओं और इतने सजीव रंगों में अंकित कर जाता है कि आनेवाला युग उसे अपनी सृजनात्मक प्रेरणा से सत्य बना सके और जब आगत-युग, उस निर्माण से भी भव्यतम निर्माण का स्वप्न भावी-युग के लिए छोड़े जाने की शक्ति रखता है, तब जीवन का विकास निश्चित है।

इसी क्रम से स्वप्नों को सत्य बनाते-बनाते हमारे समाज, संस्कृति, कला, साहित्य आदि का विकास हुआ है। हमारी चेतना में चेतन परमाणुओं का जैसा समन्वय है, हमारे शरीर में जड़-द्रव्य का जैसा विकासमय सन्तुलन है और हमारी सभ्यता की व्यापकता में, हमारे हृदय और मस्तिष्क की वृत्तियों के साथ कार्यों का जैसा सामंजस्य है, वह ऐसी स्थिति में सम्भव नहीं हो सकता था, जिसमें आगत युग प्रत्येक साँस

में, अपने अपूर्णतम यथार्थ के भी चिरंजीवी होने के शकुन मनाना और पिछले युग के पूर्णतम स्वप्न की भी मृत्यु-कामना करना आरम्भ कर देता है।

देशकाल के अनुसार अनेक विभिन्नताओं के साथ भी नये युग की यात्रा वहीं से आरम्भ होगी, जहाँ पिछले युग की समाप्त हुई थी। विकास-पथ में, चले मार्ग से लौटकर फिर अन्तिम छोर से यात्रा आरम्भ करना सम्भव नहीं हो सकता, इसी से पूर्ण स्वप्न के दान और उसके सृजनात्मक आदान का विशेष मूल्य है।

यह सत्य है कि विकास-क्रम में विषमताएँ भी उत्पन्न होंगी और प्रतिक्रियाओं का भी आविर्भाव होता रहेगा। परन्तु उनका उपयोग इतना ही है कि वे हमें दृष्टि के पुंजीभूत धुँधलेपन के प्रति सजग कर दें, क्षितिज की अस्पष्टता के प्रति सतर्क बना दें और विकास-सूत्र की सूक्ष्मता के प्रति जागरूकता दें। जहाँ तक प्रतिक्रिया का प्रश्न है, उसका आधार जितना अधिक जड़ भौतिक होता है, ध्वंस में उतनी ही अधिक उग्रता और सृजन में उतनी ही शिथिलता मिलती है। नींव-शेष ताजमहल गिरकर खँडहर-मात्र रह जाएगा, परन्तु टूटा हुआ पर मूल-शेष वृक्ष असंख्य शाखा-उपशाखाओं में लहलहा उठेगा।

काव्य में वही क्रिया-प्रतिक्रिया अपेक्षित है, जिसमें प्रत्येक ध्वंस अनेक सृजनात्मक रूपों को जन्म देता चलता है। उसका परिवर्तन-क्रम शोधे हुए संखिये के समान मारक शक्तियों को ही जीवनदायिनी बना देता है, इसी से हमारे बाह्य परिवर्तन से वह लक्ष्यत: एक होकर भी प्रयोगत: भिन्न ही रहा है। क्रूरतम परिस्थितियों और विषमतम वातावरण में भी कलाकारों की साधना का राजमार्ग एक ही रहता है।

हमारे प्रत्येक निर्माण-युग की कलाएँ स्वप्न और सत्य, आदर्श और यथार्थ के बाह्य अन्तर को पार कर उनकी मूलगत अन्योन्याश्रित स्थिति को पहचानती रही हैं। इसी विशेषता के कारण, बहिरंग सौन्दर्य में पूर्ण ग्रीक मूर्तियों से भिन्न, हमारी विशाल मूर्तियाँ अपनी गुरु, कठोर और स्थूल मुद्राओं में सूक्ष्मतम रहस्य के वायवी संकेत छिपाये बैठी हैं। इसी गुण से, हम धूलि की व्यथा कहकर आकाश में मेघों को घेर लानेवाली रागिनी और अन्तरिक्ष के अन्धकार को वाणी देकर पृथ्वी के दीपक जला देनेवाले राग की सृष्टि कर सके हैं। इसी सहज प्रवृत्ति से प्रेरित हमारा नृत्य केवल वासनाजनित चेष्टाओं में सीमित न होकर जीवन की शाश्वत लय को रूप देता रहा है और चित्रकला नारी-रूपों को सौन्दर्य और शक्ति के व्यापक सिद्धान्त की गरिमा से भूषित कर सकी है। इसी चेतना से अनुप्राणित हमारे काव्य सत से चित और चित से आनन्द तक पहुँचते तथा सुन्दर से शिव और शिव से सत्य को प्राप्त करते रहे हैं।

जिन युगों में हमारी यथार्थ-दृष्टि को स्वप्न-सृष्टि से आकार मिला है और स्वप्न-दृष्टि को यथार्थ-सृष्टि से सजीवता, उन्हीं युगों में हमारा सृजनात्मक विकास सम्भव हो सका है। ध्वंसात्मक अन्धकार के युगों में या तो वायवी और निष्प्राण

आदर्श का महाशून्य हमारी दृष्टि को दिग्भ्रान्त करता रहा है या विषम और खंडित यथार्थ के नीचे गर्त तथा ऊँचे टीले हमारे पैरों को बाँधते रहे हैं।

स्थूल उदाहरण के लिए हम रामायण और महाभारत-काल की परिणामत: भिन्न यथार्थ-दृष्टियों को ले सकते हैं। परिस्थितियों की दृष्टि से, कर्तव्यपरायण और लोकप्रिय युवराज का अभिषेक के मुहूर्त में अकारण निर्वासन, द्यूत में हारे हुए पांडवों के निर्वासन से बहुत अधिक क्रूर है। एक ओर पाँच पतियों और दूसरी ओर गुरुजन-परिजन से घिरी हुई अपमानित राजरानी की स्थिति से, सुदूर शत्रुपुरी में बर्बरों के बीच में बैठी हुई सहायहीन और एकाकिनी राज-तपस्विनी की स्थिति अधिक भयोत्पादक है। उत्तर भारत की आधी राजशक्तियों और उस क्रान्ति के सूत्रधार को लेकर युद्ध करनेवाले योद्धाओं के कार्य से उस निर्वासित वीर का कार्य अधिक दुष्कर जान पड़ता है, जिसे विजातियों की सीमित सेना लेकर विदेश में, व्यक्तिगत शत्रु ही नहीं, उस युग के सबसे शक्तिशाली उत्पीड़क का सामना करना पड़ा।

पर दोनों संघर्षों के परिणाम कितने भिन्न हैं! एक के अन्त में आर्य-संस्कृति की प्रवाहिनी उत्तर से दक्षिण-सीमान्त तक पहुँच जाती है, हमारे चरित्र का स्वर्ण परीक्षित हो चुकता है और हमारे सौन्दर्य, शक्ति और शील के आदर्श जीवन में प्रतिष्ठा पाकर, उसे हिमालय के समान, सहस्त्र-सहस्त्र धाराओं में गतिशील, पर मूल में अचल विशालता दे देते हैं।

दूसरी क्रान्ति के अन्त में अन्यायी और अन्याय से जूझनेवाले, दोनों जूझ मरते हैं और इतना बड़ा संघर्ष कुछ भी सृजन न करके आगामी युग के लिए सीमाहीन मरु और उसके शून्य में मँडराता हाहाकार मात्र छोड़ जाता है। संग्रामभूमि में एक ओर न्यायपक्ष का कातर वीर इतना असमर्थ है कि निष्काम कर्म की वैसाखी के बिना खड़ा ही नहीं हो सकता और दूसरी ओर भीष्म जैसे योद्धा ऐसे विरक्त हैं कि दिन भर क्रीत सैनिकों के समान युद्ध कर रात में विपक्ष को अपनी मृत्यु के उपाय बताते रहते हैं। एक जानता है कि प्रतिपक्षी का नाश हो जाने पर, उस महाशून्य में उसका दम घुट जाएगा और दूसरा मानता है कि उस दुर्वह जीवन से मृत्यु अच्छी है। इन विषमताओं का कारण ढूँढ़ने दूर न जाना होगा। रामायण-काल के यथार्थ के पीछे जो सामंजस्यपूर्ण निर्माण का आदर्श था, वही जीवन को सब अग्नि-परीक्षाओं से अक्षत निकाल लाया, पर महाभारत-काल की, व्यक्तिगत विरोधों में खंडित और अकेली यथार्थदृष्टि कोई सृजनात्मक आदर्श नहीं पा सकी, जिसके सहारे उसका न्यायपक्ष उस ध्वंसयुग के पार पहुँच पाता।

हमारे अन्य विकासशील काव्य-युगों में भी ऐसे उदाहरणों का अभाव नहीं। जिन यथार्थ-दर्शियों ने बीहड़ वनों में मार्ग बनाने, निर्जनों को बसाने और स्थूल जीवन की, यज्ञ से लेकर बीज तक संख्यातीत समस्याएँ सुलझाने का मूल्य समझा, वे ही प्रकृति और जीवन में समान रूप से व्याप्त सौन्दर्य और शक्ति की भावना

कर सके, ज्ञान की सूक्ष्म असीमता के मापदंड दे सके और अध्यात्म की अरूप व्यापकता को नाम-रूप देकर अखंड जीवन के अमर द्रष्टा बन सके। मर्यादा-पुरुषोत्तम के चरित्र में भी जिसकी यथार्थ-दृष्टि भ्रान्त न हो सकी, उसी कविमनीषी के सामंजस्य का आदर्श, क्रौञ्च पक्षी की व्यथा की थाह लेकर हमें प्रथम श्लोक और आदिकाव्य दे गया है।

हिन्दी का अमर-काव्य भी आदर्श की सीमाओं में यथार्थ का और यथार्थ के रंगों में आदर्श का जैसा विशाल चित्र अंकित कर गया है, उसमें अमिट रूप-रेखाएँ ही नहीं, जीवन का शाश्वत स्पन्दन भी है। मन्दिर-मस्जिद की स्थूलता से लेकर अन्धविश्वास की आडम्बर पूर्ण विविधता तक पहुँचनेवाली कबीर की उग्र यथार्थ-दृष्टि, कठोर यथार्थदर्शी को भी विस्मित कर देगी, परन्तु विषम खंडों में उलझी हुई यही यथार्थ-दृष्टि, बिना गुणों का सहारा लिये, बिना रूप-रेखा पर विश्राम किये, अखंड अध्यात्म की असीमता नाप लेने की शक्ति रखती है। इसी से जुलाहे के ताने-बाने पर बुने गीत धरती के व्यक्त और दर्शन के गहन अव्यक्त को समान अधिकार दे सके हैं। तुलसी जैसे अध्यात्मनिष्ठ आदर्शवादी ने जीवन की जितनी परिस्थितियों की उद्‌भावना की है, जितनी मनोवृत्तियों से साक्षात् किया है, स्थूलतम उलझनों और सूक्ष्मतम समस्याओं का जैसा समाधान दिया है और अध्यात्म को यथार्थ के जैसे दृढ़ बन्धन में बाँधा है, वैसा किसी और से सम्भव न हो सका। क्रूर नियति ने जिसके निकट यथार्थ जगत का नाम अन्धकार कर दिया था, उसी सूर से सूक्ष्मतम भावनाओं, कोमलतम अनुभूतियों और मिलन-विरह की मार्मिक परिस्थितियों का सबसे अधिक सजीव और नैसर्गिक चित्रण हुआ है। अमर प्रेम की स्वप्नदर्शिनी मीरां के हाथ में ही यथार्थ का विष अमृत बन सका है।

जब हमने आदर्श को अमूर्त और यथार्थ को एकांगी कर लिया, तब एक बौद्धिक उलझनों और निर्जीव सिद्धान्तों में बिखरने लगा और दूसरा पाशविक वृत्तियों की अस्वस्थ प्यास में सीमित होकर घिरे जल के समान दूषित हो चला। एक ओर हम यह भूल गए कि आदर्श की रेखाएँ कल्पना के सुनहले-रुपहले रंगों से तब तक नहीं भरी जा सकतीं, जब तक उन्हें जीवन के स्पन्दन से न भर दिया जावे और दूसरी ओर हमें यह स्मरण नहीं रहा कि यथार्थ की तीव्र धारा को दिशा देने के पहले उसे आदर्श के कूलों का सहारा देना आवश्यक है। फलत: हमारे समग्र जीवन में जो ध्वंस का युग आया, उसे विदा देना उत्तरोत्तर कठिन होता गया। सत्य तो यह है कि सैनिक-युग न बीते कल को सम्पूर्णता में देख सकता है और न आगामी कल के सम्बन्ध में कोई कल्पना कर सकता है, क्योंकि एक उसकी जय-पराजय की भूली कथा में समाप्त है और दूसरा, युद्ध की उत्तेजना में सीमित। और यदि सैनिक-युग के पीछे पराजय की स्मृतियाँ और आगे निराशा का अन्धकार हो, तब तो उसके निकट जीवन और वस्तुजगत के मान ही बदल जाते हैं।

दु:ख के सीमातीत हो जाने पर या तो ऐसी स्थिति सम्भव है, जिसमें मनुष्य दु:ख से बहुत ऊपर उठकर निर्माण के नये साधन खोजता है, या ऐसी, जिसमें वह अपने-आपको भूलने के लिए और कभी-कभी तो नष्ट करने के लिए किसी प्रकार के भी उपाय का स्वागत करता है। हमारा सुदीर्घ रीतियुग दूसरी आत्मघाती प्रवृत्ति का सजीव उदाहरण है। संस्कृत-काव्य के उत्तरार्द्ध में भी यही सर्वग्रासिनी प्रवृत्ति मिलेगी, जिसने काव्य ही नहीं, सम्पूर्ण कलाओं पर 'इति' की मुद्रा अंकित कर हमारी जीवनीशक्ति के अन्त की सूचना दी। अन्य उन्नत जातियों के निर्वाण-युग की कलाएँ भी इसका अपवाद नहीं, क्योंकि जीवन का वह नियम, जिसके अनुसार बड़े-से-बड़े राजकुमार को भी घुट्टी में हीरा पीसकर नहीं पिलाया जा सकता, सब के लिए समान रहा है और रहेगा।

जो नारी, माता, भगिनी, पत्नी, पुत्री आदि के अनेक सम्बन्धों से, वात्सल्य, ममता, स्नेह आदि असंख्य भावनाओं से तथा कोमल-कठोर साधनाओं की विविधता से, पुरुष को भूमिष्ठ होने से चितारोहण तक घेरे रहती है और मृत्यु के उपरान्त भी उसे स्मृति में जीवित रखने के लिए उग्रतम तपस्या से नहीं हिचकती, उससे सत्य यथार्थ और उससे सजीव आदर्श पुरुष को कहाँ मिलेगा? उससे पुरुष की वासना का वह सम्बन्ध भी है जो पशु-जगत के लिए भी सामान्य है। परन्तु मानवी ने पशु-जगत की साधारण प्रवृत्ति से बहुत ऊपर उठकर ही पुरुष को आज्ञाकारी पुत्र, अधिकारी पिता, विश्वासी भाई और स्नेही पति के रूपों में प्रतिष्ठित किया है। इसी से निर्माण-युग का शूर भी, प्रकृति के समान ही अनेक-रूपिणी मातृजाति के वरदानों के सामने नतमस्तक हो सका और उसका कृतज्ञ हृदय भौतिक ऐश्वर्य से लेकर दिव्य ज्ञान तक का नामकरण करते समय नारीमूर्ति का स्मरण करता रहा।

जब पुरुष ने, सौन्दर्य और शक्ति के इसी यथार्थ को विकलांग और जीवन के इसी आदर्श को खंडित बना, उसे अपने मदिरा के पात्र में नाप लेने का स्वाँग करते हुए आश्वस्त भाव से कहा—बस, नारी तो इतनी ही है, तब उसने अपनी बुद्धि की पंगुता और हृदय की जड़ता की ही घोषणा की।

क्रमश: हमारे सामगान का वंशज संगीत, हमारी अर्चना में उत्पन्न नृत्य—सब उस समाज-विशेष की पैतृक सम्पत्ति बन गए, जिसे केवल वासना की पूँजी से व्यापार करने का क्रूर कर्तव्य स्वीकार करना पड़ा।

सौन्दर्य के तारों से सत्य की झंकार उत्पन्न करनेवाले कवि उस सामन्तवर्ग के लिए विशाल का खाद्य प्रस्तुत करने लगे, जो अजीर्ण से पीड़ित था, इसी से स्त्री नाम के व्यंजन को अनेक-अनेक रूपों में उपस्थित करना आवश्यक हो उठा।

रसों के असीम विस्तार और अतल गहराई में कवि को निम्न वासना के घोंघे ही मिल सके और प्रकृति के अनन्त सौन्दर्य की चिरन्तन सजीवता में पाशविक वृत्तियों के निर्जीव उद्दीपन ही प्राप्त हुए। क्या इस प्रवृत्ति में यथार्थता नहीं? अवश्य ही है।

अमृत सम्भाव्य हो सकता है, पर विष तो निश्चित यथार्थ ही रहेगा। एक हमारे स्वप्नों का विषय बनता है, कल्पना का आधार रहता है, खोज का लक्ष्य हो जाता है, फिर भी सहज प्राप्त नहीं; और दूसरा प्रत्येक स्थान और प्रत्येक स्थिति में प्राप्त होकर भी हमारे भय का कारण है, नाश का आकार है और मृत्यु की छाया है। एक को हम महान मूल्य देकर भी पाना चाहते हैं और दूसरा मूल्यहीन भी हमें स्वीकार नहीं।

एक सम्भाव्य आदर्श, एक निश्चित यथार्थ से, एक मूल्यवान स्वप्न एक बेदाम स्थूल से अधिक महत्त्व क्यों रखता है? केवल इसलिए कि एक हमें जीवन का अनन्त आरम्भ दे सकता है, और दूसरा मृत्यु का सान्त परिणाम। इस सत्य को यदि हम तत्त्वत: समझ सकें तो रीति युग की वासना का यथार्थ हमारे लिए नवीन उलझनों की सृष्टि न कर सकेगा। उस युग के पास यथार्थ दृष्टि नहीं, यह कहना सत्य नहीं हो सकता; परन्त वह दृष्टि कठफोड़े की पैनी चोंच जैसी है, जो कठिन काठ को भी कुरेद-कुरेद उसमें छिपे कीड़े को तो उदरस्थ कर लेती है, पर उस काठ से उत्पन्न हरे पत्तों से निर्लिप्त, फूल से उदासीन और पल से विरक्त रहती है। वृक्ष का अनेकरूपी वैभव न उसे भ्रमर के समान गुंजन की प्रेरणा देता है, न कोकिला के समान तान लेना सिखाता है और न मधुमक्षिका के समान परिश्रम की शक्ति प्रदान करता है।

विकास-क्रम में पशुता हमारा जन्माधिकार है और मनुष्यता हमारे युग-युगान्तर के अनवरत अध्यवसाय से अर्जित अमूल्य निधि; इसी से हम अपने पूर्ण स्वप्न के लिए, सामंजस्यपूर्ण आदर्श के लिए और उदात्त भावनाओं के लिए प्राण की बाजी लगाते रहे हैं। जब हममें ऐसा करने की शक्ति शेष नहीं रहती, तब हम एक मिथ्या दम्भ के साथ पशुता की ओर लौट चलते हैं, क्योंकि वहाँ पहुँचने के लिए न किसी पराक्रम की आवश्यकता है और न साधन की।

हम अपने शरीर को निश्चेष्ट छोड़कर हिमालय के शिखर से पाताल की गहराई तक सहज ही लुढ़कते चले आ सकते हैं, परन्तु उस ऊँचाई के सहस्त्र अंशों में से एक तक पहुँचने में हमारे पाँव काँपने लगेंगे, साँस फूल उठेगी और आँखों के सामने अँधेरा छा जाएगा।

उस युग के सामने राजनीतिक पराजय, सामाजिक विशृंखलता और सांस्कृतिक ध्वंस का जो कुहरा था, उसे भेदकर जब कलाकार यथार्थ की यथार्थता भी न देख सके, तब उससे निर्माण के आदर्श और विकास के स्वप्न की आशा करना बालू के कणों से रस की आशा करना होगा। जो विराग की सूक्ष्म रेखाओं में बँधे और सम्प्रदायों की स्थूल प्राचीरों से घिरे थे, उन्होंने भी अपने युग की अस्वस्थ प्यास ही को दूसरे नाम-रूप देकर धर्मसम्मत बना लिया और जिन पर, संघर्ष में लगे आश्रयदाताओं को उत्तेजित करने का भार था, उनकी दृष्टि सामयिक संकीर्णता से लेकर, पक्ष के गुण और विपक्ष के दुर्गुणों की अतिरंजना में सीमित और एकरस हो गई। इस प्रकार आदर्श से विच्छिन्न और यथार्थ से विकलांग काव्य और कलाएँ पिघलते हुए बर्फ

की अछोर शिला के समान अपने विद्युत वेग में ध्वंस लिये हुए, नीचे ही उतरती चली आईं। जहाँ उनकी गति रुकी, वहाँ आँखें मलकर हमने अपने सामने एक धुँधला क्षितिज और अपने चारों ओर एक विषम भूखंड पाया।

आदर्श जीवन के निरपेक्ष सत्य का बालक है और यथार्थ जीवन की सापेक्ष सीमा का जनक, अत: उनकी अन्योन्याश्रित स्थिति न ऊपर को कभी प्रकट हो सकती है और न भीतर से कभी मिट सकती है। उनकी गति विपरीत दिशोन्मुखी होकर भी जीवन की परिधि को दो ओर से स्पर्श करने का एक लक्ष्य रखती है।

यथार्थ को जैसे-जैसे हम देखते जाते हैं, वैसे-वैसे उसकी त्रुटियों को हमारी कल्पना की रेखाएँ पूर्ण करती चलती हैं, इसी से अन्त में हम उसकी विषमता पर खिन्न और सामंजस्य पर प्रसन्न होते हैं। उदाहरण के लिए हम एक चित्र को ले सकते हैं। उसमें एक बालक रंग के धब्बे ही देखेगा, साधारण व्यक्ति रंग के साथ आकार भी देख सकेगा, सहृदय कलाप्रेमी रंग, रेखा आदि में व्यक्त सामंजस्य या विषमता का भी अनुभव करेगा। यथार्थ से उसके मूलगत आदर्श तक पहुँचने का यह क्रम मनुष्य की सामंजस्यमूलक भावना के विकसित रूप पर निर्भर रहता है। यथार्थ की त्रुटि जानने का अर्थ यही है कि हमारे पास उस त्रुटि से ऊपर का चित्र है; इसी से यथार्थ का वैषम्य उन्हें नहीं ज्ञात होता, जिनके पास सामंजस्य की भावना का अभाव रहता है। रेखागणित के समान यथार्थ को जान लेना ही हमें उसके निकट परिचय का अधिकारी नहीं बना सकता, क्योंकि जब तक हम उन तारों से अपने सामंजस्य का स्वर नहीं निकाल लेते, वह यथार्थ और हमारे जीवन का यथार्थ, जोड़-फल के साथ रखे हुए गणित के अंकों जैसे ही दुर्मिल बने रहते हैं। यथार्थ से एक नहीं होता, अन्यथा हमारे घरों के खम्भे सहचर हो जाते और वृक्ष सहोदर बन जाते। एक यथार्थ दूसरी सामंजस्य-भावना का स्पर्श करके ही अपना परिचय देने में समर्थ हो पाता है और यह भावना जिसमें जिस अंश तक अधिक है, वह उसी अंश तक यथार्थ का उपासक है।

आदर्श का क्रम इससे विपरीत होगा, क्योंकि उसमें व्यक्त सामंजस्य की प्रत्येक रेखा हमें यथार्थ के सामंजस्य या विषमता की स्मृति दिलाती चलती है; इसी से यथार्थ ज्ञान से शून्य बालक के निकट किसी आदर्श का कोई मूल्य नहीं हो सकता। यदि किसी कारण से हम कल तक का उपार्जित यथार्थज्ञान भूल जावें, तो आज हमारे आदर्श का चित्रपट भी शून्य होगा। इस तरह जीवन में वह यथार्थ, जिसके पास आदर्श का स्पन्दन नहीं, केवल शव है और वह आदर्श, जिसके पास यथार्थ का शरीर नहीं, प्रेम मात्र है।

साधारण रूप से हमारी धारणा बन गई है कि यथार्थ के चित्रण के लिए हमें कुछ नहीं चाहिए; परन्तु अनुभव की कसौटी पर वह कितनी खरी उतर सकती है, यह कथन से अधिक अनुभव की वस्तु है। आदर्श का सत्य निरपेक्ष है, परन्तु यथार्थ की सीमा के लिए सापेक्षता आवश्यक ही नहीं, अनिवार्य रहेगी; इसी से एक की

भावना जितनी कठिन है, दूसरे की अभिव्यक्ति उससे कम नहीं। आदर्श की भावना मनुष्य के हृदय और बुद्धि के परिष्कार पर निर्भर होने के कारण सहज नहीं, परन्तु एक बार भावना हो जाने पर उसकी अभिव्यक्ति यथार्थ के समान कठिन बन्धन नहीं स्वीकार करती। पूर्ण और सुन्दर स्वप्न देख लेना किसी असुन्दर हृदय और विकृत मस्तिष्क के लिए सहज सम्भाव्य नहीं रहता, पर जब हृदय और मस्तिष्क की स्थिति ने इसे सहज कर दिया, तब केवल अभिव्यक्ति-सम्बन्धी प्रश्न उसे व्यक्त होने से नहीं रोक पाते। विश्व के स्थूल से सूक्ष्मतम अनेक रूपकों के भरोसे, भाषा की कोमल से कठोर तक असंख्य रेखाओं की सहायता से और भावों के हल्के से गहरे तक असंख्य रंगों के सहारे, वह बार-बार व्यक्त होकर सुन्दर से सुन्दरतम, पूर्ण से पूर्णतम होता रह सकता है। आदर्श के सम्बन्ध में अभिव्यक्ति को समस्या नहीं, अभिव्यक्ति के ग्रहण का प्रश्न रहता है; क्योंकि व्यक्त होते ही वह यथार्थ की परिधि में आ जाता है और इस रूप में, उसे अपना पूर्ण परिचय देने के लिए, दूसरे की सामंजस्य-भावना की अपेक्षा होगी।

जैसे वीणा के एक तार से उँगली का स्पर्श होते ही, दूसरे का अपने-आप कम्पन से भर जाना, उनके खिंचे-मिले रहने पर सहज और स्वाभाविक है, उसी प्रकार एक व्यक्ति आदर्श की अव्यक्त प्रतिध्वनि अनुकूल संवेदनीयता में आयासहीन होती है।

यथार्थ की समस्या कुछ दूसरे प्रकार की है, क्योंकि जो व्यक्त और स्थूल है, उसे खंडशः देख लेना कठिन नहीं, पर उन खंडों में व्याप्त अखंडता की भावना सहज प्राप्त नहीं। जीवन खंड-खंड में बिखरा, देशकाल में बँटा और रूप-व्यष्टि में ढला है, परन्तु उसके एक खंड का मूल्य इसलिए है कि वह अखंड पीठिका पर स्थित है, उसकी सीमा का महत्त्व इसलिए है कि वह सीमातीत आधार-भित्ति पर अंकित है और उसके एक रूप का अस्तित्व इसलिए है कि वह अरूप की व्यापक समष्टि में ढला है। यदि हम एक सीमित खंड को पूर्ण रूप से घेर भी लें, तो जब तक उसे अशेष जीवन की व्यापक पीठिका पर शेष खंडों के साथ रखकर नहीं देखते, तब तक उसके कभी न घटने-बढ़नेवाले मूल्य का पता नहीं चलता और जब तक हमें इस मूल्य की अनुभूति नहीं होती, तब तक उससे हमारा परिचयजनित तादात्म्य सम्भव नहीं हो पाता।

हमारे शरीर की पूर्णता के ही लिए नहीं, उपयोग के लिए भी आवश्यक अंगों का शरीर से भिन्न कोई मूल्य नहीं, कोई महत्त्व नहीं और कोई जीवन नहीं। भावी चिकित्सक का ज्ञान बढ़ाने के लिए चीर-फाड़ के काम में आनेवाले शरीर के अंग उसका ज्ञान बढ़ाकर स्वयं सजीव नहीं हो जाते।

कला को चाहे प्राकृतिक चिकित्सा भी कह लिया जावे, पर वह ऐसा शल्यचिकित्सा-शास्त्र कभी नहीं बन सकती, जिसके जिज्ञासुओं के उपयोग के लिए, निर्जीव यथार्थ-खंड संवेदन-शून्यता के हिम में गाड़-गाड़कर सुरक्षित रखे जावें। कला

के यथार्थ को सजीव तो रहना ही है, साथ ही जीवन की अशेष विशालता में अपने अधिकार का परिचय देते हुए निरन्तर पाना और अविराम देना है; अत: उसकी सीमित स्थूल रेखा से लेकर सामान्य नियम तक सब अपने पीछे एक व्यापक सामंजस्य की भावना चाहते हैं। इस प्रकार यथार्थ का प्रत्येक खंड-जीवन, अखंड-जीवन के आदर्श पर आश्रित हुए बिना खंड ही नहीं रह सकता।

उदाहरण के लिए हम एक चतुर यथार्थ-शिल्पी द्वारा निर्मित कृश, दीन और अर्द्धनग्न भिखारी की मूर्ति को ले सकते हैं। अपनी संसार-यात्रा में हमने ऐसे अनेक विरूप खंड देखे हैं, जिनके निकट ठहरने की, हमारे व्यस्त जीवन को इच्छा ही नहीं हुई। पर उस मूर्ति से साक्षात् होते ही हमारा जीवन अपने सम्पूर्ण आवेग से उसे घेर-घेरकर उसी प्रकार आर्द्र करने लगेगा, जिस प्रकार तीव्र गतिवाला जलप्रवाह अपने पथ में पड़े हुए शिलाखंड की प्रदक्षिणा कर-करके उसे अपने सीकरों से अभिषिक्त करने लगता है। हमारा हृदय कहेगा—यह मेरा है! हमारी साँस पूछेगी—इतना अन्तर किसलिए? हमारी बुद्धि प्रश्न करेगी—ऐसा दैन्य क्यों? इस अन्तर का कारण स्पष्ट है। कलाकार ने जब उस खंड-विशेष को जीवन की अखंड पीठिका पर प्रतिष्ठित और सामंजस्य की व्यापक आधारभित्ति पर अंकित करके हमारे सामने उपस्थित किया, तब वह अपने स्थायी मूल्य और अविच्छिन्न सम्बन्ध के साथ हमारे निकट आया और उस रूप में हमारे जीवन का सत्य उसकी उपेक्षा नहीं कर सका।

जीवन-पथ पर कंकड़-पत्थर के समान बिखरे और खंडित यथार्थ को हम जो आत्मीयता नहीं देते, उसी को अयाचित दिलाने के लिए यथार्थ-वादिनी कलाएँ उन परिचित और उपेक्षित खंडों को एक अखंड भावना के रहस्यमय अंचल में बटोर लेती हैं। जब कला, जीवन की व्यापकता का भावन बिना किये मनुष्य, पशु-पक्षी आदि के, कैमरे से खिंचे चित्रों को पास-पास चिपकाकर ही अपने चित्राधार को विराट बनाना चाहती है, तब वह रेखाओं के जितने निकट आ जाती है, जीवन से उतनी ही दूर पहुँच जाती है।

आदर्श व्यक्ति-विशेष की अखंड भावना को रूप देकर उसी रूप की रेखाओं में यथार्थ के संकेत व्यक्त करता है। इसी से उसका क्रम यथार्थ से भिन्न रहेगा। उदाहरण के लिए वह प्रतिमा पर्याप्त होगी, जिसमें कलाकार ने पूर्ण रेखाओं और प्रशान्त मुद्राओं की सीमा में एक असीम सामंजस्य की भावना भरकर शान्ति को नारी-रूपक में प्रतिष्ठित किया है। उसकी रेखा-रेखा से फूटती हुई सामंजस्य की किरणें हमारी वाष्प जैसी अरूप और हल्की भावना को धरती की मलीनता से बहुत ऊपर ले जाती हैं और वहाँ से उसे जल की बूँदों-सा, आर्द्रता में गुरु रूप देकर प्यासे कणों पर झर-झर बरसा देती हैं।

आदर्श हमारी दृष्टि की मलिन संकीर्णता धोकर उसे बिखरे यथार्थ के भीतर छिपे हुए सामंजस्य को देखने की शक्ति देता है, हमारी व्यष्टि में सीमित चेतना को,

मुक्ति से पंख देकर समष्टि तक पहुँचने की दिशा देता है और हमारी खंडित भावना को, अखंड जागृति देकर उसे जीवन की विविधता नाप लेने का वरदान देता है। जब आदर्श जलभरे बादल की तरह आकाश का असीम विस्तार लेकर पृथ्वी के असंख्य रंगों और अनन्त रूपों में नहीं उतर सकता, तब शरद के सूने मेघ-खंड के समान शून्य का धब्बा बना रहना ही उसका लक्ष्य हो जाता है।

आदर्श और यथार्थ की कला-स्थिति के सम्बन्ध में एक समस्या और भी है। आदर्श हमारे सत्य की भावना होने के कारण अन्तर्जगत की परिधि में मुक्त हो सकता है और बाह्य जगत में केवल व्यापक रेखाओं का बन्दी रहकर अपनी अभिव्यक्ति कर सकता है। परन्तु यथार्थ हमारी भावना के बाहर भी, कठिन स्थूल बन्धनों के भीतर एक निश्चित स्थिति रखता है, अत: उसे इस प्रकार व्यक्त करना कि वह हमारा भी रहे और अपनापन भी न खोये, सहज नहीं। दिव्य पारिजात के साथ, पुष्पत्व की व्यापक और संसार भर के फूलों के लिए सामान्य सीमा के अतिरिक्त रंग, आकार, वृन्त, पल्लव आदि के संकीर्ण बन्धन नहीं हैं, इसी से हम रंगों के ऐश्वर्य, रूपों के कोष और पल्लव तथा वृन्तों की समृद्धि में से अपनी भावना के अनुकूल चुनाव करके उसे साकारता दे सकते हैं और हमारी इस साकारता के लिए यथार्थ हमसे कोई प्रश्न नहीं कर सकता।

इसके विपरीत गेहूँ की एक बाली का भी चित्र बनाने में हमें एक विशेष रंग खोजना होगा, पत्तियों को यथार्थ अंकित करना पड़ेगा, वृन्त को निश्चित आकार-प्रकार देना होगा, दानों को यथातथ्य स्थिति में रखना होगा और इतने बन्धनों के भीतर अपनी भावना के मुक्त स्पन्दन से, इस संघात-विशेष में सजीवता की प्रतिष्ठा करनी होगी।

यथार्थ के सम्बन्ध में हम दार्शनिक के समान यह कहकर सन्तोष नहीं कर सकते कि इसका रंग हमारे नेत्रों ने देखा, कोमलता त्वचा ने स्पर्श की, गन्ध घ्राणेन्द्रिय को मिली, स्वाद रसना ने ग्रहण किया और स्वर श्रवण को प्राप्त हुआ, इसलिए यह हमारे स्पर्श, श्रवण, घ्राण, स्वाद और दृष्टि की समष्टि के अतिरिक्त और कुछ नहीं। वैज्ञानिक की तरह उसके रंग-रूपों के वैचित्र्य-भरे संग्रह को गला-मिलाकर जड़ द्रव्य का संघात मात्र बना लेना भी, कलाकार को लक्ष्य तक नहीं पहुँचाता। बालकों के प्रथम पाठ 'आ' से 'आदमी' के समान संज्ञा-ज्ञान बढ़ाना भी कलागत यथार्थ की चरम परिणति नहीं।

यथार्थ स्वयं ही जड़ की सचेतन अभिव्यक्ति है, अत: इस अभिव्यक्ति की अभिव्यक्ति का प्रश्न सरलता ही में जटिल है। कलाकार का प्रत्यक्ष सबका प्रत्यक्ष है; इसलिए केवल नवीन रूपों के परिचय से दूसरों के प्रत्यक्ष ज्ञान की परिधि बढ़ाने के लिए उसे उत्तरी ध्रुव से दक्षिणी ध्रुव तक दौड़ लगा-लगाकर भौगोलिक विभिन्नताओं में जीवन के विविध रूपों का संग्रह करना होगा।

हम अपने घर के सामने, न जाने कब से समाधिस्थ सूखे ठूँठ की रेखा-रेखा पहचानते हैं। अपने द्वार पर कोमल पौधे से कठोर प्रहरी बने हुए नीम को हम, पाताल

में बन्दी चरणों से लेकर आकाश में उन्मुक्त शिखा तक जानते हैं। इनका प्रत्यक्ष सम्बन्धी ज्ञातव्य हम कलाकार से पूछने नहीं जाएँगे। परन्तु उजाली रात में आदमी, अँधेरा में प्रेत और दिन में सूखा काठ बन जानेवाले ठूँठ की अनेक स्थितियाँ ऐसी हैं, जिनसे हम परिचित नहीं। इसी प्रकार वसन्त में मोतियों के चूर से जड़े मरकत-परिधान में झूमते और पतझर में चरणों पर बिछे पीले पत्तों के निष्फल वैभव पर अवाक् जैसे नीम की सभी परिस्थितियों की सीमा हम नहीं समाप्त कर सके हैं।

यथार्थ का कलाकार प्रत्यक्ष रेखाओं में किसी अपरिचित तथा अप्रत्यक्ष स्थिति को इस प्रकार अंकित करेगा कि उसका प्रत्यक्ष हमारे प्रत्यक्ष पर फैल जावे और उसकी परिधि के भीतर हमें अप्रत्यक्ष का सौन्दर्य, जीवन की अखंड सजीवता के साथ प्राप्त हो सके।

इस सम्बन्ध में यह तो स्पष्ट ही है कि ऐसी अपरिचित और अप्रत्यक्ष परिस्थितियाँ न तो ठूँठ की सुलझी रेखाओं में निश्चित अंकगणित बन चुकी हैं और न नीम की उलझी शाखाओं में स्थायी रेखागणित हो गई हैं। वे तो कलाकार की भावना में अस्तित्व रखती हैं। और वह भावना जो इन सब परिस्थितियों में व्यापक और सब प्रत्यक्ष रेखाओं के लिए सामान्य हो सकती है, जीवन का अखंड आदर्श है।

प्रश्न हो सकता है कि ऐसा यथार्थ आदर्श से भिन्न क्यों माना जावे? उत्तर उनके जीवन को व्यक्त करनेवाली विभिन्न शैलियों में मिलेगा, जिनके कारण एक का इति दूसरे का अथ बन जाता है। आदर्शवादी कलाकार जीवन की व्यापक भावना को पहले देकर उसके संकेतों में यथार्थ को अंकित करता है। इसी से अनेक रूपकों-उपरूपकों में ढला परिचित प्रत्यक्ष, अपरिचित अप्रत्यक्ष को साकारता देकर ही सफल होता है।

यथार्थवादी, प्रत्यक्ष का सीमित शरीर देकर हमें उसके व्यापक और अप्रत्यक्ष स्पन्दन की अनुभूति देता है और आदर्शवादी, व्यापक जीवन का भावन देकर हमें उसके सीमित रूपों का पता बताता है। दोनों का क्रम दोहरा, अतएव कठिन है। इसी से प्राय: एक कलाकार अपनी सृष्टि को केवल अन्तर्जगत में घेर लेता है और दूसरा अपने निर्माण को केवल बाह्य जगत में बिखरा देता है। एक के पास रंग-ही-रंग रह जाता है और दूसरे के पास मिट्टी -ही-मिट्टी, अत: एक ओर मिश्रित रंगों में सिद्धान्तों की रेखाहीन चित्रशाला प्रस्तुत की जाती है और दूसरी ओर धूल के खिलौनों का रंगहीन मेला लगाया जाता है। ऐसी स्थिति में आदर्श और यथार्थ को सजाने का क्रियाकलाप अन्तिम संस्कार के समारोह-सा विवश, करुण पर निश्चित हुए बिना नहीं रहता। यह क्रम तब तक नहीं बदलता जब तक कलाकार के जीवन का सत्य, सौन्दर्य में प्रतिष्ठित होने के लिए विद्रोह नहीं कर उठता। और जब यह विद्रोह सम्भव हो जाता है, तब कलाकार कठिनाइयों की चिन्ता न करके कण-कण से शिला बने आडम्बर को उसी सहज भाव से छिन्न-भिन्न कर डालता है, जिस सरलता से माँ के भृकुटि-भंग पर हँसता हुआ बालक फीके खिलौने को फेंककर चूर-चूर कर देता

है। तब वह आदर्श और यथार्थ के बीच की खाइयों को जीवन के सहज संवेदन से भरता हुआ उस देश में जा पहुँचता है जहाँ स्वप्न, सत्य का अनुमान है और सौन्दर्य, उसका प्रमाण, सूक्ष्म, विश्व-चेतना का संचरण है और स्थूल, उसका आकार-ग्रहण।

हमारे चारों ओर एक प्रत्यक्ष जगत है। उसका ज्ञान प्राप्त करने के लिए हमारी ज्ञानेन्द्रियों से लेकर सूक्ष्म वैज्ञानिक यंत्रों तक एक विस्तृत करण-जगत बन चुका है और बनता जा रहा है। बाह्य जगत के सम्बन्ध में विज्ञान और ज्ञान की विचित्र स्थिति है। जहाँ तक विज्ञान का प्रश्न है, उसने इन्द्रियजन्य ज्ञान में सबसे पूर्ण प्रत्यक्ष को भी अविश्वसनीय प्रमाणित कर दिया है। अपनी अपूर्णता नहीं, पूर्णता में भी दृष्टि, रंगों के अभाव में रंग ग्रहण करने की क्षमता रखती है और रूपों की उपस्थिति में भी उनकी यथार्थता बदल सकती है। इसके अतिरिक्त प्रत्यक्ष ज्ञान के ऊपर, अनुमान, स्मृति आदि की अप्रत्यक्ष छाया फैली रहती है। पर इतना सब कह-सुन चुकने पर भी यह स्पष्ट है कि हम ऊपर नीलिमा के स्थान में खोखला आकाश, टिमटिमाते ग्रह-नक्षत्रों के स्थान में अधर में लटककर वेग से घूमनेवाला विशाल ब्रह्मांड और पैरों तले समतल धरती के स्थान में ढालू और दौड़ते हुए गोलाकार का अनुभव कर प्रसन्न न हो सकेंगे। हमें यह विशिष्ट ज्ञान उपयोग के लिए चाहिए, पर उस उपयोग के उपभोग के लिए हम अपना सहज अनुभव ही चाहते रहेंगे। इसी कारण वैज्ञानिक ज्ञान को सीखकर भूलता है और कलाकार भूलकर सीखता है।

यथार्थ के सम्बन्ध में यदि केवल वैज्ञानिक दृष्टि रखें, तो वह काव्य को लक्ष्य-भ्रष्ट कर देगी, क्योंकि आनन्द के लिए उसकी परिधि में स्थान नहीं। विज्ञान का यथार्थ, स्वयं विभक्त और निर्जीव होकर ज्ञान की उपलब्धि सम्भव कर देता है, पर काव्य के यथार्थ को, अपनी सीमित सजीवता से ही एक व्यापक सजीवता और अखंडता का परिचय देना होगा। और केवल ज्ञानाश्रयी कवि यथार्थ को ऐसे उपस्थित करने की शक्ति नहीं रखता।

साधारणत: मनुष्य और संसार की क्रिया-प्रतिक्रिया से उत्पन्न ज्ञान, अनुभूति सब, संस्कारों का ऐसा रहस्यमय ताना-बाना बुनते चलते हैं, जो एक ओर हृदय और मस्तिष्क को जोड़े रहता है और दूसरी ओर जीवन के लिए एक विस्तृत पीठिका प्रस्तुत कर देता है। जिसके पास यह संस्कार-आकाश जितना व्यापक, सामंजस्यपूर्ण और सुलझा हुआ होगा, वह यथार्थ को उतनी ही सफल जीवन-स्थिति दे सकता है। इस संस्कार की छिन्न-भिन्नता में हमें ऐसा यथार्थवादी मिलेगा, जो जीवन को विरूप खंडों में बाँटता चलता है और इसके नितान्त अभाव में ऐसा विक्षिप्त सम्भव है, जो सुख दु:खों का अनुभव करने पर भी उन्हें कोई सामान्य आधारभित्ति नहीं दे पाता!

संसार में प्रत्येक सुन्दर वस्तु उसी सीमा तक सुन्दर है, जिस सीमा तक वह जीवन की विविधता के साथ सामंजस्य की स्थिति बनाये हुए है और प्रत्येक विरूप वस्तु उसी अंश तक विरूप है, जिस अंश तक वह जीवनव्यापी सामंजस्य को छिन्न-भिन्न करती

है। अत: यथार्थ का द्रष्टा जीवन की विविधता में व्याप्त सामंजस्य को बिना जाने, अपना निर्णय उपस्थित नहीं कर पाता और करे भी तो उसे जीवन की स्वीकृति नहीं मिलती। और जीवन के सजीव स्पर्श के बिना केवल कुरूप और केवल सुन्दर को एकत्र कर देने का वही परिणाम अवश्यम्भावी है, जो नरक-स्वर्ग की सृष्टि का हुआ।

संसार में सबसे अधिक दंडनीय वह व्यक्ति है, जिसने यथार्थ के कुत्सित पक्ष को एकत्र कर नरक का आविष्कार कर डाला, क्योंकि उस चित्र ने मनुष्य की सारी बर्बरता को चुन-चुनकर ऐसे ब्योरेवार प्रदर्शित किया कि जीवन के कोने-कोने में नरक गढ़ा जाने लगा। इसके उपरान्त, उसे यथार्थ के अकेले सुखपक्ष को पुंजीभूत कर इस तरह सजाना पड़ा कि मनुष्य उसे खोजने के लिए जीवन को छिन्न-भिन्न करने लगा।

एकान्त यथार्थवादी काव्य में यथार्थ के ऐसे ही एकांगी प्रतिरूप स्वाभाविक हो जाते हैं। एक ओर यथार्थद्रष्टा केवल विरूपताएँ चुनकर उनसे जीवन को सजा देता है और दूसरी ओर उसके हृदय को चीर-चीरकर स्थूल सुखों की प्रदर्शिनी रचता है। केवल उत्तेजक और वीप्साजनक काव्य और कलाओं के मूल में यही प्रवृत्ति मिलेगी। इन दोनों सीमाओं से दूर रहने के लिए कवि को जीवन की अखंडता और व्यापकता से परिचित होना होगा, क्योंकि इसी पीठिका पर यथार्थ चिरन्तन गतिशीलता पा सकता है।

यथार्थ यदि सुन्दर है, तो यह पृष्ठभूमि तरल जल के समान उसे सौ-सौ पुलकों में झुलाती है और यदि विरूप है, तो वह तरल कोमलता हिम का ऐसा स्थिर और उज्ज्वल विस्तार बन जाती है, जिसकी अनन्त स्वच्छता में एक छोटा-सा धब्बा भी असह्य हो उठता है। इस आधारभित्ति पर जीवन की कुत्सा देखकर हमारा हृदय काँप जाता है, पर एक अतृप्त लिप्सा से नहीं भर आता।

यदि यथार्थ को केवल इतिवृत्ति का क्रम मान लिया जावे, तो भी व्यक्तिगत भावभूमि पर अपनी स्थिति रखकर ही वह काव्य के उपयुक्त संवेदनीयता पा सकता है। इस भावभूमि से सर्वथा निर्वासित इतिवृत्त का सबसे उपयुक्त आश्रयस्थल इतिहास ही रहेगा।

चरम सीमा पर यथार्थ जैसे विक्षिप्त गतिशील है, वैसे ही आदर्श निष्क्रियता में स्थिर हो जाता है। एक विविध उपकरणों का बवंडर है और दूसरा पूर्ण निर्मित पर अचल मूर्ति। साधारणत: जीवन में एक ही व्यक्ति यथार्थदर्शी भी है और आदर्श स्रष्टा भी, चाहे उसका यथार्थ कितना ही अपूर्ण हो और आदर्श कितना ही संकीर्ण। जीवन की ऐसी स्थिति की कल्पना तो पशुजगत की कल्पना होगी, जिसमें बाह्य संसार का ज्ञान मनुष्य के अन्तर्जगत में किसी सम्भाव्य संसार की छाया नहीं आँकता। जो है, उसके साथ हमारे सक्रिय सहयोग के लिए यह कल्पना आवश्यक है कि इसे कैसा होना चाहिए।

संसार से आदान मात्र मनुष्य को पूर्ण सन्तोष नहीं देता, उसे प्रदान का भी अधिकार चाहिए और इस अधिकार की विकसित चेतना ही आदर्श का पर्याय है। छोटा-सा बालक भी दूसरे की दी हुई वस्तुओं को ग्रहण करने के लिए जितना उत्सुक

होगा, उन्हें अपनी इच्छा और रुचि के अनुसार रखने, जोड़ने-तोड़ने आदि के लिए भी उतना ही आकुल मिलेगा। सभ्यता, समाज, धर्म, काव्य आदि सभी मनुष्य और संसार के इसी चिरन्तन आदान-प्रदान के इतिहास हैं।

साधारण रूप से आदर्श से यही समझा जाता है कि वह सत्य की जय, असत्य की पराजय आदि आदि जीवन में असम्भव पर कल्पना में सम्भव कार्य-कारण का नाम है। इस धारणा के कारण हैं। सम्भाव्य यथार्थ से सम्बन्ध रखनेवाले अन्तर्जगत के संस्कार हमारे बाह्य आचरण पर विशेष प्रभाव डालते हैं, इसी से समय-समय पर धर्म, नीति आदि ने उन्हें अपने विकास का साधन बनाया। जिस युग का प्रधान लक्ष्य धर्म रहा, उसमें सत्य, त्याग आदि गुणों के आदर्श चरमसीमा तक पहुँचकर ही सफल हो सके। जिस युग का दृष्टिबिन्दु सामाजिक विकास था, उसमें कर्तव्य सम्बन्धी आदर्श उच्चतम सीमा तक पहुँच गए। जिस समय संघर्ष की सफलता ही अभीष्ट रही, उस समय जय के आदर्श की उज्ज्वलता में साधनों की मलीनता भी छिप गई। जब, जो विशेषता आवश्यक नहीं रही, तब उससे सम्बन्ध रखनेवाला असाधारण आदर्श, जीवन के पुरातत्त्व विभाग की स्थायी सम्पत्ति बना दिया गया और साधारण आदर्श, गौण रूप से प्रयोग में आता रहा। कुरुक्षेत्र के युग में हरिश्चन्द्र की सत्यवादिता का कोई स्थान नहीं, राम के संघर्ष में बुद्ध की अहिंसा का कोई महत्त्व नहीं।

युग-विशेष में उत्पन्न कवियों ने भी अपने युग के आदर्श को असाधारणता के साथ काव्य में प्रतिष्ठित किया। इतना ही नहीं, वह आदर्श कहीं भी पराजित न हो सके, इसकी ओर भी उन्हें सतर्क रहना पड़ा। फिर भी यह सत्य है कि वे एकांगी नहीं हो सके।

काव्य हमारे अन्तर्जगत में मुक्ति का ऐसा अनुभव कर चुकता है कि उससे बाह्य जगत के संकेतों का अक्षरशः पालन नहीं हो पाता। रामायणकार ऋषि का दृष्टिबिन्दु कर्तव्य के युग से प्रभावित था अवश्य, पर उसने युग-प्रतिनिधि कर्तव्यपालक की भी त्रुटियों को छिपाने का प्रयास नहीं किया। राजा के चरम आदर्श तक पहुँचकर भी वह जब साध्वी पर परित्यक्त पत्नी की फिर अग्निपरीक्षा लेना चाहता है, तब वह नारी उस कर्तव्यपालक के पत्नीत्व के बदले मृत्यु स्वीकार कर लेती है। जीवन के अन्त में एकांगी कर्तव्य की जैसी पराजय ऋषिकवि ने अंकित की है, उसकी रेखा-रेखा में मानो उसका भ्रू-भंग कहता है—बस, इतना ही तो इसका मूल्य था।

विजय केन्द्रबिन्दु होने पर भी महाभारत में असत्य साधनों को उज्ज्वलता नहीं मिल सकी। संघर्ष सफल हो गया, कहकर भी कवि ने उस सफलता की उजली रेखाओं में ग्लानि का इतना काला रंग भर दिया है कि विजयी ही नहीं, आज का पाठक भी काँप उठता है।

जीवन के प्रति स्वयं आस्थावान होने के कारण कवि का विश्वास भी एक आदर्श बनकर उपस्थित होता है। शकुन्तला की आत्महत्या तो सरल सौन्दर्य और सहज विश्वास की हत्या है; उसे कवि कल्पना में भी नहीं अंगीकार करेगा, पर उस

सौन्दर्य और विश्वास को ठुकरानेवाले दुष्यन्त के पश्चात्ताप में से वह लेशमात्र भी नहीं घटाता। इतना ही नहीं, जिस पवित्र सौन्दर्य और मधुर विश्वास की प्राप्ति एक दिन कण्व के साधारण तपोवन में अनायास ही हो गई थी, उसी के पुनर्दर्शन के लिए दुष्यन्त को स्वर्ग तक जाने का आयास भी करना पड़ता है और दिव्यभूमि पर, अपराधी याचक के रूप में खड़ा भी होना पड़ता है।

सारांश यह कि अपने युगसीमित आदर्श को स्वीकार करके भी कवि उसे विस्तृत विविधता के साथ व्यक्त करते रहे हैं। जैसे शिष्य के बनाये पूर्ण चित्र में भी कलाकार-गुरु अपनी कुशल उँगलियों में थमी तूली से कुछ रेखाएँ इस तरह घटा-बढ़ा देता है, कहीं-कहीं रंग इस तरह हल्के-गहरे कर देता है कि उसमें एक नया रहस्य यत्र-तत्र झलकने लगता है, वैसे ही प्राचीन ऋषि-कवियों ने अपने युग की निश्चित रेखाओं और पक्के रंगों के भीतर से युग-युगान्तरव्यापी जीवन-रहस्य को व्यक्त कर दिया है। आज का युग उनसे इतना दूर है कि उस रहस्य-लिपि को नहीं पढ़ पाता, अत: केवल निश्चित रंग-रेखा को ही सब कुछ मान बैठता है।

आधुनिक युग में बुद्धि का आदर्श भी वैसा ही असाधारण हो गया है, जैसा किसी समय सत्य, त्याग, कर्तव्य आदि का था। सत्य की विजय अनिवार्य है या मिथ्या का बुरा परिणाम अवश्यम्भावी है, आदि में कार्य-कारण की सम्भाव्य स्थिति भी निश्चित मान ली गई है। परन्तु बौद्धिक विकास की चरम सीमा ही मनुष्य की पूर्णता है, भौतिक उत्कर्ष ही जीवन का एकमात्र लक्ष्य है, आदि में भी वैसा ही कल्पित कार्य-कारण सम्बन्ध है, क्योंकि जीवन में न तो सब जगह बुद्धिवादी ही पूर्ण मनुष्य है और न भौतिक विकास का चरमबिन्दु जीवन की एकमात्र सार्थकता है। जब हमारा युग भी अतीत युगों में स्थान पा लेगा, तब नवागत युग हमारे असाधारण बौद्धिक और भौतिक आदर्शों को उसी दृष्टि से देखेगा, जिस दृष्टि से हम अपने अतीत-आदर्श-वैभव को देखते हैं।

आधुनिक युग के आदर्शों में ही असाधारणता नहीं, उनकी काव्य-स्थिति भी वैसी ही एकांगी है। आज का कवि भी अपने युग के आदर्शों को काव्य में प्रतिष्ठित करता है और उनकी एकान्त विजय के सम्बन्ध में सतर्क रहता है। पर आदर्श को संकीर्ण अर्थ में न ग्रहण करके यदि हम उसे जीवन की एक व्यापक और सामंजस्यपूर्ण स्थिति का भावन मात्र मान लें, तो वह हमारे एकांगी बुद्धिवाद और बिखरे यथार्थ को सन्तुलन दे सकता है।

आज के युग के सामने निर्माण का जैसा विस्तृत और अनेक रूपात्मक क्षेत्र है, उसे देखते हुए हम आदर्श और यथार्थ-सम्बन्धी प्रश्नों को बौद्धिक व्यायाममात्र नहीं मान सकेंगे।

कोई भी जाति अपने देशकालगत यथार्थ के निरीक्षण और परीक्षण के बिना वर्तमान का मूल्यांकन नहीं कर पाती और सम्भाव्य यथार्थ को कल्पना के बिना भविष्य

की रूपरेखा निश्चित करने में असमर्थ रहती है। यह कार्य साहित्य और कला के क्षेत्र में जितना सहज, सुन्दर और सम्प्रेषणीय रूप पा लेता है, उतना जीवन के अन्य क्षेत्रों में सम्भव नहीं। सच्चा कलाकार व्यावसायिक कम, पर संवेदनशील अधिक होता है, अत: उसकी दृष्टि यथार्थ के सम्बन्ध में सन्तुलित और आदर्श के सम्बन्ध में व्यापक रहकर ही अपने लक्ष्य तक पहुँचती है। लक्ष्य से ऊपर दृष्टि रखकर हम लक्ष्यवेध करने में समर्थ हो सकते हैं, पर उससे नीचे दृष्टि को केन्द्रित कर लक्ष्य को छू पाना भी सम्भव नहीं!

हमारा सुन्दर स्वप्न और उसे साकारता देने का दृढ़ संकल्प हमारे सूक्ष्म मनोजगत में मुक्त है, परन्तु हमारी क्रिया शारीरिक शक्ति और व्यवहार-जगत की परिस्थितियों से सीमित रहेगी। अपनी शक्ति और विशेष परिस्थितियाँ एक व्यक्ति दूसरे को दे नहीं पाता, पर अपने स्वप्न को अखंड सौन्दर्य के साथ और अपने संकल्प को सम्पूर्ण प्राण-प्रवेग के साथ वह दूसरे के अन्तर्जगत में इस तरह सम्प्रेषित कर सकता है कि दूसरा व्यक्ति अपनी शक्ति और परिस्थिति के अनुसार उन्हें साकारता देने के लिए विकल हो उठे। कलाकार की प्रेरणा भी ऐसी ही अन्तर्मुखी होती है, अत: इसे सक्रियता देने के लिए यथार्थ का ज्ञान ही नहीं, सम्भाव्य यथार्थ अर्थात् आदर्श का भावन भी आवश्यक रहेगा।

छायावाद

अपने मूल्य को बढ़ाने के लिए दूसरों का मूल्य घटा देना यदि हमारे स्वभावगत न हो जाता तो हमने उस जागरण-युग को अधिक महत्त्व दिया होता, जिसकी उग्र वाणी ने पहले-पहल एक स्थायी बवंडर से उसके लक्ष्य का नाम पूछा, जिसकी पैनी दृष्टि ने पहले बढ़कर विकृति के अक्षरों में प्रकृति की भाग्य-लिपि पढ़ी और जिसकी धीर गति ने सर्वप्रथम नवीन पथ के काँटे तोड़े।

परिवर्तन को सम्भव करने का श्रेय राजनीति, समाज, धर्म आदि के सम्बन्ध रखनेवाली परिस्थितियों को भी देना होगा, परन्तु उस जागरण-काव्य के वैतालिकों में यदि सक्रिय प्रेरणा के स्थान में आज की विवादैषणा होती तो सम्भवत: अब तक हम इसी उलझन में पड़े रहते कि नायिकाओं की प्रशस्ति वंशस्थ में गायी जावे या ऋग्वेद की ऋचाएँ सवैया में उतारी जावें। विवाद का साधन से साध्य बन जाना बहुत स्वाभाविक होता है और साध्य बनकर वह हमारी बौद्धिक प्रेरणाओं और मानसिक प्रवृत्तियों का कोई और क्रियात्मक उपसंहार असम्भव कर देता है; इसी से क्रिया के अकालक्षम आह्वान के अवसर पर हम विवाद की क्षमता नहीं रखते।

उस जागरण-युग में बहुत विस्तार से फँसे हुए आदर्श और सारत: संक्षिप्त किये हुए यथार्थ के पीछे जो पीठिका रही, वह अनेकरूपी परिस्थितियों से बनी और भिन्न-वर्णी परिवर्तनों से रँगी थी।

एक दीर्घकाल से कवि के लिए सम्प्रदाय अक्षयवट और दरबार कल्पवृक्ष बनता आ रहा था और इस स्थिति का बदलना एक व्यापक उलट-फेर के बिना सम्भव ही नहीं था, जो समय से सहज हो गया।

शासन के रंग-मंच पर नई शक्ति का आविर्भाव होते ही काव्य के केन्द्रों का बदलना क्यों सम्भव हो गया, इसे हम जानते ही हैं, परन्तु ज्ञातव्य की पुनरावृत्ति भी अज्ञान की पुनरावृत्ति नहीं होती। यह तो स्पष्ट ही है कि नवागत शासक-सत्ता के दृष्टिकोण में धार्मिक कट्टरता न होकर व्यावसायिक लाभ प्रधान रहा और व्यवसायी दूसरे पक्ष को न सतर्क प्रतिद्वन्द्वी बनाना चाहता है, न सजग शत्रु। विरोध में दो ही स्थितियाँ सम्भव हैं। यदि विपक्ष सबल है तो जय के लिए निरन्तर संघर्ष करता रहेगा और यदि निर्बल है तो पराजित होकर द्वेष से जलता और षड्यंत्र रचता रहेगा। इसके

अतिरिक्त व्यवसाय के लिए संख्या भी विशेष महत्त्व रखती है; क्योंकि सम्पन्न से दरिद्र तक को घेर लेने की शक्ति ही व्यापारिक सफलता का मापदंड है। चतुर-से-चतुर व्यापारी भी केवल सम्राटों से व्यापार कर अपने लक्ष्य तक नहीं पहुँच सकता। अत: नवीन शासक-वर्ग विजेता के समारोह के बिना ही एक चतुर अतिथि के समान हमारी देहली पर आ बैठा और आत्मकथा के बहाने अपनी संस्कृति के प्रति हमारे मन में ऐसी परिचयभरी ममता उत्पन्न करने लगा कि उसे आँगन में न बुला लाना कठिन हो गया। एक संस्कृति जो पाँच सौ वर्षों में न कर सकी, उसे दूसरी ने डेढ़ सौ वर्षों में कितनी पूर्णता के साथ कर लिया है, इसे देखना हो तो हम अपना-अपना जीवन देख लें।

हमारे बाह्य अन्धानुकरण और मानसिक दासता के पीछे न कुछ क्षोभ है, न खिन्नता। अत: यह तो मानना ही होगा कि वह नवागत विपक्षी परिचित, पर विस्मृत मित्र की भूमिका में आया। इसके अतिरिक्त अतीत के निष्फल पर निरन्तर संघर्ष से हम इतने द्वेष-जर्जर और क्लान्त हो रहे थे कि तीसरी शक्ति की उपस्थिति हमारे लिए विराम जैसी सिद्ध हुई।

उसका धर्म भी भाले की नोक पर न आकर इंजेक्शन की महीन सुइयों में आया, जिसका पता परिणाम में ही चल सकता था। इसी से जब एक बार इच्छाओं की राख में से रोष की चिनगारी कुरदेकर, हमने संघर्ष की दावाग्नि उत्पन्न करनी चाही, तब राख के साथ चिनगारी भी उड़ गई।

इस प्रकार तात्कालिक रक्षा और निरन्तर संघर्ष का प्रश्न न रहने से सामन्तवर्ग का महत्त्व बाढ़ के जल के समान स्वयं ही घट गया। इतना ही नहीं, वह वर्ग नवीन शासक-सत्ता के साथ कुछ समझौता कर अपनी स्थिति को नये सिरे से निश्चित करने में व्यस्त हो गया। ऐसी दशा में कवि किसके इंगित पर व्यायाम करता और कविता किस आशा पर दरबार में नृत्य करती? परिवर्तनों के उस समारोह में काव्य ऐश्वर्य की कठिन रेखा पारकर जीवन की सरल व्यापकता में पथ खोजने लगा। सामान्य जीवन की स्वच्छता ने काव्य को अर्थ ही नहीं, धर्मकेन्द्रों से भी इतना विमुख कर दिया कि आज कवि का सन्त होना सम्भाव्य माना जाता है, पर सन्त में कवित्व अतीत की कथामात्र।

राजनीति में उलझी और शासक-सत्ता की ओर निरन्तर सतर्क दृष्टि को जब कुछ अवकाश मिला, तब वह धर्म और समाज को समय के साथ रखकर ठीक से देख सकी। हमारे धर्म के क्षेत्र में नवीन प्रेरणाओं का अभाव नहीं रहा, परन्तु तत्कालीन शासक-सत्ता की दृष्टि धर्म-प्रधान होने के कारण वे किसी-न-किसी प्रकार राजनीति की परिधि में आती रहीं और उससे उलझ-उलझकर अपनी विकासोन्मुख सक्रियता खोती रहीं। अन्त में बाह्य विरोध और आन्तरिक रूढ़िप्रियता ने धर्म को ऐसी स्थिति में पहुँचा दिया, जहाँ वह काव्य को नई स्फूर्ति देने में असमर्थ हो गया।

बदली राजनीतिक परिस्थितियों में धर्म और समाज के क्षेत्रों में सुधारकों का जो आविर्भाव हुआ है, उसे ध्यान में रखकर ही हम खड़ी बोली के आदियुग की काव्य-प्रेरणाओं का मूल्य आँक सकेंगे; क्योंकि उन सबकी मूल प्रवृत्तियाँ एक हैं, साधन चाहे जितने भिन्न रहे हों।

शून्य में व्याप्त स्वरों को रागिनी की निश्चित रूप-रेखा देनेवाली वीणा के समान हमारे जागरण-युग ने जिस परिवर्तन को काव्य की रूप-रेखा में स्पष्ट किया, वह उसके पूर्वगामी युग में भी अशरीरी आभास देता रहा था। यदि वह युग सुधार का सहचर न होकर कला का सहोदर होता, तो सम्भवत: उसके आदर्शवाद में बोलनेवाले यथार्थ की कथा कुछ और होती। पर एक ओर काव्य की जड़ परम्परा की प्रतिक्रिया में उत्पन्न होने के कारण और दूसरी ओर वातावरण में मँडराती हुई विषमताओं के कारण वह इतनी उग्र सतर्कता लेकर चला कि कला की सीमा-रेखाओं पर उसने विश्राम ही नहीं किया। पर यदि नवीन प्रयोग काव्य में जीवन के परिचायक माने जावें तो वह युग बहुत सजीव है और यदि विषय की विविधता काव्य की समृद्धि का मापदंड हो सके तो वह युग बहुत सम्पन्न है।

राष्ट्र की विशाल पृष्ठभूमि पर, प्रान्तीय भाषाओं की अवज्ञा न करते हुए राजनीतिक दृष्टि से भाषा का जो प्रश्न आज सुलझाया जा रहा है, वह हमें खड़ी बोली के उन साहसी कवियों का अनायास ही स्मरण करा देता है, जिन्होंने काव्य की सीमित पीठिका पर, राम-कृष्ण-काव्य की धात्री देशी भाषाओं का अनादर न करते हुए भी, साहित्यिक दृष्टि से भाषा की अनेकता में एकता का प्रश्न हल किया था।

काव्य की भाषा बदलना सहज नहीं होता और वह भी ऐसे समय, जब पूर्वगामी भाषा अपने माधुर्य में अजेय हो, क्योंकि एक तो नवीन अनगढ़ शब्दों में काव्य की उत्कृष्टता की रक्षा कठिन हो जाती है; दूसरे, उत्कृष्टता के अभाव में प्राचीन का अभ्यस्त युग उसके प्रति विरक्त होने लगता है।

और छन्द तो भाषा के सौन्दर्य की सीमाएँ हैं, अत: भाषा-विशेष से भिन्न करके उनका मूल्यांकन असम्भव हो जाता है। वे प्राय: दूसरी भाषा की सुडौलता को सब ओर से स्पर्श नहीं कर पाते, इसी से या तो उसे अपने बन्धनों के अनुरूप काट-छाँटकर बेडौल कर देते हैं या अपनी निश्चित सीमा-रेखाओं को, कहीं दूर तक फैलाकर और कहीं संकीर्ण कर अपने नाद-सौन्दर्य-सम्बन्धी लक्ष्य ही से बहुत दूर पहुँच जाते हैं।

तद्भव और अपभ्रंश शब्दों के स्थान में शुद्ध संस्कृत शब्दों को प्रधानता देनेवाली खड़ी बोली के लिए उस युग ने वही छन्द चुने, जो संस्कृत काव्य में उन शब्दों का भार ही नहीं सँभाल चुके थे, नाद-सौन्दर्य की कसौटी पर भी परखे जाकर खरे उतर चुके थे। विषय की दृष्टि से उस काव्य-युग के पास जैसी चित्रशाला है, उनका विस्तार यदि विस्मित कर देता है तो विविधता कौतूहल का आधार बनती है। उसमें पौराणिक गाथाएँ बोलती हैं और साधारण दृष्टान्त-कथाएँ मुखर हैं। अतीत का गौरव

गाता है और वर्तमान विकृतियों के क्रन्दन का स्वर मँडराता है। कृषक, श्रमजीवी आदि का श्रम निमंत्रण देता और आर्त्तनारी की व्यथा पुकारती है। शापमुक्त पाषाणी के समान परम्परागत जड़ता से छूटी हुई प्रकृति सबको अपने जीवित होने की सूचना देने को भटकती है और भारतीयता से प्रसाधित जातीयता उदात्त अनुदात्त स्वरों में अलख जगाती है।

आज की राष्ट्रीयता उस युग की वस्तु नहीं है। तब तक एक ओर तो उस संस्कृति के प्रति, हमारी भ्रातृभावना विकसित नहीं हुई थी, जिसके साथ हमारा संघर्ष दीर्घकालीन रहा और दूसरी ओर वर्तमान शासक-सत्ता की नीतिमत्ता का ऐसा परिचय नहीं मिला था, जिससे हम उसके प्रति तीव्र असन्तोष का अनुभव करते। भारतेन्दु-युग में भी जातीयता ही राष्ट्रीयता का स्थान भरे हुए हैं। ऐसी स्थिति में शासक-सत्ता की प्रशस्तियाँ मिलना भी अस्वाभाविक नहीं कहा जा सकता; परन्तु इस प्रवृत्ति को वस्तुस्थिति से भिन्न करके दिखने पर हम इसका वह अर्थ लगा लेते हैं, जो अर्थ से विपरीत है।

नया पथ ढूँढ़ लेनेवाले प्रपात के समान उग्र और साधन-सम्पन्न उस युग को देखकर यह प्रश्न स्वाभाविक हो जाता है कि उसके सतर्क यथार्थ और निश्चित आदर्श की छाया में वह सौन्दर्य-युग कैसे उत्पन्न हो गया, जिसकी कथा सुरसा और पवनकुमार की कथा बन गई। उत्तर उस युग के अंकगणित के सिद्धान्त पर बढ़नेवाले यथार्थ और रेखागणित के अनुसार निश्चित बिन्दुओं को जोड़ने के लिए फैलनेवाले आदर्श में मिलेगा। धर्म की विकृति से क्षुब्ध आदर्श ऐसी सात्त्विकता पर ठहरा, जहाँ वह पत्थर की रेखाओं के सामान्य निस्पन्दता में स्थायी होने लगा और समाज की विषमता से सजग यथार्थ ने ऐसी शृंगारहीनता अपनाई कि इतिवृत्ति ही उसका अलंकार हो गया।

आदर्श यदि 'यह करो, वह न करो' में शास्त्र की ग्रन्थियाँ खोलता है तो यथार्थ 'यह वैसा है, वह ऐसा नहीं' में इतिहास के पृष्ठ पलटता है। रीतिकालीन प्रवृत्तियों की प्रतिक्रिया में उत्पन्न होने के कारण उसने उसकी त्रुटियाँ सहस्र नेत्रों से देखीं, पर उसके वैभव का अनदेखा कर दिया, इसी से वह उस सौन्दर्य से तादात्म्य न कर सका, जो सब युगों के लिए सामान्य और सब कलाओं का प्राप्य है।

रीतिकाल की सौन्दर्य-भावना स्थूल और यथार्थ एकांगी था; परन्तु उक्तियों में चमत्कार की विविधता, अलंकारों में कल्पना की रंगीनी और भाषा में मधुरता का ऐश्वर्य इतना अधिक रहा कि उसकी संकीर्णता की ओर किसी की दृष्टि का पहुँचना कठिन था। ऐसे ही उत्तेजक स्थूल को राज्यच्युत करने के लिए जब कवि उपदेश-प्रवण आदर्श और इतिवृत्तात्मक यथार्थ के साधन लेकर आया; तब उसका प्रयास स्वयं उसी को थकाने लगा।

कला के क्षेत्र में जो यह जानता है कि स्वप्न जूठे नहीं होते, सौन्दर्य पुराना नहीं होता, वही चिरन्तन सत्य की चिरनवीन प्रतिमाओं का निर्माण कर सकता है

और निरपेक्ष आदर्श को असंख्य रूपों में साकार कर सकता है। कला का उत्कृष्ट निर्माण द्वेष के पंखों पर नहीं चलता, अस्त्रों की झनझनाहट में नहीं बोलता और युद्ध के आँगन में नहीं प्रतिष्ठित होता। किसी रेखा को छोटी और अस्पष्ट सिद्ध करने के लिए जब हम उसके समानान्तर पर दूसरी बड़ी और स्पष्ट रेखा खींच देते हैं तब हमारे उस निर्माण से कला के निर्माण की कुछ तुलना की जा सकती है। कलाकार निर्माण देकर ध्वंस का प्रश्न सुलझाता है, ध्वंस देकर निर्माण का नहीं; इसी से जब किसी परम्परा का ध्वंस उसकी दृष्टि का केन्द्र बन जाता है, तब उसमें कला-सृष्टि के उपयुक्त संयम का अभाव हो जाता है।

एक सौन्दर्य के अनेक रूपों के प्रति कलाकार का वही दृष्टिकोण रहेगा, जो एक ही देवता की अनेक पूर्ण और अपूर्ण, अखंड और खंडित मूर्तियों के प्रति उपासक का होता है। जो खंडित है, विकलांग है, वह देवता की प्रतिच्छवि नहीं, फलत: पूजा के योग्य भी नहीं माना जाता; पर उपासक उसके स्थान में पूर्ण और अखंड की प्रतिष्ठा करके उसे जल में प्रवाहित कर आता है, चरणपीठ नहीं बना लेता।

कलाकार भी सौन्दर्य की खंडित और विकलांग प्रतिमाओं को समय के प्रवाह में छोड़कर उनके स्थान में पूर्ण और अखंड को प्रतिष्ठित करता चलता है। सौन्दर्य के मन्दिर में ऐसा कुछ नहीं है जो पैरों से कुचला जा सके। जिस युग में कलाकारों की ऐसी अस्वाभाविक इच्छा रहती है, वह युग पूर्ण सौन्दर्य-प्रतिमा में अपने-आपको साकार करके आगत युगों के लिए नहीं छोड़ जाता!

परिस्थितियों की विषमता ने हमारे जागरण-युग को, पिछले सौन्दर्य-बोध की संकीर्णता की ओर इतना जागरूक रखा कि उसकी सुकुमार कल्पना और रंगीन स्वप्नों की इतिवृत्तात्मकता की वर्दी पर आंदर्श के कवच पहनकर जीवन-संग्राम के लिए परेड करनी पड़ी और जिस दिन वे अपनी चुभनेवाली वेशभूषा फेंककर विद्रोही बनने लगे, उसी दिन एक ऐसे युग का आरम्भ हुआ जिसमें वे जीवन की पीठिका पर चक्रवर्ती बन बैठे और अपनी पिछली दासता का प्रतिशोध लेने लगे।

वर्तमान आकाश में गिरी हुई सम्बन्धरहित वस्तु न होकर भूतकाल का ही बालक है, जिसके जन्म का रहस्य भूतकाल में ही ढूँढ़ा जा सकता है। हमारे छायावाद के जन्म का रहस्य भी ऐसा ही है। मनुष्य का जीवन चक्र की तरह घूमता रहता है। स्वच्छन्द घूमते-घूमते थककर वह अपने लिए सहस्र बन्धनों का आविष्कार कर डालता है और फिर बन्धनों से ऊबकर उनको तोड़ने में अपनी सारी शक्तियाँ लगा देता है। छायावाद के जन्म का मूल कारण भी मनुष्य के इसी स्वभाव में छिपा हुआ है। उसके जन्म से प्रथम कविता के बन्धन सीमा तक पहुँच चुके थे और सृष्टि के बाह्याकार पर इतना अधिक लिखा जा चुका था कि मनुष्य का हृदय अपनी अभिव्यक्ति के लिए रो उठा। स्वच्छन्द छन्द में चित्रित उन मानव-अनुभूतियों का नाम छाया उपयुक्त ही था और मुझे तो आज भी उपयुक्त ही लगता है।

उन छायाचित्रों को बनाने के लिए और भी कुशल चितेरों की आवश्यकता होती है; कारण, उन चित्रों का आधार छूने या चर्मचक्षु से देखने की वस्तु नहीं। यदि वे मानव-हृदय में छिपी हुई एकता के आधार पर उसकी संवेदना का रंग चढ़ाकर न बनाये जाएँ तो वे प्रेतछाया के समान लगने लगें या नहीं, इसमें कुछ ही सन्देह है।

प्रकाश-रेखाओं के मार्ग में बिखरी हुई बदलियों के कारण जैसे एक ही विस्तृत आकाश के नीचे हिलोरें लेनेवाली जल-राशि में कहीं छाया और कहीं आलोक का आभास मिलने लगता है, उसी प्रकार हमारी एक ही काव्यधारा अभिव्यक्ति की भिन्न शैलियों के अनुसार भिन्नवर्णी हो उठी है।

आज तो कवि धर्म के अक्षयवट और दरबार के कल्पवृक्ष की छाया बहुत पीछे छोड़ आया है। परिवर्तनों के कोलाहल में काव्य जब से मुकुट और तिलक से उतरकर मध्य वर्ग के हृदय का अतिथि हुआ, तब से आज तक वहीं है और सत्य कहें तो कहना होगा कि उस हृदय की साधारणता ने कवि के नेत्रों से वैभव की चकाचौंध दूर कर दी और विषाद ने कवि को धर्मगत संकीर्णताओं के प्रति असहिष्णु बना दिया।

छायावाद का कवि धर्म के अध्यात्म से अधिक दर्शन के ब्रह्म का ऋणी है, जो मूर्त और अमूर्त विश्व को मिलाकर पूर्णता पाता है। बुद्धि के सूक्ष्म धरातल पर कवि ने जीवन की अखंडता का भावन किया, हृदय की भाव-भूमि पर उसने प्रकृति में बिखरी सौन्दर्य-सत्ता की रहस्यमयी अनुभूति प्राप्त की और दोनों के साथ स्वानुभूत सुख-दु:खों को मिलाकर एक ऐसी काव्य-सृष्टि उपस्थित कर दी, जो प्रकृतिवाद, हृदयवाद, अध्यात्मवाद, रहस्यवाद, छायावाद आदि अनेक नामों का भार सम्हाल सकी।

छायावाद ने मनुष्य के हृदय और प्रकृति के उस सम्बन्ध में प्राण डाल दिये, जो प्राचीन काल से बिम्ब-प्रतिबिम्ब के रूप में चला आ रहा था और जिसके कारण मनुष्य को अपने दु:ख में प्रकृति उदास और सुख में पुलकित जान पड़ती थी। छायावाद की प्रकृति घट, कूप आदि में भरे जल की एकरूपता के समान अनेक रूपों में प्रकट एक महाप्राण बन गई, अत: अब मनुष्य के अश्रु, मेघ के जलकण और पृथ्वी के ओस-बिन्दुओं का एक ही कारण, एक ही मूल्य है। प्रकृति के लघु तृण और महान वृक्ष, कोमल कलियाँ और कठोर शिलाएँ, अस्थिर जल और स्थिर पर्वत, निविड़ अन्धकार और उज्ज्वल विद्युत्-रेखा, मानव की लघुता-विशालता, कोमलता-कठोरता, चंचलता-निश्चलता और मोह-ज्ञान का केवल प्रतिबिम्ब न होकर एक ही विराट से उत्पन्न सहोदर हैं।

किन्तु विज्ञान से समृद्ध भौतिकता की ओर उन्मुख बुद्धिवादी आधुनिक युग ने हमारी कविता के सामने एक विशाल प्रश्नवाचक चिह्न लगा दिया है, विशेष कर उस कविता के सामने जो व्यक्त जगत में परोक्ष की अनुभूति और आभास से रहस्य और छायावाद की संज्ञा पाती आ रही है।

यह भावधारा मूलत: नवीन नहीं है, क्योंकि इसका कहीं प्रकट और कहीं छिपा सूत्र हम अपने साहित्य की सीमान्त-रेखा तक पाते हैं। कारण स्पष्ट है। किसी भी जाति की विचार-सरणि, भाव-पद्धति, जीवन के प्रति उसका दृष्टिकोण आदि उसकी संस्कृति से प्रसूत होते हैं। परन्तु संस्कृति की कोई एक परिभाषा देना कठिन हो सकता है, क्योंकि न वह किसी जाति की राजनीतिक व्यवस्था मात्र होती है और न केवल सामाजिक चेतना; न उसे नैतिक मर्यादा मात्र कह सकते हैं और न केवल धार्मिक विश्वास। देश-विदेश के जलवायु में विकसित जाति-विशेष के अन्तर्जगत और बाह्य जीवन का वह ऐसा समष्टिगत चित्र है जो अपने गहरे रंगों में भी अस्पष्ट और सीमा में भी असीम है—वैसे ही, जैसे हमारे आँगन का आकाश। यह सत्य है कि संस्कृति की बाह्य रूपरेखा बदलती रहती है, परन्तु मूल तत्त्वों का बदल जाना तब तक सम्भव नहीं होता, जब तक उस जाति के पैरों के नीचे से वह विशेष भूखंड और उसे चारों ओर से घेरे रहनेवाला वह विशिष्ट वायुमंडल ही न हटा लिया जावे।

जहाँ तक इतिहास की किरणें नहीं पहुँच पातीं, उसी सुदूर अतीत में जो जाति इस देश में आकर बस गई थी, जहाँ न बर्फ के तूफान आते थे, न रेत के बवंडर, न आकाश निरन्तर ज्वाला बरसाता रहता था और न अविराम रोता, न तिल भर भूमि और पल भर के जीवन के लिए मनुष्य का प्रकृति से संघर्ष होता था, न हार। उस जाति की संस्कृति अपना एक विशिष्ट व्यक्तित्व रखती है। सुजला, सफला, शस्य-श्यामला पृथ्वी के अंक में, मलय-समीर के झोकों में झूलते हुए, मुस्कराती नदियों की तरंग-भंगिमा में गति मिलाकर, उन्मुक्त आकाशचारी विहगों के कंठ-से-कंठ मिलाकर मनुष्य ने जिस जीवन का निर्माण किया, जिस कल्पना और भावना को विस्तार दिया, जिस सामूहिक चेतना का प्रसार किया और जिन अनुभूतियों की अभिव्यंजना की, उसके संस्कार इतने गहरे थे कि भीषण रक्तपात और उथल-पुथल में भी वे अंकुरित होने की प्रतीक्षा में धूल में दबे हुए बीज के समान छिपे रहे, कभी नष्ट नहीं हुए।

वास्तव में उस प्राचीन जीवन ने मनुष्य को, प्रकृति से तादात्म्य अनुभव करने की, उसके व्यक्तिगत सौन्दर्य पर चेतन व्यक्तित्व के आरोप की, उसकी समष्टि में रहस्यानुभूति की, सभी सुविधाएँ सहज ही दे डालीं। हम वीर पुत्रों और पशुओं की याचना से भरी वेद-ऋचाओं में जो इतिवृत्त पाते हैं, वही उषा, मरुत आदि को चेतन व्यक्तित्व देकर एक सहज और सरल सौन्दर्यानुभूति में बदल गया है। फिर यही व्यष्टिगत सरल सौन्दर्य-बोध उस सर्ववाद का अग्रदूत बन जाता है, जिसका अंकुर पुरुष-सूक्त में, विश्व पर एक विराट शरीरत्व के आरोपण द्वारा प्रकट हुआ है। आगे चलकर इसी के निखरे रूप की झलक सृष्टि-सम्बन्धी ऋचाओं के गम्भीर प्रश्नों में मिलती है, जो उपनिषदों के ज्ञान-समुद्र में मिलकर उसकी लहर मात्र बनकर रह गया। ज्ञानक्षेत्र के 'तत्त्वमसि', 'सर्वं खल्विदं ब्रह्म', 'सोऽहम्' आदि ने उस युग के चिन्तन को कितनी विविधता दी है, यह कहना व्यर्थ होगा।

तत्त्व-चिन्तन के इतने विकास ने एक ओर मनुष्य को व्यावहारिक जगत के प्रति वीतराग बनाकर निष्क्रियता बढ़ाई और दूसरी ओर अनधिकारियों द्वारा, प्रयोगरूप सिद्धान्तों को सत्य बन जाने दिया, जिससे रूढ़िवाद की सृष्टि सम्भव हो सकी। इसी की प्रतिक्रिया से उत्पन्न बुद्ध की विचारधारा ने एक ओर ज्ञानक्षेत्र की निष्क्रिय चेतना के स्थान में, अपनी सक्रिय करुणा दी और दूसरी ओर रूढ़िवाद को रोकने के लिए पुराने प्रतीक भी अस्वीकृत कर दिये। यह क्रम प्रत्येक युग के परिवर्तन में नये उलट-फेर के साथ आता रहा है, इसी से आधुनिक काल के साथ भी इसे जानने की आवश्यकता रहेगी।

कविता के जीवन में भी स्थूल जीवन से सम्बन्ध रखनेवाला इतिवृत्त, सूक्ष्म सौन्दर्य की भावना, उसका चिन्तन में अत्यधिक प्रसार और अन्त में निर्जीव अनुकृतियाँ आदि क्रम मिलते ही रहे हैं। इसे और स्पष्ट करके देखने के लिए, उस युग के काव्य-साहित्य पर एक दृष्टि डाल लेना पर्याप्त होगा, जिसकी धारा वीर-गाथाकालीन इतिवृत्त के विषम शिलाखंडों में से फूटकर निर्गुण-सगुण भावनाओं की उर्वर भूमि में प्रशान्त, निर्मल और मधुर होती हुई रीतिकालीन रूढ़िवाद के क्षार जल में मिलकर गतिहीन हो गई। परिवर्तन का वही क्रम हमारे आधुनिक काव्य-साहित्य को भी नई रूप-रेखाओं में बाँधता चल रहा है या नहीं, यह कहना अभी सामयिक न होगा।

रीतिकालीन रूढ़िवाद से थके हुए कवियों ने, जब सामयिक परिस्थितियों से प्रेरित होकर तथा बोलचाल की भाषा में अभिव्यक्ति की स्वाभाविकता और प्रचार की सुविधा समझकर, ब्रजभाषा का जन्मजात अधिकार खड़ी बोली को सौंप दिया, तब साधारणत: लोग निराश ही हुए। भाषा लचीलेपन से मुक्त थी और उक्तियों में चमत्कार न मिलता था। इसके साथ-साथ रीतिकाल की प्रतिक्रिया भी कुछ कम वेगवती न थी। अत: उस युग की कविता की इतिवृत्तात्मकता इतनी स्पष्ट हो चली कि मनुष्य की सारी कोमल और सूक्ष्म भावनाएँ विद्रोह कर उठीं। इसमें सन्देह नहीं कि उस समय की अधिकांश रचनाओं में भाषा लचीली न होने पर भी परिष्कृत, भाव सूक्ष्मता-रहित होने पर भी सात्त्विक, छन्द नवीनता-शून्य होने पर भी भावानुरूप और विषय रहस्यमय न रहने पर भी लोकपरिचित और संस्कृत मिलते हैं। पर स्थूल सौन्दर्य की निर्जीव आवृत्तियों से थके हुए और कविता की परम्परागत नियम-शृंखला से ऊबे हुए व्यक्तियों को, फिर उन्हीं रेखाओं में बँधे स्थूल का न तो यथार्थ चित्रण रुचिकर हुआ और न उसका रूढ़िगत आदर्श भाया। उन्हें नवीन रूप-रेखाओं में सूक्ष्म सौन्दर्यानुभूति की आवश्यकता थी, जो छायावाद में पूर्ण हुई।

छायावाद ने नये छन्दबन्धों में, सूक्ष्म सौन्दर्यानुभूति को जो रूप देना चाहा, वह खड़ी बोली की सात्त्विक कठोरता नहीं सह सकता था। अत: कवि ने कुशल स्वर्णकार के समान प्रत्येक शब्द को ध्वनि, वर्ण और अर्थ की दृष्टि से नाप-तोल और काट-छाँटकर तथा कुछ नये गढ़कर अपनी सूक्ष्म भावनाओं को कोमलतम

कलेवर दिया। इस युग की प्राय: सब प्रतिनिधि रचनाओं में किसी-न-किसी अंश तक प्रकृति के सूक्ष्म सौन्दर्य में व्यक्त किसी परोक्ष सत्ता का आभास भी रहता है और प्रकृति के व्यष्टिगत सौन्दर्य पर चेतनता का आरोप भी, परन्तु अभिव्यक्ति की विशेष शैली के कारण, वे कहीं सौन्दर्यानुभूति की व्यापकता, कहीं संवेदन की गहराई, कहीं कल्पना के सूक्ष्म रंग और कहीं भावना की मर्मस्पर्शिता लेकर अनेक वादों को जन्म दे सकी हैं।

पिछले छायापथ को पार कर हमारी कविता आज जिस नवीनता की ओर जा रही है, उसने अस्पष्टता जैसे परिचित विशेषणों में, सूक्ष्म की अभिव्यक्ति, वैज्ञानिक दृष्टिकोण का अभाव, यथार्थ से पलायनवृत्ति आदि नये जोड़कर, छायावाद को अतीत और वर्तमान में सम्बन्धहीन एक आकस्मिक आकाशचारी अस्तित्व देने का प्रयत्न किया है। इन आक्षेपों की अभी जीवन में परीक्षा नहीं हो सकी है, अत: यह हमारे मानसिक जगत में ही विशेष मूल्य रखते हैं।

कितने दीर्घ काल से वासनोन्मुख स्थूल सौन्दर्य का हमारे ऊपर कैसा अधिकार रहा है, यह कहना व्यर्थ है। युगों से कवि को शरीर के अतिरिक्त और कहीं सौन्दर्य का लेश भी नहीं मिलता था और जो मिलता था, वह उसी के प्रसाधन के लिए अस्तित्व रखता था। जीवन के निम्न स्तर से होता हुआ यह स्थूल, भक्ति की सात्त्विकता में भी कितना गहरा स्थान बना सका है, यह हमारे कृष्णकाव्य का शृंगारवर्णन प्रमाणित कर देगा।

यह तो स्पष्ट ही है कि खड़ी बोली का सौन्दर्यहीन इतिवृत्त उसे हिला भी न सकता था। छायावाद यदि अपने सम्पूर्ण प्राण-प्रवेग से प्रकृति और जीवन के सूक्ष्म सौन्दर्य को असंख्य रंग-रूपों में अपनी भावना द्वारा सजीव करके उपस्थित न करता तो उस धारा को, जो प्रगतिवाद की विषम भूमि में भी अपना स्थान ढूँढ़ती रहती है, मोड़ना कब सम्भव होता, यह कहना कठिन है। मनुष्य की निम्नवासना को बिना स्पर्श किये हुए जीवन और प्रकृति के सौन्दर्य को उसके समस्त सजीव वैभव के साथ चित्रित करनेवाली उस युग की अनेक कृतियाँ किसी भी साहित्य को सम्मानित कर सकेंगी।

फिर मेरे विचार में तो सूक्ष्म के सम्बन्ध का कोलाहल सूक्ष्म से भी परिमाण में अधिक हो गया है। छायावाद स्थूल की प्रतिक्रिया में उत्पन्न हुआ, अत: स्थूल को उसी रूप में स्वीकार करना उसके लिए सम्भव न हुआ; परन्तु उसकी सौन्दर्य-दृष्टि स्थूल के आधार पर नहीं है, यह कहना स्थूल की परिभाषा को संकीर्ण कर देना है! उसने जीवन के इतिवृत्तात्मक यथार्थ चित्र नहीं दिये, क्योंकि वह स्थूल से उत्पन्न सूक्ष्म सौन्दर्य-सत्ता की प्रतिक्रिया थी, अप्रत्यक्ष सूक्ष्म के प्रति उपेक्षित यथार्थ की नहीं, जो आज की वस्तु है। परन्तु उसने अपनी क्षितिज-से-क्षितिज तक विस्तृत सूक्ष्म की सुन्दर और सजीव चित्रशाला में, हमारी दृष्टि को दौड़ा-दौड़ाकर ही, उसे विकृत

जीवन की यथार्थता तक उतरने का पथ दिखलाया। इसी से छायावाद के सौन्दर्यद्रष्टा की दृष्टि कुत्सित यथार्थ तक भी पहुँच सकी।

यह यथार्थ-दृष्टि यदि सक्रिय सौन्दर्य-सत्ता के प्रति नितान्त उदासीनता या विरोध लेकर आती है तब उसमें निर्माण के परमाणु नहीं पनप सकते। इसका सजीव उदाहरण हमें अपनी विकृति के प्रति सजग, पर सौन्दर्यदृष्टि के प्रति उदासीन या विरोधी यथार्थदर्शिता के चित्रों की निष्क्रियता में मिलेगा।

हमारी सामयिक समस्याओं के रूप भी छायायुग की छाया में निखरे ही। राष्ट्रीयता को लेकर लिखे गए जय-पराजय के गान स्थूल के धरातल पर स्थित सूक्ष्म अनुभूतियों में जो मार्मिकता ला सके हैं, वह किसी और युग के राष्ट्रगीत दे सकेंगे या नहीं, इसमें सन्देह है। सामाजिक आधार पर 'वह दीपशिखा-सी शान्त, भाव में लीन' में तपःपूत वैधव्य का जो चित्र है, वह अपनी दिव्य लौकिकता में अकेला है।

सूक्ष्म की सौन्दर्यानुभूति और रहस्यानुभूति पर आश्रित गीतकाव्य अपने लौकिक रूपकों में इतना परिचित और मर्मस्पर्शी हो सका कि उसके प्रवाह में युगों से प्रचलित सस्ती भावुकतामूलक और वासना के विकृत चित्र देनेवाले गीत सहज ही बह गए। जीवन और कला के क्षेत्र में इनके द्वारा जो परिष्कार हुआ है, वह उपेक्षा के योग्य नहीं। पर अन्य युगों के समान इस युग में भी कुछ निर्जीव अनुकृतियाँ तो रहेंगी ही।

जीवन की समष्टि में सूक्ष्म से इतने भयभीत होने की आवश्यकता नहीं है, क्योंकि वह तो स्थूल से बाहर कहीं अस्तित्व ही नहीं रखता। अपने व्यक्त सत्य के साथ मनुष्य जो है और अपने अव्यक्त सत्य के साथ वह जो कुछ होने की भावना कर सकता है, वही उसका स्थूल और सूक्ष्म है और यदि इनका ठीक सन्तुलन हो सके तो हमें एक परिपूर्ण मानव ही मिलेगा। जहाँ तक धर्मगत रूढ़िग्रस्त सूक्ष्म का प्रश्न है, वह तो केवल विधि-निषेधमय सिद्धान्तों का संग्रह है, जो अपने प्रयोगरूप को खोकर हमारे जीवन के विकास में बाधक हो रहे हैं। उनके आधार पर यदि हम जीवन के सूक्ष्म को अस्वीकार करें तो हमें जीवन के ध्वंस में लगे हुए विज्ञान के स्थूल को भी अस्वीकार कर देना चाहिए। अध्यात्म का जैसा विकास पिछले युगों में हो चुका है, विज्ञान का वैसा ही विकास आधुनिक युग में हो रहा है—एक जिस प्रकार मनुष्यता को नष्ट कर रहा है, दूसरा उसी प्रकार मनुष्य को। परन्तु हम हृदय से जानते हैं कि अध्यात्म के सूक्ष्म और विज्ञान के स्थूल का समन्वय जीवन को स्वस्थ और सुन्दर बनाने में भी प्रयुक्त हो सकता है।

वह सूक्ष्म जिसके आधार पर एक कुत्सित-से-कुत्सित, कुरूप-से-कुरूप और दुर्बल-से-दुर्बल मानव, वानर या वनमानुष की पंक्ति में न खड़ा होकर, सृष्टि में सुन्दरतम ही नहीं, शक्ति और बुद्धि में श्रेष्ठतम मानव के भी कन्धे से कन्धा मिलाकर उससे प्रेम और सहयोग की साधिकार याचना कर सकता है; वह सूक्ष्म, जिसके सहारे जीवन की विषम अनेकरूपता में भी एकता का तन्तु ढूँढ़कर हम उन रूपों

में सामंजस्य स्थापित कर सकते हैं, धर्म का रूढ़िगत सूक्ष्म जीवन न होकर जीवन का सूक्ष्म है। इससे रहित होकर सूक्ष्म अपने भौतिकवाद द्वारा जीवन में वही विकृति उत्पन्न कर देगा, जो अध्यात्म-परम्परा ने की थी।

छायावाद ने कोई रूढ़िगत अध्यात्म या वर्गगत सिद्धान्तों का संचय न देकर हमें केवल समष्टिगत चेतना और सूक्ष्मगत सौन्दर्य-सत्ता की ओर जागरूक कर दिया था, इसी से उसे यथार्थ रूप में ग्रहण करना हमारे लिए कठिन हो गया।

सिद्धान्त एक के होकर सबके हो सकते हैं, अत: हम उन्हें अपने चिन्तन में ऐसा स्थान सहज ही दे देते हैं जहाँ वे हमारे जीवन से कुछ पृथक् ऐकान्तिक विकास पाते रहने को स्वतंत्र हैं। परन्तु इन सिद्धान्तों से मुक्त जो सत्य है, उसकी अनुभूति व्यक्तिगत ही सम्भव है और उस दशा में वह प्राय: हमारे सारे जीवन को अपनी कसौटी बनाने का प्रयत्न करता है। इसी से सूक्ष्म की अतल गहराई का अनुभव करनेवाला देहात्मवादी मार्क्स भी अकेला ही है और अध्यात्म की स्थूलगत व्यापकता की अनुभूति रखनेवाला अध्यात्मवादी गांधी भी।

हमारा कवि भावित और अनुकूल सत्य की परिधि लाँघकर न जाने कितने अर्द्धपरीक्षित और अपरीक्षित सिद्धान्त बटोर लाया है और उनके मापदंड से उसे नापना चाहता है, जिसका मापदंड उसका समग्र जीवन ही हो सकता था। अत: आज छायावाद के सूक्ष्म का खरा-खोटापन कसने की कोई कसौटी नहीं है।

छायावाद का जीवन के प्रति वैज्ञानिक दृष्टिकोण नहीं रहा, यह निर्विवाद है, परन्तु कवि के लिए यह दृष्टिकोण कितना आवश्यक है, इस प्रश्न के कई उत्तर हैं।

वास्तव में जीवन के साथ इस दृष्टिकोण का वही सम्बन्ध है जो शरीर के साथ शल्यशास्त्र और विज्ञान का। एक शरीर के खंड-खंड कर उसके सम्बन्ध में सारा ज्ञातव्य जानकर भी उसके प्रति वीतराग रहता है; दूसरा, जीवन को विभक्त कर उसके विविध रूप और मूल्य को जानकर भी हमें उसके प्रति अनुरक्ति नहीं देता। इस प्रकार यह बुद्धि-प्रसूत चिन्तन में ही अपना स्थान रखता है। इसीलिए कवि को इससे विपरीत एक रागात्मक दृष्टिकोण का सहारा लेना पड़ता है, जिसके द्वारा वह जीवन के सुन्दर और कुत्सित को अपनी संवेदना में रंग कर देता है। वैज्ञानिक दृष्टिकोण जीवन का बौद्धिक मूल्य देता है, चित्र नहीं; और यदि देता भी है, तो वे एक-एक मांसपेशी, शिरा, अस्थि आदि दिखाते हुए उस शरीर-चित्र के समान रहते हैं, जिसका उपयोग केवल शरीरविज्ञान के लिए है। आज का बुद्धिवादी युग चाहता है कि कवि बिना अपनी भावना का रंग चढ़ाये यथार्थ का चित्र दे; परन्तु इस यथार्थ का कला में स्थान नहीं, क्योंकि वह जीवन के किसी भी रूप से हमारा रागात्मक सम्बन्ध नहीं स्थापित कर सकता। उदाहरण के लिए हम एक महान और एक साधारण चित्रकार को ले सकते हैं। महान पहले यह जान लेगा कि किस दृष्टिकोण से एक वस्तु अपनी सहज मार्मिकता के साथ चित्रित की जा सकेगी और तब दो-चार टेढ़ी-मेढ़ी रेखाओं और

दो-एक रंग के धब्बों से ही दो क्षण में अपना चित्र समाप्त कर देगा; परन्तु साधारण एक-एक रेखा को उचित स्थान पर बैठा-बैठाकर उस वस्तु को ज्यों-का-त्यों कागज पर उतारने में सारी शक्ति लगा देगा। यथार्थ का पूरा चित्र तो पिछला ही है, परन्तु वह हमारे हृदय को छू न सकेगा। छू तो वही अधूरा सकता है, जिसमें चित्रकार ने रेखा-रेखा न मिलाकर आत्मा मिलाई है।

कवि की रचना भी ऐसे क्षण में होती है, जिसमें वह जीवित ही नहीं, अपने सम्पूर्ण प्राण-प्रवेग से वस्तु-विशेष के साथ जीवित रहता है, इसी से उसका शब्दगत चित्र अपनी परिचित इकाई में भी नवीनता के स्तर-पर-स्तर और एक स्थिति में भी मार्मिकता के दल-पर-दल खोलता चलता है। कवि जीवन के निम्न स्तर से भी काव्य के उपादान ला सकता है, परन्तु वे उसी के होकर सफल अभिव्यक्ति करेंगे और उसके रागात्मक दृष्टिकोण से ही सजीवता पा सकेंगे।

यह रंगीन दृष्टिकोण वास्तव में कुछ अस्वाभाविक भी नहीं, क्योंकि प्रत्येक व्यक्ति और जाति के जीवन में यह, एक-न-एक समय आता ही रहता है। विशेष रूप से यह उस तारुण्य का द्योतक है, जो चाँदनी के समान हमारे जीवन की कठोरता, कर्कशता, विषमता आदि को एक स्निग्धता से ढक देता है। जब हम पहले-पहल जीवन-संग्राम में प्रवृत्त होते हैं, तब अपनी दृष्टि की रंगमयता से ही पथ के कुरूप पत्थरों को रंगीन और साँस की सुरभि से ही काँटों को सुवासित करते चलते हैं। परन्तु जैसे-जैसे संघर्ष से हमारे स्वप्न टूटते जाते हैं, कल्पना के पंख झड़ते जाते हैं, वैसे-वैसे हमारे दृष्टिकोण की रंगीनी फीकी पड़ती जाती है और अन्त में पलित केशों के साथ इसके भी रंग धुल जाते हैं। यह उस वार्धक्य का सूचक है, जिसमें हमें जीवन से न कुछ पाने की आशा रहती है और न देने का उत्साह। केवल जो कुछ पाया और दिया है, उसी का हिसाब बुद्धि करती रहती है।

जीवन या राष्ट्र के किसी भी महान स्वप्नद्रष्टा, नवनिर्माता या कलाकार में यह वार्धक्य सम्भव नहीं, इसी से आज न कवीन्द्र वृद्ध हैं, न बापू। इनमें जीवन के प्रति वैज्ञानिक दृष्टिकोण का अभाव नहीं, किन्तु वह एक सृजनात्मक भावना से अनुशासित रहता है। विश्लेषणात्मक तथा प्रधानत: बौद्धिक होने के कारण वैज्ञानिक दृष्टिकोण एक ओर जीवन के अखंड रूप की भावना नहीं कर सकता और दूसरी ओर चिन्तन में ऐकान्तिक होता चला जाता है। उदाहरण के लिए हम अपनी राष्ट्र या जनवाद की भावना ले सकते हैं, जो हमारे युग की विशेष देन है। वैज्ञानिक दृष्टिकोण से हम अपने देश के प्रत्येक भूखंड के सम्बन्ध में सब ज्ञातव्य जानकर मनुष्य के साथ उसका बौद्धिक मूल्य आँक सकेंगे और वर्ग-उपवर्गों में विभक्त मानव-जीवन के सब रूपों का विश्लेषणात्मक परिचय प्राप्त कर, उसके सम्बन्ध में बौद्धिक निरूपण दे सकेंगे; परन्तु खंड-खंड में व्याप्त एक विशाल राष्ट्रभात्रना और व्यष्टि-व्यष्टि में व्याप्त एक विराट जनभावना हमें इस दृष्टिकोण से ही नहीं मिल सकती। केवल

भारतवर्ष के मानचित्र बाँटकर, जिस प्रकार राष्ट्रीय भावना जागृत करना सम्भव नहीं है, केवल शतरंज के मोहरों के समान व्यक्तियों को हटा-बढ़ाकर जैसे जनभावना का विकास कठिन है, केवल वैज्ञानिक दृष्टिकोण से जीवन की गहराई और विस्तार नाप लेना भी वैसा ही दुस्तर कार्य है। इसी से प्रत्येक युग के निर्माता को यथार्थद्रष्टा ही नहीं, स्वप्न-स्रष्टा भी होना पड़ता है।

छायावाद के कवि को एक नये सौन्दर्य-लोक में ही यह भावात्मक दृष्टिकोण मिला, जीवन में नहीं; परन्तु यदि इसी कारण हम उसके स्थान में केवल बौद्धिक दृष्टिकोण की प्रतिष्ठा कर जीवन की पूर्णता को देखना चाहेंगे, तो हम भी असफल ही रहेंगे।

पलायनवृत्ति के सम्बन्ध में हमारी यह धारणा बन गई है कि वह जीवन-संग्राम में असमर्थ छायावाद की अपनी विशेषता है। सत्य तो यह है कि युगों से, परिचित से अपरिचित, भौतिक से अध्यात्म, भाव से बुद्धिपक्ष, यथार्थ से आदर्श आदि की ओर मनुष्य को ले जाने और इसी क्रम से लौटाने का बहुत कुछ श्रेय इसी पलायनवृत्ति को दिया जा सकता है। यथार्थ का सामना न कर सकनेवाली दुर्बलता ही इसे जन्म देती है, यह कथन कितना अपरीक्षित है, इसका सबल प्रमाण हमारा चिन्तन-प्रधान ज्ञान-युग दे सकेगा। उस समय न जाति किसी कठोर संघर्ष से निश्चेष्ट थी, न किसी सर्वग्रासिनी हार से निर्जीव; न उसका घर धन-धान्य से शून्य था और न जीवन सुख-सन्तोष से, न उसके सामने सामाजिक विकृति थी और न सांस्कृतिक ध्वंस। परन्तु इन सुविधाओं से अति परिचय के कारण उसका तारुण्य भौतिक को भूलकर चिन्तन के नवीन लोक में भटक गया और उपनिषदों में उसने अपने ज्ञान का ऐसा सूक्ष्म विस्तार किया कि उसके बुद्धिजीवी जीवन को फिर से स्थूल की ओर लौटना पड़ा।

व्यक्ति के जीवन में भी यह पलायनवृत्ति इतनी ही स्पष्ट है। सिद्धार्थ ने जीवन के संघर्षों में पराजित होने के कारण महाप्रस्थान नहीं किया, भौतिक सुखों के अति परिचय ने ही थकाकर उनकी जीवनधारा को दूसरी ओर मोड़ दिया था। आज भी व्यावहारिक जीवन में, पढ़ने से जी चुरानेवाले विद्यार्थी को जब हम खिलौनों से घेरकर छोड़ देते हैं, तब कुछ दिनों के उपरान्त वह स्वयं पुस्तकों के लिए विकल हो जाता है।

जीवन के और साधारण स्तर पर भी हमारी इस धारणा का समर्थन हो सकेगा। चिड़ियों से खेत की रक्षा करने के लिए मचान पर बैठा हुआ कृषक जब अचानक खेत और चिड़ियों को भूलकर बिरहा या चैती गा उठता है, तब उसमें खेत-खलिहान की कथा न कहकर अपनी किसी मिलन-विरह की स्मृति हो दोहराता है। चक्की के कठिन पाषाण को अपनी साँसों से कोमल बनाने का निष्फल प्रयत्न करती हुई दरिद्र स्त्री जब इस प्रयास को रागमय करती है, तो उसमें चक्की और अन्न की बात न होकर, किसी आम्रवन में पड़े झूले की मार्मिक कहानी रहती है। इसे चाहे हम यथार्थ की पूर्ति कहें, चाहे उससे पलायन की वृत्ति, वह परिभाषातीत मन की एक आवश्यक प्रेरणा तो है ही।

छायावाद के जन्मकाल में मध्यम वर्ग की ऐसी क्रान्ति नहीं थी। आर्थिक प्रश्न इतना उग्र नहीं था, सामाजिक विषमताओं के प्रति हम सम्पूर्ण क्षोभ के साथ आज के समान जाग्रत नहीं हुए थे और हमारे सांस्कृतिक दृष्टिकोण पर असन्तोष का इतना स्याह रंग भी नहीं चढ़ा था। तब हम कैसे कह सकते हैं कि केवल संघर्षमय यथार्थ जीवन से पलायन के लिए ही, उस वर्ग के कवियों ने एक सूक्ष्म भावजगत को अपनाया? हम केवल इतना कह सकते हैं कि उन परिस्थितियों ने आज की निराशा के लिए धरातल बनाया।

उस युग के कतिपय कवियों की कोमल भावनाएँ तो कारागार की कठोर भित्तियों से टकराकर भी कर्कश नहीं हो सकीं; परन्तु इसी कोमलता के आधार पर हम उन कवियों को जीवन-संघर्ष में असमर्थ नहीं ठहरा सकेंगे।

छायावाद के आरम्भ में जो विकृति थी, आज वह शतगुण हो गई है। उस समय की क्रान्ति की चिनगारी आज सहस्र-सहस्र लपटों में फैलाकर हमारे जीवन को क्षार किये दे रही है। परन्तु आज भी तो हम अपने शान्त चिन्तन में बुद्धि से खराद-खरादकर सिद्धान्तों के मणि ही बना रहे हैं। हमारे सिद्धान्तों की चरणपीठ बनकर ही जो यथार्थ आ सका है, उसे भी हमारे हृदय के बन्द द्वार से टकरा-टकराकर ही लौटना पड़ रहा है। वास्तव में हमने जीवन को उसके सक्रिय संवेदन के साथ न स्वीकार करके, एक विशेष बौद्धिक दृष्टिकोण से छू भर दिया है। इसी से जैसे यथार्थ से साक्षात् करने में असमर्थ छायावाद का भावपक्ष में पलायन सम्भव है, उसी प्रकार यथार्थ की सक्रियता स्वीकार करने में असमर्थ प्रगतिवाद का चिन्तन में पलायन सहज है। और यदि विचार कर देखा जाए, तो जीवन से केवल भावजगत में पलायन उतना हानिकर नहीं, जितना जीवन से केवल बुद्धिपक्ष में पलायन, क्योंकि एक हमारे कुछ क्षणों को गतिशील कर जाता है और दूसरा हमारा सम्पूर्ण सक्रिय जीवन माँग लेता है।

यदि इन सब उलझनों को पार कर हम पिछले और आज के काव्य की एक विस्तृत धरातल पर उदार दृष्टिकोण से परीक्षा करें, तो हमें दोनों में जीवन के निर्माण और प्रसाधन के सूक्ष्म तत्त्व मिल सकेंगे। जिस युग में कवि के एक ओर परिचित और उत्तेजक स्थूल था और दूसरी ओर आदर्श और उपदेश प्रवण इतिवृत्त, उसी युग में उसने भावजगत और सूक्ष्म सौन्दर्य-सत्ता की खोज की थी। आज वह भावजगत के कोने-कोने और सूक्ष्म सौन्दर्यगत चेतना के अणु-अणु से परिचित हो चुका है; अत: स्थूल व्यक्त उसकी दृष्टि को विराम देगा। यदि हम पहले मिली सौन्दर्य-दृष्टि और आज की यथार्थ-सृष्टि का समन्वय कर सकें, पिछली सक्रिय भावना से बुद्धिवाद की शुष्कता को स्निग्ध बना सकें और पिछली सूक्ष्म चेतना की व्यापक मानवता में प्राण-प्रतिष्ठा कर सकें, तो जीवन का सामंजस्यपूर्ण चित्र दे सकेंगे। परन्तु जीवन के प्रत्येक क्षेत्र के समान कविता का भविष्य भी अभी अनिश्चित ही है। पिछले युग की कविता अपनी ऐश्वर्य-राशि में निश्चल है और आज की प्रतिक्रियात्मक विरोध में

गतिवती। समय का प्रवाह जब इस प्रतिक्रिया को स्निग्ध और विरोध को कोमल बना देगा, तब हम इनका उचित समन्वय कर सकेंगे, ऐसा मेरा विश्वास है।

इस विश्वास के लिए पर्याप्त कारण हैं। छायावाद आज के यथार्थ से दूर जान पड़ने पर भी भारतीय काव्य की मूल प्रेरणाओं के निकट है। उसके प्रतिनिधि कवि, भारतीय संस्कृति, दर्शन तथा प्राचीन साहित्य से विशेष परिचित रहे। पश्चिमीय और बंगला काव्य-साहित्य से उनका परिचय हुआ अवश्य, परन्तु उसका अनुकरण मात्र काव्य को इतनी समृद्धि नहीं दे सकता था। विशेषत: बंगला से उन्हें जो मिला, वह तत्त्वत: भारतीय ही था, क्योंकि कवीन्द्र स्वयं भारतीय संस्कृति के सबसे समर्थ प्रहरी हैं। उन्होंने अपने देश की अध्यात्म-सुधा से पश्चिम का मृत्तिका-पात्र भर दिया, इसी से भारतीय कवियों ने उसके दान को अपना ही मानकर ग्रहण किया और पश्चिम ने कृतज्ञता के साथ।

प्रकृति पर चेतन व्यक्तितत्त्व का आरोप, कल्पनाओं की समृद्धि, स्वानुभूत सुख-दु:खों की अभिव्यक्ति इस काव्य की ऐसी विशेषताएँ हैं, जो परस्पर सापेक्ष रहेंगी।

जहाँ तक भारतीय प्रकृतिवाद का सम्बन्ध है, वह दर्शन के सर्ववाद का काव्य में भागवत अनुवाद कहा जा सकता है। यहाँ प्रकृति दिव्य शक्तियों का प्रतीक भी बनी, उसे जीवनसंगिनी बनने का अधिकार भी मिला, उसने अपने सौन्दर्य और शक्ति द्वारा अखंड और व्यापक परम तत्त्व का परिचय भी दिया और वह मानव के रूप का प्रतिबिम्ब और भाव का उद्दीपन बनकर भी रही।

वेदकालीन मनीषी उसे अजर सौन्दर्य और अजस्र शक्ति का ऐसा प्रतीक मानता है, जिसके बिना जीवन की स्वस्थ गति सम्भव नहीं। वह मेघ को प्राकृतिक परिणाम नहीं, चेतन व्यक्तित्व के साथ देखता है।

वातत्विषो मरुता वर्षनिर्णिजो यमा इव सुदृश: सुपेशस:।
पिशङ्गाश्वा अरुणाश्वा अरेपस: प्रत्वक्षसो महिना द्यौरिव:॥

ऋ. 5-57-4

सुजातासो जनुषा रुक्मवक्षसो दिनो अर्का अमृतं नाम भेजिरे।

ऋ. 5-57-5

[विद्युत-प्राण (तीक्ष्ण कान्ति) से उद्‌भासित, जलधारा के परिधान से वेष्टित यह मरुत एक से सुन्दर और शोभन हैं। अरुण-पीत अश्वोंवाले इन वीरों ने विस्तृत अन्तरिक्ष छा लिया।

कल्याणार्थ उत्पन्न, ज्योतिर्मय वक्षवाले इन आकाश के गायकों की ख्याति अमर है।]

ऐसे चित्रगीतों ने 'मेघदूत' के मेघ से लेकर आज तक के मेघ-गीतों को कितनी रूपरेखा दी है, यह अनुमान कठिन नहीं।

बादल गरजो।
घेर-घेर घोर गगन धाराधर ओ!
ललित ललित काले घुँघराले,
बाल कल्पना के-से पाले,
विद्युत्-छवि उर में कवि नव जीवनवाले!
बङ्का छिपा नूतन कविता फिर भर दो!

—निराला

इस गीत की रूप-रेखा ही नहीं, इसका स्पन्दन भी ऐसी सनातन प्रवृत्ति से सम्बद्ध है, जो नये-नये रूपों में भी तत्त्वत: एक रह सकी। इसी प्रकार :

भद्रासि रात्रि चमसो नविष्टो विश्वं गोरूपं युवतिर्विभर्षि।
चक्षुष्मति में उशती वपुंषि प्रति त्वं दिव्यानक्षत्राण्यमुक्था:॥

अथर्व. 19-19-8

[हे विश्रामदायिनी कल्याणि! तू पूर्ण पात्र के समान (शान्ति से भरी हुई) है, नवीन है; सब ओर व्याप्त होकर पृथ्वीरूप हो गई है। सब पर दृष्टि रखनेवाली स्नेहशीले रात्रि! तूने आकाश के उज्ज्वल नक्षत्रों से अपना श्रृंगार किया है।]

उपर्युक्त गीत में रात्रि का जो चित्र है, वह तब से आज तक कवियों को मुग्ध करता आया है।

खड़ी बोली का वैतालिक प्रकृति की रूपरेखा को प्रधानता देता है :

अत्युज्ज्वला पहन तारक मुक्त-माला
दिव्याम्बरा बन अलौकिक कौमुदी से,
भावों भरी परम मुग्धकरी हुई थी
राका-कलाकार-मुखी रजनीपुरन्ध्री!

—हरिऔध

छायावाद का कवि रेखाओं से अधिक महत्त्व स्पन्दन को दे देता है :

और उसमें हो चला जैसे सहज सविलास
मदिर माधव यामिनी का धीर पद-विन्यास।
कालिमा धुलने लगी घुलने लगा आलोक,
इसी निभृत अनन्त में बसने लगा अब लोक;
राशि राशि नखत-कुसुम की अर्चना अश्रान्त,
बिखरती है, तामरस-सुन्दर चरण के प्रान्त।

मनु निरखते लेंगे ज्यों-ज्यों यामिनी का रूप,
वह अनन्त प्रगाढ़ छाया फैलती अपरूप!

—प्रसाद

तिमिराञ्जल में चञ्चलता का नहीं कहीं आभास
मधुर मधुर है उसके दोनों अधर
किन्तु जरा गम्भीर—नहीं है उसमें हास-विलास!
हँसता है तो केवल तारा एक
गुँथा हुआ उन घुँघराले काले काले बालों से।

—निराला

प्रसाद जी अपनी सुनहली तूलिका से इड़ा का चित्र खींचते हैं :

बिखरीं अलकें ज्यों तर्क-जाल!
था एक हाथ में कर्मकलश वसुधा का जीवन-सार लिये,
दूसरा विचारों के नभ को था मधुर अभय अवलम्ब दिये,
त्रिवली थी त्रिगुण तरंगमयी आलोक-वसन लिपटा अराल,

यह रूप-दर्शन हमें ऋग्वेद की उषा के सामने खड़ा कर देता है :

एषा दिवदुहिता प्रत्यदर्शि व्युच्छन्ती शुक्रवासा।
विश्वस्येशाना... ॥

[वह आकाश की पुत्री अपने उज्ज्वल आलोक-परिधान से वेष्टित किरणों से उद्भासित नवीन और विश्व की समस्त निधियों की स्वामिनी है!]

अरुण शिशु के मुख पर सविलास
सुनहली लट घुँघराली कान्त।

आलोक-रश्मि से बुने उषा अञ्चल में आन्दोलन अमन्द—प्रसाद आदि पंक्तियों में जो कल्पना मिलती है, वह कुछ परिवर्तित रूप में ऋग्वेद के निम्न गीतों में भी स्थिति रखती है :

हिरण्यकेशा रजसो विसारेऽर्हि धुनिवातरध्रजीमानं।
शुचिभ्राजा उषसो नवेदा... ।।

[सुनहली अलकोंवाला वह अन्धकार दूर कर दिशाओं में फैल जाता है, अहि के समान (लहरोंवाला), वात-सा गतिशील और सबके कम्पन का कारण वह आलोकशोभी उषा का ज्ञाता है।]

आ द्यां तनोषि रश्मिभिरान्तरिक्षमुरुप्रियम ।
उष: शुक्रेण शोचिषा।।

[हे दीप्तिमति! तूने इस विस्तृत और प्रिय अन्तरिक्ष को आलोक और किरणों से बुन दिया है।]

'कामायनी' में श्रद्धा के मुख के लिए कवि ने लिखा है :

खिला हो ज्यों बिजली का फूल
मेघ-बन बीच गुलाबी रंग।

इससे हजारों वर्ष पहले 'अथर्व' का कवि लिख चुका है :

सिन्धोर्गर्भोसि विद्युतां पुष्पम ।
[तू समुद्रों का सार है, तू बिजलियों का फूल है।]
उदयाचल से बाल हंस फिर,
उड़ता अम्बर में अवदात। —पन्त

आदि पंक्तियों में हंस के रूपक से सूर्य का जो चित्र अंकित किया गया है, वह भी 'अथर्व' के निम्न चित्र से विशेष साम्य रखता है।

सहस्रहण्यं वियतावस्य पक्षौ हरेर्हंसस्य पतत: स्वर्गम ।

[आकाश में उड़ता हुआ वह उज्ज्वल हंस (सूर्य) अपनी सहस्रों वर्ष दीर्घ यात्रा तक पंख फैलाये रहता है।]

तस्या रूपेणेमेवृक्षा हरितस्रज:।

—[अथर्व]

[उसके रूप से ही ये वृक्ष हरी पत्रमालाएँ पहने खड़े हैं] का भाव ही पंक्तियों में पुनर्जन्म पा गया है :

तृण वीरुध लहलहे हो रहे
किसके रस से सिंचे हुए?

—प्रसाद

आधुनिक कवियों के लिए आज की परिस्थितियों में प्राचीन मनीषियों का अनुकरण करना सम्भव नहीं था, पर उनकी दृष्टि की भारतीयता से ही उनकी रचनाओं में वे रंग आ गए, जो इस देश के काव्य-पट पर विशेष खिल सकते थे।

विश्व के रहस्य से सम्बन्ध रखनेवाली जिज्ञासा जब केवल बुद्धि के सहारे गतिशील होती है, तब वह दर्शन की सूक्ष्म एकता को जन्म देती है और जब हृदय

का आश्रय लेकर विकास करती है, तब प्रकृति और जीवन की एकता विविध प्रश्नों में व्यक्त होती है।

'अथर्व' का कवि प्रकृति और जीवन की गतिशीलता को विविध प्रश्नों का रूप देता है :

कथं वातं नेलयति कथं न रमते मन:।
किमाप: सत्यं प्रेप्सन्तीर्नेलयन्ति कदाचन॥

[यह समीर क्यों नहीं चैन पाता? मन भी क्यों नहीं एक ही वस्तु में रमता? (दोनों क्यों चचल हैं?) कौन-से सत्य तक पहुँचने के लिए (जीवन के समान) जल भी निरन्तर प्रवाहित है?]

ऐसी जिज्ञासा ने हमारे काव्य को भी एक रहस्यमय सौन्दर्य दिया है :

किसके अन्त:करण-अजिर में
अखिल व्योम का लेकर मोती,
आँसू का बादल बन जाता
फिर तुषार की वर्षा होती?

—प्रसाद

अलि! किस स्वप्नों की भाषा में
इंगित करते तरु के पात?
कहाँ प्रात को छिपती प्रतिदिन
वह तारक-स्वप्नों की रात?

—पन्त

संस्कृत काव्यों में प्रकृति दिव्यता के सिंहासन से उतरकर मनुष्य के पग-से-पग मिलाकर चलने लगती है, अत: हम मानव-आकार के समान ही उसकी यथार्थ रूपरेखा देखते हैं और हृदय के साथ गूढ़ स्पन्दन सुनते हैं। वाल्मीकि के वनवासी राम कहते हैं :

ज्योत्स्ना तुषारमलिना पौर्णमास्यां न राजते।
सीतेव आतपश्यामा लक्ष्यते न तु शोभते॥

[तुषार से मलिन उजियाली रात पूर्णिमा होने पर भी शोभन नहीं लगती। आतप से कान्तिहीन अंगोंवाली सीता के समान प्रत्यक्ष तो है, पर शोभित नहीं होती।]

पाले से धुँधली हेमन्तिनी राका को, धूप से कुम्हलाई हुई सीता के पार्श्व में खड़ा करके, वे दोनों एक ही परिचय दे डालते हैं।

करुणा और प्रकृति के मर्मज्ञ भवभूमि और प्रेम तथा प्रकृति के विशेषज्ञ कालिदास ने प्रकृति को उसकी यथार्थ रेखाओं में भी अंकित किया है और जीवन के हर स्वर-से-स्वर मिलानेवाली संगिनी के रूप में भी। संस्कृत काव्यों में चेतन ही नहीं, जड़ भी मानव-सुख-दु:ख से प्रभावित होते हैं।

दु:खिनी सीता के साथ :

एते रुदन्ति हरिणा हरितं विमुच्य
हंसाश्च शोकविधुरा करुणं रुदन्ति

हरित तृण छोड़कर मृग रोते हैं, शोक-विधुर हंस करुण क्रन्दन करते हैं। इतना ही नहीं, मनुष्य के दु:ख से 'अपि ग्रावा रोदित्यपि दलित वङ्कास्य हृदयम्'—पाषाण भी आँसुओं से पिघल उठते हैं, वङ्का का हृदय भी विदीर्ण हो जाता है।

इसी प्रकार विधुर अज के विलाप से 'अकरोत पृथ्वीरुहानपि स्रुत-शाखा-रस-वाष्पदूषितान्'—वृक्ष अपनी शाखाओं के रस रूपी अश्रु-बिन्दुओं से गीले हो जाते हैं।

हिन्दी काव्य में भी इस प्रवृत्ति ने विभिन्न रूप पाए हैं। निर्गुण के उपासकों ने प्रकृति में रहस्यमय अव्यक्त के सौन्दर्य और शक्ति को प्रत्यक्ष पाया। सगुण भक्तों ने उसे अपने व्यक्त इष्ट की रहस्यमयी महिमा और सुषमा की सजीव संगिनी बनाया और रीति के अनुयायियों ने उसे प्रसाधन मात्र बनाने के प्रयास में भी ऐसा रूप दे डाला, जिसके बिना उसके नायक-नायिकाओं के शरीर-सौन्दर्य और भावों का कोई नाम-रूप ही असम्भव हो गया।

खड़ी बोली के कवियों ने अपने काव्य में जीवन और प्रकृति को वैसे ही सजीव, स्वतंत्र, पर जीवन की सनातन सहगामिनी के रूप में अंकित किया है, जैसा संस्कृत काव्य के पूर्वार्द्ध में मिलता है। प्रियप्रवास की तपस्विनी राधा का पवन-दूत साकेत की वनवासिनी सीता को घेरनेवाले मृग-विहंग-लता-वृक्ष—सबके चित्रण में स्पष्ट सरल रेखाएँ और सूक्ष्म स्पन्दन मिलेगा। प्रकृति को संगिनी के रूप में ग्रहण करने की प्रवृत्ति इतनी भारतीय है कि वह उत्कृष्ट काव्यों से लेकर लोकगीतों तक व्याप्त हो चुकी है। ऐसा कोई लोकगीत नहीं, जिसमें मनुष्य अपने सुख-दु:ख की कथा कोयल-पपीहा, गंगा-यमुना, आम-नीम आदि को न सुनाता हो और अपने जीवन के प्रश्न सुलझाने के लिए प्रकृति से सहायता न चाहता हो!

छायावाद में यह सर्ववाद अधिक सूक्ष्म रूप पा गया है, जिसमें जड़ तत्त्व से चेतन की अभिन्नता, सूक्ष्म सौन्दर्यानुभूति को जन्म देती है और व्यष्टिगत चेतना से व्यापक चेतना की एकता, भावात्मक दर्शन सहज कर देती है। इसी से कवि रूप-दर्शन को एक विराट पीठिका पर प्रतिष्ठित कर उसे महत्ता देता है और व्यक्तिगत सुख-दु:खों को जीवन के अनन्त क्रम के साथ रखकर उन्हें विस्तार देता है। प्रकृति के रूप-दर्शन की अभिव्यक्ति के लिए, उसने वही प्राचीनतम पद्धति स्वीकार की है,

जो एक रूप-खंड को दिव्य, अखंड और स्पन्दिन मूर्तिमत्ता दे सकी और स्वानुभूत सुख-दु:खों को सामान्य बनाने के लिए उसने प्रकृति से ऐसा तादात्म्य किया, जिससे उसका एक-एक स्पन्दन प्रकृति में अनेक प्रतिध्वनियाँ जगाने लगा। कहीं प्रकृति उसके अरूप भावों की परिभाषा ही नहीं, चित्र भी बन जाती है :

इन्दु-विचुम्बित बाल-जलद-सा
मेरी आशा का अभिनय।

—पन्त

और कहीं वह अपनी तन्मयता में यह भूल जाता है कि प्रकृति के रूपों से मिलते-जुलते भावों के दूसरे नाम हैं, अत: एक की संज्ञा दूसरे के रूप को सहज ही मिल जाती है :

झंझा झकोर गर्जन है बिजली है नीरद-माला;
पाकर इस शून्य हृदय को सबने आ डेरा डाला!

—प्रसाद

सर्ववाद के निकट कोई वस्तु अपने-आपमें न बड़ी है न छोटी, न लघु है न गुरु। जैसे अंगों की अनुभूति के साथ शरीर की अखंडता का बोध रहता है और शरीर की अनुभूति के साथ अंगों को विभिन्नता का ज्ञान, वैसे ही सर्ववाद में विविधता स्वत:पूर्ण रूप और सापेक्ष स्थिति रखती है। अत: छायावाद का कवि न प्रकृति के किसी रूप को लघु या निरपेक्ष मानता है और न अपने जीवन को, क्योंकि वे दोनों ही एक विराट रूप-समष्टि में स्थिति रखते हैं, और एक व्यापक जीवन से स्पन्दन पाते हैं। जीवन के रूप-दर्शन के लिए प्रकृति अपना अक्षय सौन्दर्य-कोष खोल देती है और प्रकृति के प्राण-परिचय के लिए जीवन अपना रंगमय भावाकाश दे ही डालता है।

एक था आकाश वर्षा का सजल उद्दाम
दूसरा रञ्जित किरण से श्री-कलित घनश्याम;
चल रहा था विजन पथ पर मधुर जीवन-खेल,
दो अपरिचित से नियति अब चाहती थी मेल!

—प्रसाद

ढुलकते हिम जल से लोचन
अधखिला तन अखिला-मन
धूलि से भरा स्वभाव-दुकूल
मृदुल-छवि पृथुल सरलपन;
स्वविस्मित से गुलाब के फूल
तुम्हीं सा था मेरा बचपन!

—पन्त

आदि में सजल आकाश और किरण-रंजित मेघ से मनु और श्रद्धा के जीवन का जो परिचय प्राप्त होता है, गुलाब के विस्मित जैसे अधखिले फूल और मनुष्य के शैशव का जो एक चित्र मिलता है, वह अपनी परिधि में प्रकृति और जीवन का रूप-दर्शन ही नहीं, स्पन्दन भी घेरना चाहता है; अत: भाव-चित्र ही रूप-गीत हो जाता है।

छायायुग के यथार्थ चित्र भी इसी तूलिका से अंकित हुए हैं। इसी से उनमें एक प्रकार की सूक्ष्मतम आ जाना स्वाभाविक है।

'वह क्रूर काल-तांडव की स्मृति-रेखा-सी' में विधवा की दीप्त करुणा, 'चला आ रहा मौन धैर्य-सा' में मनु के पुत्र का सशक्त व्यक्तित्व, 'वह जलधर जिसमें चपला या श्यामला का नाम नहीं' में श्रद्धा की व्यथाजनित जड़ता आदि, इसी प्रवृत्ति का परिचय देते हैं।

प्रकृति और जीवन के तादात्म्य के कारण छायावाद के प्रेम-गीतों के भाव में 'संग में पवन गंगा-स्नान' की पवित्रता और रूप में 'गूढ़ रहस्य बना साकार' की व्यापकता आ गई।

नारी का चित्र मानो स्वयं प्रकृति का चित्र है :

वह विश्व-मुकुट सा उज्ज्वलतम शशिखंड सदृश सा स्पष्ट भाल,
दो पद्म-पलाश-चषक से दृग देते अनुराग विराग ढाल,
चरणों में थी गतिभरी ताल!

—प्रसाद

तुम्हीं हो स्पृहा अश्रु औ' हास
सृष्टि के उर की साँस;

—पन्त

वह कामायनी जगत की
मंगलकामना अकेली!—

—प्रसाद

में जो मंगलमयी शक्ति है, उसके सौन्दर्य के प्रति भी कवि सजग है :

स्मित मधुराका थी, श्वासों में
पारिजात-कानन खिलता;

और इस सौन्दर्य को संकीर्ण बना लेने की प्रवृत्ति का भी उसे ज्ञान है :

पर तुमने तो पाया सदैव उसकी सुन्दर जड़ देह मात्र,
सौन्दर्य-जलधि से भर लाये केवल तुम अपना गरल-पात्र!

इस विकृति के कारण की ओर संकेत भी स्वाभाविक है :

तुम भूल गये पुरुषत्व मोह में कुछ सत्ता है नारी की!

—प्रसाद

छाया-युग के भावगत सर्ववाद ने नारी-सौन्दर्य के प्रति कवि की दृष्टि में वही पवित्र विस्मय और उल्लास भर दिया था जिससे :

सजल शिशिर-धौत पुष्प
देखता है एकटक किरण-कुमारी को!

—निराला

तत्कालीन राष्ट्रीय जागरण भी इस प्रवृत्ति के उत्तरोत्तर विकास में सहायक हुआ; क्योंकि उस जागृति के सूत्रधार व्यावहारिक धरातल पर ही नहीं, जीवन की सूक्ष्म व्यापकता में भी नारी के महत्त्व का पता पा चुके थे। दीर्घकालीन जड़ता के उपरान्त भी जब वह मुक्ति के आह्वान मात्र पर अशेष रक्त देने के लिए आ खड़ी हुई, तब राजनीति, समाज, काव्य—सभी ने उसे विस्मय से देखा।

काव्य में उसका ऐसा भावगत चित्रण कहाँ तक उपयुक्त था, यह प्रश्न भी सम्भव है।

नारी की सामाजिक स्थिति के सम्बन्ध में, उस समय तक बहुत-से आन्दोलन चल चुके थे, उसके जीवन की कठोर सीमा-रेखाओं को कोमल करने के लिए भी प्रयत्न हो रहे थे। अपने विशेष दृष्टिकोण और समय से प्रभावित कवियों ने उसे अपने भावजगत में जैसी मुक्ति दी, उसका मनोवैज्ञानिक प्रभाव भी विशेष ध्यान देने योग्य है। किसी को बहुत संकीर्ण बनाकर देखते-देखते वह संकीर्ण हो जाता है तथा किसी को एक विशाल पृष्ठभूमि पर रखकर देखना, उसे कुछ विशाल बनने की प्रेरणा देता है। सौन्दर्य की स्थूल जड़ता से मुक्ति मिलते ही नारी को प्रकृति के समान ही रहस्यमय शक्ति और सौन्दर्य प्राप्त हो गया, जिसने उसके मानसिक जगत से पिछली संकीर्णता धो डाली।

कवि के लिए यह प्रवृत्ति कहाँ तक स्वाभाविक थी, इसे प्रमाणित करने के लिए हमारे पास कला और संस्कृति का बहुत विकसित और अटूट क्रम है। यदि आदिम संघर्ष काल में भी पुरुष अपने पार्श्व में खड़ी नारी की रूपरेखा प्रकृति में देख सका और तब भी जीवन के व्यावहारिक धरातल पर ठहरने में समर्थ हो सका, तो निश्चय ही यह प्रवृत्ति आज कोई ऐसा अपकार न करेगी। सारत: यह दृष्टि इतनी भारतीय रही कि जीवन में अनेक बार परीक्षित हो चुकी है। इसके अभाव में नारी को केवल विलास का साधन बनकर जीना पड़ा; पर इस प्रवृत्ति के साथ उसके जीवन को विशेष शक्ति और व्यापकता मिल सकी। छाया-युग की नारी चाहे अपने व्यक्तिगत

जीवन के लिए विशेष सुविधाएँ न प्राप्त कर सकी हो; पर उसकी शक्ति ने पुरुष की वासना-व्यवसायी दृष्टि को एक दीर्घ काल तक जहाँ-का-तहाँ ठहरा दिया—इसी से आज का क्षुत्क्षाम यथार्थवादी पुरुष उस पर आघात किये बिना एक पग बढ़ने का भी अवकाश नहीं पाता।

इसके अतिरिक्त कलाकार के लिए सौन्दर्य में ही रहस्य की अनुभूति सहज है, अत: वह सौन्दर्य को इतिवृत्त बनाकर कहने का प्रयास नहीं करता। विशेषत: उस युग के कलाकार के लिए यह और भी कठिन है, जब बाह्य विषमताएँ पार कर आन्तरिक एकता स्पष्ट करना ही लक्ष्य रहे। जिन कारणों से कवि ने प्रकृति और जीवन के यथार्थ को कठिन रेखाओं से मुक्त करके, उसमें सामंजस्य की खोज की, उसी कारण से वह नारी को भी कठोर यथार्थ में बाँधकर काव्य में स्थापित न कर सका।

स्वानुभूतिमयी अभिव्यक्ति हमारे लिए नवीन नहीं, क्योंकि हमारे काव्य का एक महत्त्वपूर्ण अंश ऐसी अभिव्यक्तियों पर आश्रित है। वेदगीतों की एक बहुत बड़ी संख्या, आत्मबोध और स्वानुभूति उल्लास-विषाद को स्वीकृति देती है। संस्कृत और प्राकृत काव्यों में वे रचनाएँ अशेष माधुर्यभरी हैं, जिनमें दृश्य चित्रों के सहारे मनोभाव ही व्यक्त किये गए हैं। निर्गुण काव्य में आदि से अन्त तक, स्वानुभूत मिलन-विरह ही प्रेरक शक्ति है। सगुण-भक्तों के गीतिकाव्य में सुख-दु:ख, संयोग-वियोग, आशा-निराशा आदि ने जो मर्मस्पर्शिता पाई है, उसका श्रेय स्वानुभूति को ही दिया जाएगा। सब प्रकार की अलंकारिता से शून्य सरल लोकगीतों में जो अन्तरतम तक प्रवेश कर जानेवाली भाव-तीव्रता है, वह भी स्वानुभूतिमयी ही मिलेगी।

इस प्रकार की अभिव्यक्तियों में भाव रूप चाहता है, अत: शैली का कुछ संकेतमयी हो जाना सहज सम्भव है। इसके अतिरिक्त हमारे यहाँ तत्त्व-चिन्तन का बहुत विकास हो जाने के कारण जीवन-रहस्यों को स्पष्ट करने के लिए एक संकेतात्मक शैली बहुत पहले बन चुकी थी। अरूप दर्शन से लेकर रूपात्मक काव्य-कला तक सबने ऐसी शैली का प्रयोग किया है, जो परिचित के माध्यम से अपरिचित और स्थूल के माध्यम से सूक्ष्म तक पहुँच सके।

अवश्य ही दर्शन और काव्य की शैलियों में अन्तर है, परन्तु यह अन्तर रूपगत है, तत्त्वगत नहीं; इसी से एक जीवन के रहस्य का मूल और दूसरी शाखा-पल्लव-फूल खोजती रही है।

कल्पना के सम्बन्ध में यह स्मरण रखना उचित है कि वह स्वप्न से अधिक ठोस धरती चाहती है। प्राय: परिचित और प्रिय वस्तुओं से सम्बन्ध रखने के कारण उसका विदेशीय होना सहज नहीं। विशेषत: प्रत्येक कवि और कलाकार अपने संस्कार, जीवन तथा वातावरण के प्रति इतना संवेदनशील होता है कि उसकी कल्पना उसके ज्ञान और अनुभूतियों की चित्रमय व्याख्या बन जाती है।

प्रकृति के सौन्दर्य और पृथ्वी के ऐश्वर्य ने भारतीय कल्पना को जिन सुनहले-

रुपहले रंगों से रँग दिया था, वे तब से आज तक धुल नहीं सके। सभ्यता के आदिकाल में ही यहाँ के तत्त्वदर्शक के विचार और अनुभूतियों में कितने चटकीले रंग उतर आए थे, इसका प्रमाण तत्कालीन काव्यगत कल्पनाएँ देती हैं।

परमतत्त्व हिरण्यगर्भ समुद्र रत्नाकर है, सूर्य दिन का मणि है, अग्नि हिरण्यकेश है, पृथ्वी रत्नप्रसू, हिरण्यगर्भा, वसुन्धरा आदि संज्ञाओं में जगमगाती है। भाषा का सम्पूर्ण कोश स्वर्ण-रजत के रंगों से उद्भासित और असंख्य रूपों से समृद्ध है।

इस समृद्धि का श्रेय यहीं की धरती को दिया जा सकता है। उत्तरी ध्रुव के जमे हुए समुद्र को कोई रत्नाकर की संज्ञा देने की भूल नहीं करेगा, बर्फीली ठंडी धरती को कोई वसुन्धरा कहकर पुलकित न होगा।

इन समृद्ध और विविध कल्पनाओं का क्रम अटूट रहा है। जब तपोवनवासी आदि कवि 'शालय: कनकप्रभा' कहकर धान की बाली का परिचय देता है, तब कालिदास जैसे कवियों की समृद्ध कल्पना के सम्बन्ध में कुछ कहना व्यर्थ है। जब निर्गुण का उपासक फकीर 'रवि ससि नखत दिपैं ओहि जोती, रतन पदारथ मानिक मोती' कहकर अपने अरूप का ऐश्वर्य प्रकट करता है, तब सगुण-भक्तों की कल्पना के वैभव का अनुमान सहज है।

कल्पना का ऐश्वर्य लोकगीतों में भी ऐसा ही निरन्तर क्रम रखता है। सुदूर अतीत के कवि ने आँसू को मोती के समान माना है, पर आज की ग्रामीण माता भी गाती है : 'मोती ढरकैं जब लालन रोवै फुलझरियन जैसी किलकनियाँ'।

[मोती ढुलकते हैं जब उसका शिशु रोता है और फुलझड़ियों जैसी उसकी किलकारियाँ हैं।]

कोई ऐसा जीवन-गीत नहीं जिसमें ग्रामवधू सोने के थाल में भोजन परोसकर और सोने की झारी में गंगाजल भरकर अपने पति का सत्कार नहीं करती। इन कल्पनाओं के पीछे जो संस्कार हैं, वे किसी प्रकार भी विदेशीय नहीं।

आज की दरिद्रता हमें अपनी धरती या प्रकृति से नहीं मिली, हमारी दुर्बलता का अभिशाप है, अत: काव्य जब प्रकृति का आधार लेकर चलता है, तब कल्पना में सूक्ष्म रेखाओं का बाहुल्य और दीप्त रंगों का फैलाव स्वाभाविक ही रहेगा।

छायावाद तत्त्वत: प्रकृति के बीच में जीवन का उद्गीथ है, अत: कल्पनाएँ बहुरंगी और विविधरूपी हैं। पर वैभव की दृष्टि से वह आज के यथार्थ के कितने निकट है, यह तब प्रकट होता है जब छायायुग स्वप्नद्रष्टा गाता है :

प्राची में फैला मधुर राग
जिसके मंडल में एक कमल खिल उठा सुनहला भर पराग।

—कामायनी

और यथार्थ का नया उपासक कहता है :

मरकत-डिब्बे सा खुला ग्राम
जिस पर नीलम नभ आच्छादन।

—ग्राम्या

छायावाद को दु:खवाद का पर्याय समझ लेना भी सहज हो गया है। जहाँ तक दु:ख का सम्बन्ध है, उसके दो रूप हो सकते हैं—एक जीवन की विषमता की अनुभूति से उत्पन्न करुणभाव, दूसरा जीवन के स्थूल धरातल पर व्यक्ति असफलताओं से उत्पन्न विषाद।

करुणा हमारे जीवन और काव्य से बहुत गहरा सम्बन्ध रखती है। वैदिक काल ही में एक ओर आनन्द-उल्लास की उपासना होती थी और दूसरी ओर इस प्रवृत्ति के विरुद्ध एक करुण-भाव भी विकास पा रहा था। एक ओर यज्ञ सम्बन्धी पशुबलि प्रचलित थी और दूसरी ओर 'मां हिस्यात सर्वभूतानि' का प्रचार हो रहा था। इस प्रवृत्ति ने आगे विकास पाकर जैन धर्म के मूल सिद्धान्तों को रूपरेखा दी। बुद्ध द्वारा स्थापित संसार का सबसे बड़ा करुणा का धर्म भी इसी प्रवृत्ति का परिष्कृत फल कहा जाएगा।

काव्य ने भी करुणा को विशेष महत्त्व दिया। हमारे दो महान काव्यों में से एक को करुण-भाव से ही प्रेरणा मिली है और दूसरा अपने संघर्ष के अन्त में करुण-भाव ही में चरम परिणति पा लेता है। संस्कृत के उत्कृष्ट काव्यों में भी कवि अपने इस संस्कार को नहीं छोड़ता। भवभूति तो करुणा के अतिरिक्त कोई रस ही नहीं मानता और कालिदास के काव्यों में करुणा श्वासोच्छ्वास के समान मिली हुई है। अग्निवर्ण के दुखद अन्त में समाप्त होनेवाला रघुवंश, जीवन के सब उल्लास-उमंगों की राख पर दुष्यन्त से साक्षात् करनेवाली शकुन्तला, यदि करुण-भाव न जगा सके तो आश्चर्य है।

हमारे इस करुण-भाव के भी कारण हैं। जहाँ भी चिन्तन-प्रणाली इतनी विकसित और जीवन की एकता का भावन इतना सामान्य होगा, वहाँ इस प्रकार का करुण-भाव अनायास और स्वाभाविक स्थिति पा लेता है। 'आत्मवत्सर्वभूतेषु' की धारणा जब जीवन पर व्यापक प्रभाव डाल चुकी, तब उसका बाह्य अन्तर, पग-पग पर असन्तोष को जन्म देता रहेगा।

परम तत्त्व की व्यापकता और इष्ट की पूर्णता के साथ अपनी सीमा और अपूर्णता की अनुभूति ही निर्गुण-सगुण वादियों के विरह की तीव्रता का कारण है। यह प्रवृत्ति भी मूलत: करुणा से सम्बद्ध होगी।

करुणा का रंग ऐसा है, जो जीवन की बाह्य रेखाओं को एक कोमल दीप्ति दे देता है; सम्भवत: इसी कारण लौकिक काव्य भी विप्रलम्भ शृंगार को बहुत महत्त्व और विस्तार देते रहे हैं। जब यह करुण भावना व्यक्तिगत सुख-दु:ख के साथ मिल जाती है, तब उन दोनों के बीच में विभाजन के लिए बहुत सूक्ष्म रेखा रहती है।

भारतेन्दु-युग में हम एक व्यापक करुणा की छाया के नीचे देश की दुर्दशा के चित्र बनते-बिगड़ते देखते हैं। पौराणिक चरित्रों की खोज करुण-भावना की सामान्यता

के लिए होती है और देश, समाज आदि का यथार्थ चित्रण व्यक्तिगत विषाद को विस्तार देता है। खड़ी बोली के कवि संस्कृत काव्य-साहित्य के और अधिक निकट पहुँच जाते हैं। 'प्रिय-प्रवास' की राधा और 'साकेत' की उर्मिला का, नये वातावरण में पुनर्जन्म उसी सनातन करुणा की प्रेरणा है और राष्ट्रगीतों और सामाजिक चित्रण में व्यक्तिगत विषाद को समष्टिगत अभिव्यक्ति मिली है।

छायायुग का काव्य स्वानुभूतिमयी रचनाओं पर आश्रित है, अत: व्यापक करुण-भाव और व्यक्तिगत विषाद के बीच की रेखा और भी अस्पष्ट हो जाती है। गीत में गाया हुआ पराया दु:ख भी अपना हो जाता है और अपना भी सबका, इसी से व्यक्तिगत हार से उत्पन्न व्यथा एक समष्टिगत करुण-भाव में एकरस जान पड़ती है।

इस व्यक्तिप्रधान युग में व्यक्तिगत सुख-दु:ख अपनी अभिव्यक्ति के लिए आकुल थे, अत: छायायुग का काव्य स्वानुभूति-प्रधान होने के कारण वैयक्तिक उल्लास-विषाद की अभिव्यक्ति का सफल माध्यम बन सका।

समष्टिगत जीवन की बाह्य विकृति और आन्तरिक विषमता की अनुभूति से उत्पन्न करुण-भाव जो रूप पा सकता था, वह भी गायक से भिन्न कोई स्थिति नहीं रखता था। वर्णनात्मक काव्यों में जो प्रवृत्ति कवि की सूक्ष्म और उसके हृदय की संवेदनशीलता को व्यक्त करती, वह स्वानुभूतिमयी रचनाओं में, उसका वैयक्तिक विषाद बनकर उपस्थित हो सकी। अत: इस विषाद के विस्तार में दूसरे केवल उसी का हाहाकार और उसे प्रेरणा देनेवाली मानसिक स्थिति खोज-खोजकर थकने लगे।

'कामायनी' में बुद्धि और हृदय के समन्वय के द्वारा जीवन में सामंजस्य लाने का जो चित्र है, वह कवि का स्वभावगत संस्कार है, क्षणिक उत्तेजना नहीं। इस सामंजस्य का संकेत सब प्रतिनिधि रचनाओं में मिलेगा।

करुण-भाव के प्रति कवियों का झुकाव भारतीय संस्कार के कारण है, पर उसे और अधिक बल सामयिक परिस्थितियों से मिल सका।

कौन प्रकृति के करुण काव्य-सा
वृक्ष पत्र की मधुछाया में,
लिखा हुआ-सा अचल पड़ा है
अमृत सदृश नश्वर काया में?

जिससे कन-कन में स्पन्दन हो,
मन में मलयानिल चन्दन हो,
करुणा का नव अभिनन्दन हो,
वह जीवन-गीत सुना जा रहे!

—प्रसाद

विश्व-वाणी ही है क्रन्दन
विश्व का काव्य अश्रु-कन।
वेदना ही के सुरीले हाथ से
है बना यह विश्व इसका परमपद
वेदना ही का मनोहर रूप है;

—पन्त

मेरा आकुल क्रन्दन
व्याकुल वह स्वर-सरित-हिलोर,
वायु में भरती करुण मरनोर
बढ़ती है तेरी ओर;
मेरे ही क्रन्दन से उमड़ रहा यह तेरा सागर सदा अधीर!

—निराला

इस विषाद में व्यक्तिगत दुःखों का प्रकटीकरण न होकर उस शाश्वत करुणा की ओर संकेत है, जो जीवन को सब ओर से स्पर्श कर एक स्निग्ध उज्ज्वलता देती है।

भारतीय दर्शन, काव्य आदि ने इस तरल सामंजस्य भाव को भिन्न-भिन्न नामों से स्मरण किया है, पर वे इसे पूर्णतः भूल नहीं सके।

व्यक्तिगत सुख-दुःख की अभिव्यक्तियाँ भी मार्मिक हो सकीं, पर वे छायायुग के सर्ववाद से इस प्रकार प्रभावित हैं कि उन्हें स्वतंत्र अस्तित्व मिलना कठिन हो गया।

व्यापक चेतना से व्यष्टिगत चेतना की एकता के भावन ने पुरानी रहस्य-प्रवृत्ति को नया रूप दिया। धर्म और समाज के क्षेत्र में विधि-विधान इतने कृत्रिम हो चुके थे कि जीवन उनसे विरक्त होने लगा। अपने व्यक्तिगत जीवन और सामयिक प्रभाव के कारण कवि के लिए, रहस्य-सम्बन्धी साधना-पद्धति को अपनाना सहज नहीं था; पर सामंजस्य की भावना और जीवनगत अपूर्णता की अनुभूति ने उसके काव्य पर करुणा का ऐसा अन्तरिक्ष बुन दिया, जिसकी छाया में दुःख ही नहीं, सुख के भी सब रंग बनते-मिटते रहे।

राष्ट्र की विषम परिस्थितियों ने भी छायायुग की करुणा में एक रहस्यमयी स्थिति पाई। जैसे परम तत्त्व से तादात्म्य के लिए विकल आत्मा का क्रन्दन व्यापक है, वैसे ही राष्ट्रतत्त्व की मुक्ति में अपनी मुक्ति चाहनेवाली राष्ट्रात्मा का विषाद भी विस्तृत है।

क़िसी भी युग में एक प्रवृत्ति के प्रधान होने पर दूसरी प्रवृत्तियाँ नष्ट नहीं हो जातीं, गौण रूप से विकास पाती रहती हैं। छायायुग में भी यथार्थवाद, निराशावाद और सुखवाद की बहुत-सी प्रवृत्तियाँ अप्रधान रूप से अपना अस्तित्व बनाए रह सकीं, जिनमें से अनेक अब अधिक स्पष्ट रूप में अपना परिचय दे रही हैं। स्वयं छायावाद तो करुणा की छाया में सौन्दर्य के माध्यम से व्यक्त होनेवाला भावात्मक

सर्ववाद ही रहा है और उसी रूप में उसकी उपयोगिता है। इस रूप में उसका किसी विचारधारा या भावधारा से विरोध नहीं, वरन आभार ही अधिक है, क्योंकि भाषा, छन्द, कथन की विशेष शैली आदि की दृष्टि से उसने अपने प्रयोगों का फल ही आज के यथार्थवाद को सौंपा है।

इस आदान से तो यथार्थोन्मुख विचारधारा का असहयोग नहीं, वह केवल उसकी आत्मा के उस अक्षय सौन्दर्य पर आघात करना चाहती है, जो इस देश की सांस्कृतिक परम्परा की धरोहर है। जब तक इस आकाश में अनन्त रंग हैं, इस पृथ्वी पर अनन्त सौन्दर्य है; जब तक यहाँ की ग्रामीण, कोकिल-काग से सन्देश भेजना नहीं भूलती; किसान, चैती चाँदनी और आकाश की घटाओं को मूर्तिमत्ता देना नहीं छोड़ता, तब तक काव्य में भी यह प्रवृत्ति रहेगी। छायावाद का भविष्य केवल यथार्थ के हाथ में भी नहीं, क्योंकि वह इस धरती और आकाश से बँधा है।

सांस्कृतिक विकास की दृष्टि से हमारे यहाँ का घोर अशिक्षित भी विशेष महत्त्व रखता है, क्योंकि दर्शन जैसे गूढ़ विषय से लेकर श्रम जैसे सरल विषय तक उसकी अच्छी पहुँच है। हमारे सांस्कृतिक मूल्यों के पीछे कई हजार वर्ष का इतिहास है, अत: इस मिट्टी के सब अणु उसका स्पर्श कर चुके हों तो आश्चर्य नहीं।

पुरातन सांस्कृतिक मूल्यों के सम्बन्ध में यदि आज का यथार्थवादी इस युग के सबसे पूर्ण और कर्मठ यथार्थदर्शी लेनिन के शब्दों को स्मरण रख सके, तो सम्भवत: वह यथार्थ का भी उपकार करेगा और अपनी भी :

"We must retain the beautiful, take it as an example, hold on to it even though it is old. Why turn away from real beauty, and discard it for good and all as a starting point for further development just because it is old? Why worship the new as the god to be obeyed just because it is the new? That is nonsense, sheer nonsense. There is a great deal of conventional art hypocrisy in it too and respect for the art fashions of the west."

[हमें, जो सुन्दर है, उसे ग्रहण करना, आदर्श के रूप में स्वीकार करना और सुरक्षित रखना चाहिए चाहे वह पुराना हो। केवल पुरातन होने के कारण वास्तविक सौन्दर्य से विरक्ति क्यों और नवीन के विकास के लिए उसे सदा को त्याग देना अनिवार्य क्यों? जिसका अनुशासन मानना ही होगा, ऐसे देवता के समान नवीनता की पूजा किसलिए? यह तो अर्थहीन है—नितान्त अर्थहीन! इस प्रवृत्ति में कला की रूढ़िगत कृत्रिमता और पश्चिम की कला-रूढ़ियों के प्रति सम्मान का भाव ही अधिक है।]

आधुनिक युग का सबसे समर्थ कर्मनिष्ठ अध्यात्मद्रष्टा भी अपनी संस्कृति को महत्त्व देकर उसी 'वास्तविक सौन्दर्य' की ओर संकेत करता है :

''मेरा तो निश्चित मत है कि दुनिया में किसी संस्कृति का भंडार इतना भरा-पूरा नहीं, जितना हमारी संस्कृति का। इस देश की संस्कृति-गंगा में अनेक संस्कृति-रूपी सहायक नदियाँ आकर मिली हैं। इन सबका कोई सन्देश हमारे लिए हो सकता है तो

यही कि हम सारी दुनिया को अपनावें। जीवन जड़ दीवारों से विभक्त नहीं किया जा सकता।...समस्त कला अन्तर के विकास का आविर्भाव है। हमारी अन्तःस्थ सुप्त भावनाओं को जाग्रत करने का सामर्थ्य जिसमें होता है वह कवि है। अपनी अपूर्णता महसूस करना, प्रगति का पहला कदम है।"

—महात्मा गांधी

हम आँधी-तूफान के ऐसे ध्वंसमय युग के बीच में हैं, जिसे पार कर लेने पर जीवन के सर्वतोन्मुख निर्माण का कार्य स्वाभाविक ही नहीं, अनिवार्य हो उठेगा। निर्माण के सम्बन्ध में यह स्मरण रखना आवश्यक है कि हम जीवन की मूल प्रवृत्तियों के स्रष्टा नहीं बन सकते, केवल नवीन परिस्थितियों में उनका समुचित उपयोग ही हमारा सृजन कहा जाएगा। करुणा, प्रेम, द्वेष, क्रोध आदि मूल भावों पर सभी मनुष्यों का जन्माधिकार है, पर इन मूल भावों का विकास मानव ही नहीं, उसे घेरनेवाले वातावरण पर भी निर्भर रहता है। इसी कारण किसी मनुष्य-समूह में चिन्तनशीलता का आधिक्य मिलेगा, किसी में युद्ध-प्रेम ही प्रधान जान पड़ेगा, किसी में व्यवसाय-कौशल की ही विशेषता रहेगी और किसी में भावुक कलाकार ही सुलभ होंगे। बाह्य परिस्थितियों के कारण बहुत-सी स्वस्थ प्रवृत्तियाँ दब जाती हैं, बहुत-सी अस्वस्थ, प्रधानता पाने लगती हैं। जीवनव्यापी निर्माण के लिए इन्हीं प्रवृत्तियों की निष्पक्ष परीक्षा और उनका स्वस्थ उपयोग अपेक्षित रहेगा और इस कार्य के लिए ऐसे व्यक्ति अधिक उपयोगी सिद्ध होंगे, जो सम्पूर्ण अतीत को विधियों की क्रियाशीलता कहकर छुट्टी नहीं पा लेते।

साहित्य, काव्य, कला आदि केवल मूल प्रवृत्तियों के विविध परिष्कार-क्रम के इतिहास हैं, अतः कलाकार इन प्रवृत्तियों को अपने युगविशेष की सम्पत्ति समझकर और अतीत के सारे सांस्कृतिक और साहित्यिक मूल्यों को भूलकर लक्ष्य तक नहीं पहुँच पाता।

पिछले अनेक वर्षों की विषम परिस्थितियों ने हमारे जीवन को छिन्न-भिन्न कर डाला है। कलाकार यदि उस विभाजन को और छोटे-छोटे खंडों में विभाजित करता रहे, तो वह जीवन के लिए एक नया अभिशाप सिद्ध होगा। उसे सामंजस्य की ओर चलना है, अतः जीवन की मूल प्रवृत्तियाँ, उनका सांस्कृतिक मूल्य, उन मूल्यों का आज की परिस्थिति में उपयोग आदि का ज्ञान न रहने पर उसकी यात्रा भटकना मात्र भी हो सकती है।

केवल पुरातन या नवीन होने से कोई काव्य उत्कृष्ट या साधारण नहीं हो सकेगा, इसी से कवि-गुरु कालिदास को कहना पड़ा :

सन्तः परीक्ष्यान्यतरद भजन्ते
मूढः परप्रत्ययनेयबुद्धिः।

अतीत और वर्तमान के आदान-प्रदान के सम्बन्ध में छायायुग के प्रतिनिधि कवि की इस उक्ति में सरल सौन्दर्य ही नहीं, मार्मिक सत्य भी है :

शिशु पाते हैं माताओं के
वक्ष:स्थल पर भूला गान,
माताएँ भी पातीं शिशु के
अधरों पर अपनी मुस्कान!

—निराला

सामयिक समस्या

हमारे आधुनिक जागरण-युग की प्रेरणा दोहरी है—एक वह, जिसने अन्तर की शक्तियों को फिर से नापा-तोला, जीवन के विषम-खंडों में व्याप्त एकता को पहचाना तथा मानसिक संस्कार को प्रधानता दी और दूसरा वह, जिसने यथार्थ जीवन के पुनर्निर्माण की दिशा की खोज की, उसमें नवीन प्रयोग किये और अन्तर की शक्तियों को कर्म में साकारता दी। ये दोनों क्रम मिलकर विकास पाते रहे हैं, अत: यह कहना कठिन है कि एक की सीमा का अन्त कहाँ होता है और दूसरे के आरम्भ का बिन्दु कहाँ है, परन्तु इन दोनों प्रवृत्तियों ने आदर्श और यथार्थानुगत दो विभिन्न विचारधाराओं को गति दी है।

छायायुग का काव्य द्विवेदी-युग के आदर्शात्मक उपयोगितावाद के विरोध में उत्पन्न और नवीन जागरण की आलोक-छाया में विकसित हुआ। इसी से अन्तर की ओर झाँकने की प्रवृत्ति उसका स्वभाव है और यथार्थोन्मुख इतिवृत्तात्मकता का उसमें अभाव है। सामयिक परिस्थितियाँ भी इस प्रवृत्ति के विकास में सहायक हुईं। यह प्रवृत्ति प्रत्यक्षत: हृदय और परोक्षत: बुद्धि का सहारा लेकर कभी व्यक्तिगत हर्ष-विषाद और कभी समष्टिगत करुणा को सौन्दर्य के माध्यम से व्यक्त करने लगी। यथार्थ जीवन की विषमता का चित्र न देकर कवियों ने कहीं विषमता के प्रभाव और कहीं सामंजस्य के भाव को वाणी दी है, पर इतिवृत्तात्मक यथार्थ का प्रश्न भी उनके मन में बार-बार उठता रहा। रहस्योपासक प्रसाद का 'कंकाल' जैसा उपन्यास, दार्शनिक रचनाओं के आचार्य निराला की 'भिखारी' जैसी रचनाएँ और व्यंग्यभरा गद्य, 'पल्लव' के कवि की पाँच कहानियाँ आदि में अन्तर्मुखी प्रेरणा का यथार्थ से परिचय है। भावभूमि पर परम सुकुमार ये कवि तर्कभूमि पर कितने कठोर हो जाते हैं, इसे बिना जाने हम छायावाद के साथ न्याय न कर सकेंगे।

आधुनिक वैज्ञानिक युग का बुद्धिवाद जब अनुभूतियों को भावभूमि से हटाकर तर्कभूमि पर प्रतिष्ठित करने लगा, तब हमें वह यथार्थवादी काव्य प्राप्त हो सका, जो बुद्धि की प्रधानता के कारण नया, पर यथार्थोन्मुखी प्रेरणा के कारण पुराना कहा जाएगा। सफल यथार्थ-काव्य के लिए अनुभूतियों को कठोर धरती का निश्चित स्पर्श देकर भी भाव के आकाश की छाया में रखना उचित था, जो इस युग की अस्वाभाविक बौद्धिकता के कारण सहज न हो सका।

गद्य तार्किक सत्य दे सकता है, पर काव्य में सत्य का रागात्मक रूप ही अपेक्षित रहेगा। जीवन की विषमता का समाधान खोजने में व्यस्त कवि इस प्रत्यक्ष सत्य की ओर ध्यान देने का अवकाश न पा सके, अत: शुद्ध तर्कवादिनी पदावली ही इतिवृत्त का नवीन माध्यम बनने लगी। उसमें मर्मस्पर्शिता का जो अभाव मिलता था, उसे काव्य की त्रुटि न मानकर नवीनता का अनिवार्य परिणाम मान लिया गया। कहना व्यर्थ होगा कि इस कार्य-कारण में कोई स्वाभाविक सम्बन्ध नहीं। आज से सहस्रों वर्ष पूर्व लिखित काव्यों की सर्वथा भिन्न परिस्थितियाँ और अपरिचित इतिवृत्त जब हमारे हृदय को प्रभावित कर सकते हैं, तब अपने युग के यथार्थ में प्रभविष्णुता का अभाव अपरिचयमूलक नहीं माना जा सकता। छायावाद स्वयं एक अति परिचित और प्रतिष्ठित काव्यधारा से भिन्न नवीन रूप में उपस्थित हुआ था, पर उसे हृदय तक पहुँचते देर नहीं लगी। भाव के माध्यम से आनेवाली अलौकिक अनुभूतियाँ भी इतनी परिचित हो सकीं कि उनकी उपयोगिता के प्रति सन्दिग्ध यथार्थवादी भी उनके माधुर्य और मर्मस्पर्शिता को अस्वीकार नहीं कर पाता।

साधारणत: कवि की प्रथम रचना में छन्द, भाषा आदि की त्रुटियाँ रहने पर भी ऐसा भावातिरेक मिलता है, जो अन्य प्रौढ़ रचनाओं में सुलभ नहीं। छायायुग के कवियों ने अपनी किशोरावस्था में जो काव्य-सृजन किया है, वह भावाधिक्य के कारण युद्ध काव्य की दृष्टि से विरोधियों की कसौटी पर भी खरा उतरता है। पर भाव और संवेदनीयता की न्यूनता के कारण नवीन रचनाएँ इतनी अशक्त हैं कि उनके समर्थक नवीनता की दोहाई देकर उन्हें निष्पक्ष कसौटी से भी बचाने का प्रयत्न करते हैं।

इसे काव्य की ऐसी त्रुटि कहना चाहिए जो सब काल और सब विचारधाराओं में सम्भव होने के कारण विषय-निरपेक्ष रहेगी। इन रचनाओं ने मस्तिष्क को चिन्तन की सामग्री भले ही दी हो, पर हृदय को उसमें अपने अभाव की कोई पूर्ति प्राप्त न हो सकी। परिणामत: जैसे ठंडे जल की धारा के नीचे जाते ही गर्म जल की सतह पर आ जाती है, उसी प्रकार काव्य की मूल प्रेरणा के दबते ही सस्ती उत्तेजना-प्रधान रचना अपना परिचय देनेवाली। बुद्धि ने जिस हृदय की उपेक्षा कर डाली, उसी को चंचल बनाने का लक्ष्य लेकर यह काव्य यथार्थ का उत्तेजक पर कुत्सित पक्ष सामने रखने लगा। ऐसा यथार्थवाद, आदर्श और उपयोगिता को महत्त्व देनेवाले पिछले युग में भी उपस्थित था। अन्तर केवल इतना ही है कि वह सुधार का लक्ष्य सामने रखकर अपनी वांछनीयता को प्रमाणित करता था और यह प्रगति का प्रश्न आगे रखकर अपनी अवांछनीय स्थिति का समर्थन चाहता था। जिस युग में काव्य हृदय का साथ छोड़कर स्वस्थ होने की इच्छा रखता है, उसमें उसे प्राय: उत्तेजक स्थूल की बैसाखी के सहारे चलना पड़ता है और इस प्रकार वह रहे-सहे स्वास्थ्य से भी हाथ धो बैठता है।

जिन्हें यथार्थ का उत्तेजक रूप उपयुक्त नहीं जान पड़ा, उन्होंने पिछले युग की राष्ट्रीय भावना को नवीन रूप में व्यक्त किया—इस प्रकार हमें कुछ नवीन और कुछ पुरातन विचारधाराओं के संयोग से आज से काव्य की रूपरेखा मिल रही है।

साधारणत: नवीन काव्यधारा ने अभी छायावाद की बाह्य रूपरेखा नहीं छोड़ी, केवल शब्दावली, छन्द, ध्वनि आदि में एक निरन्तर सतर्क शिथिलता लाकर उसे विशेषता मान लिया है। अपने प्रारम्भिक रूप में ही ये रचनाएँ पर्याप्त भिन्नता रखती हैं, जिससे हम उनमें व्यक्त विभिन्न विचारधाराओं से सहज ही परिचित हो सकते हैं।

इस काव्य की एक धारा ऐसी चिन्तन प्रधान रचनाओं को जन्म दे रही है, जिनमें एक ओर विविध बौद्धिक निरूपणों द्वारा कुछ प्रचलित सिद्धान्तों का प्रतिपादन होता चलता है और दूसरी ओर पीड़ित मानवता के प्रति बौद्धिक सहानुभूति का व्यक्तीकरण। इन रचनाओं के मूल में वर्तमान व्यवस्थाओं की प्रतिक्रिया अवश्य है, परन्तु वह मनुष्य की रागात्मक प्रवृत्तियों में उत्पन्न न होकर, उसके ठंडे चिन्तन में जन्म और विकास पाती है, अत: उसमें आवश्यक भावप्रवेग का नितान्त अभाव स्वाभाविक है।

दूसरी धारा में पिछले वर्षों के राष्ट्रीय गीतों की परम्परा ही कुछ अतिशयोक्ति और उलटफेर के साथ व्यक्त हो रही है। ऐसी रचनाओं में कवि का अहंकार स्वानुभूत न होकर रूढ़ि मात्र बन गया है। इसी से वह प्रलयंकर, महानाश की ज्वाला आदि रूपकों में व्यक्त क्षणिक उत्तेजना में फुलझड़ी के समान जलता-बुझता रहता है। असंख्य निर्जीव आवृत्तियों के कारण यह शब्दावली अपना प्रभाव खो चुकी है; कवि जब तक सच्चाई के साथ इसमें अपने प्राण नहीं फूँक देता, तब तक यह कविता के क्षेत्र में विशेष महत्त्व नहीं पाती।

तीसरी काव्यधारा की रूपरेखा आदर्शवाद की विरोध-भावना से बनी है। इसमें एक ओर यथार्थ की छाया में वासना के वे नग्न चित्र हैं, जो मूलत: हमारी सामाजिक विकृति से सम्बन्ध रखते हैं और दूसरी ओर जीवन के वे घृणित कुत्सित रूप, जो हमारी समष्टिगत चेतना के अभाव से उत्पन्न हैं। एक में भावना की परिणति का अभाव है और दूसरे में संवेदनीय अनुभूति का; अत: ये कृतियाँ हमारे सामने केवल एक विचित्र चित्रशाला प्रस्तुत करती हैं।

यथार्थ का काव्यगत चित्रण सहज होता है, यह धारणा भ्रान्तिमूलक ही प्रमाणित होगी। वास्तव में यथार्थ के चितेरे को अपनी अनुभूतियों के हल्के-से-हल्के और गहरे-से-गहरे रंगों के प्रयोग में बहुत सावधानन रहना पड़ता है, क्योंकि उसका चित्र आदर्श के समान न अस्पष्ट होकर अग्राह्य हो सकता है और न व्यक्तिगत भावना में बहुरंगी। वह प्रकृत न होने पर विकृत के अनेक रूप-रूपान्तरों में से किसी एक में प्रतिष्ठित होगा ही। यथार्थ की कविता को जीवन के उस स्तर पर रहना पड़ता है, जहाँ से वह हमें जीवन के भिन्नवर्णी चित्र ही नहीं देती, प्रत्युत उनमें व्यक्त जीवन के प्रति एक प्रतिक्रियात्मक संवेदन भी देती है। घृणित कुत्सित

के प्रति हमारी करुण संवेदना की प्रगति और क्रूर कठोर के विरुद्ध हमारी कोमल भावना की जागृति, यथार्थ का ही वरदान है। परन्तु अपनी विकृति में यथार्थवाद ने हमें क्या दिया है, इसे जानने के लिए हम अपने नैतिक पतन के नग्न रूप पर आश्रित साहित्य को देख सकते हैं।

भविष्य में यथार्थ की जो दिशा होगी, उसकी कल्पना अभी समीचीन नहीं हो सकती।

इतना स्पष्ट है कि श्रमिकों की वाणी में बोलनेवाली यह कविता ऐसे मध्यम वर्ग के कंठ से उत्पन्न हो रही है, जो श्रमिक जीवन से नितान्त अपरिचित और अपने जीवन की विषमता से पूर्णत: क्लान्त है; अत: इसे समझने के लिए उसी वर्ग की पृष्ठभूमि चाहिए। हमारा जातीय इतिहास प्रमाणित कर देगा कि सांस्कृतिक दृष्टि से महत्त्वपूर्ण होते हुए भी यह वर्ग बदलती हुई परिस्थितियों से उच्चवर्ग की अपेक्षा अधिक प्रभावित होता है। संख्या में हल्के और सुविधाओं में भारी उच्च वर्ग ने किसी भी संघर्ष में अपनी स्थिति में कोई विशेष परिवर्तन नहीं किया है। मध्ययुग में विजेताओं से कुछ समय तक संघर्ष कर तथा संख्या में कुछ घट कर जब उच्चवर्ग फिर पुरानी स्थिति में आ गया, तब मध्यवर्ग की समस्याएँ ज्यों-की-त्यों थीं। उनमें से कुछ ने राजदरबारों में श्रृंगार और विलास के राग गाये, कुछ ने जीवन को भक्ति और ज्ञान की पूत धाराओं में निमज्जित कर डाला और कुछ फ़ारसी पढ़-पढ़कर मुंशी बनने लगे।

उसके उपरान्त फिर इसी इतिहास की आवृत्ति हुई। जब उच्चवर्ग पाश्चात्य शासकों की वरद छाया में अपने पुराने फीके जीवन पर नई सभ्यता का सुनहला पानी फेर रहा था, तब मध्यम वर्ग में अधिकांश के जीवन में अँगरेजी सीखकर केवल क्लर्क बनने की साधना वेगवती होती जा रही थी। इस साधना की सफलता ने उसे यंत्र मात्र ही रहने दिया, पर तब भी उसकी यह धारणा न मिटी कि उसका और उसकी सन्तान का कल्याण केवल इसी दिशा में रक्षित है।

इस बीच में सामाजिक तथा सांस्कृतिक विकास के लिए नई प्रेरणा मिलने का कहीं अवकाश ही न था। पुरानी जीर्ण-शीर्ण व्यवस्थाओं के भीतर हमारा सामाजिक जीवन उत्तरोत्तर विकृत होने लगा। संस्कृति के नाम पर जो कुछ प्रचलित रूढ़ियाँ थीं, वे जीवन में और कोई द्वार न पाकर धर्म और साहित्य में फैलने लगीं। इस पंक में कमल भी खिले अवश्य, परन्तु इससे जल की पंकिलता में अन्तर नहीं पड़ता।

ऐसे ही समय में भारतेन्दु-युग की कविता में बिखरे देश-प्रेम को हमारी राष्ट्रीय भावना में विकास पाने का अवसर मिला। साधारणत: जीवन की व्यष्टिगत चेतना के पश्चात् ही समष्टिगत राष्ट्रीय चेतना का उदय होना चाहिए। परन्तु साधन और समय के अभाव में हम इस चेतना का आह्वान केवल असुविधाओं के भौतिक धरातल पर ही कर सके; इसी से शताब्दियों से निर्जीवप्राय जनसमूह सक्रिय चेतना लेकर पूर्णरूप से अब तक न जाग सका।

मध्यवर्ग का इस जागृति में क्या स्थान है, यह बताने की आवश्यकता नहीं, परन्तु इसके उपरान्त भी उसकी स्थिति अनिश्चित और जटिलतर होती गई। हमारी राष्ट्रीय चेतना एक विशेष राजनीतिक ध्येय को लेकर जाग्रत हुई थी, अत: जीवन की उन अन्य व्यवस्थाओं की ओर ध्यान देने का उसे अवकाश ही नहीं मिला, जो जीवन की व्यष्टिगत चेतना से सम्बन्ध रखती थीं।

यह स्वाभाविक ही था कि जीवन की बाह्य व्यवस्था में विकास न होने के कारण हमारी सब प्रवृत्तियाँ और मनोवृत्तियाँ अन्तर्मुखी होकर हमारे भावजगत को अत्यधिक समृद्ध कर देतीं। छायावाद और रहस्यवाद के अन्तर्गत सूक्ष्मतम अनुभूतियों के कोमलतम मूर्त रूप, भावना के हल्के रंगों का वैचित्र्य, वेदना की गहरी रेखाओं की विविधता, करुणा का अतल गाम्भीर्य और सौन्दर्य का असीम विस्तार हमारी उपर्युक्त धारणा का समर्थन कर देते हैं। परन्तु इन सौन्दर्य और भावना के पुजारियों को भी उसी निष्क्रिय संस्कृति और निष्प्राण सामाजिकता में अपना पथ खोजना पड़ा है। वे मध्य युग के सन्त नहीं हैं, जो 'स्वान्त: सुखाय तुलसी रघुनाथ-गाथा' कहकर बाह्य जीवन-जनित निराशा से बच जाते।

इनके साथ उस नवीन पीढ़ी का उल्लेख भी उचित होगा, जो रूढ़िग्रस्त मध्य वर्ग में पली और जीवन का अधिकांश जीवन को भुलाने में बिताकर संसार-यात्रा के लिए स्वप्न और भावुकता का सम्बल लिये हुए विद्यालयों से बाहर आई। जीवन की व्यवस्था में अपनी स्वप्न-सृष्टि का कोई स्थान न पाकर उसकी मानसिक स्थिति में जो परिवर्तन हुआ, वह अनेकरूपी है। इनमें से कुछ के अनविल स्वर हमें छायावाद की रागिनी में सुन पड़ते हैं और कुछ के प्रगतिवाद के शंखनाद में। गांधीवाद, समाजवाद, साम्यवाद आदि ने भी इन्हें प्रवाह में पड़े हुए पत्थर जैसी स्थिति दे दी है, क्योंकि उनमें से किसी विचारधारा के साथ भी वे अपने जीवन का पूर्ण तादात्म्य नहीं कर पाते।

इस प्रकार के सामूहिक असन्तोष और निराशा की पृष्ठभूमि पर जो प्रतिक्रियात्मक काव्य-रचना हो रही है, वह बौद्धिक निरूपणों से बोझिल है। जिन व्यवस्थाओं में जीवन को उपयुक्त समाधान नहीं मिला, उनकी कला-कसौटियों और काव्य के उपादानों पर उसे खीझ है। वास्तव में इस प्रगति के भीतर मध्यवर्ग की क्रान्ति ही गतिशील है। कवियों ने कुछ साम्यवाद के प्रतीकों के रूप में, कुछ ग्रामों की ओर लौटने की देशव्यापी पुकार से प्रभावित होकर और कुछ अपनी सहज संवेदना से जिस पीड़ित, दलित और अपनी वेदना में मूर्च्छित वर्ग को काव्य का विषय बनाया है, उसके जीवन में वे घुल-मिल नहीं सके। इसी से कहीं वह बुद्धि की दौड़ के लिए मैदान बन जाता है, कहीं भावनाओं को टाँगने के लिए खूँटी का काम देता है और कहीं निर्जीव चित्रों के लिए चेतनाहीन आधार बनकर ही सफलता पाता है। अवश्य ही करुणा को भी रुला देनेवाले इस जीवन के कुछ सजीव चित्रण हुए हैं, परन्तु वे नियम के अपवाद जैसे हैं।

इतिहास के क्रम में हमारी विचार-शृंखला की कड़ी बनकर तो यह यथार्थवाद सदा ही रह सकता है, पर काव्य में अपनी प्रतिष्ठा के लिए इसे कला की रूपरेखा में बँधना ही पड़ेगा। छायावाद-युग की सूक्ष्म अनुभूतियों की अभिव्यंजना-शैली चाहे उसके लिए उपयुक्त न हो, परन्तु कला के उस सहज, सरल और स्वाभाविक सौन्दर्य के प्रति उसकी सतर्क विरक्ति उचित नहीं, जो जीवन के घृणित कुत्सित रूप के प्रति भी हमारी ममता को जगा सकता है।

इसके अतिरिक्त विचारों के प्रसार और प्रचार के अनेक वैज्ञानिक साधनों से युक्त युग में, गद्य का उत्तरोत्तर परिष्कृत होता चलनेवाला रूप रहते हुए, हमें अपने केवल बौद्धिक निरूपणों और वादविशेष सम्बन्धी सिद्धान्तों के प्रतिपादन के लिए कविता की आवश्यकता नहीं रही। चाणक्य की नीति वीणा पर गायी जा सकती है, परन्तु इस प्रकार वह न नीति की कोटि में आ सकती है और न गीत की सीमा में, इसे जानकर ही इस बुद्धिवादी युग को हम कुछ दे सकेंगे।

यथार्थदर्शी कवि यदि अपने ही समाज के जीवन को बहुत सच्चाई से व्यक्त करता, तो शुष्क सिद्धान्तवाद के स्थान में सजीवता और स्वाभाविकता रहती। पर उस जीवन के साथ कवि की स्थिति वैसी ही है, जैसी नीम के तने से फूट आनेवाली पीपल की शाखा की। वह नाम से चाहे पीपल कहलाए, परन्तु अपने पोषण के लिए तो उसी नीम पर आश्रित रहेगी; अत: नीम से भिन्न उसकी स्थिति शून्य के अतिरिक्त और कुछ नहीं। अपने समाज की सृष्टि होने के कारण वह उस जीवन की कृत्रिमता और विषमता के स्पर्श से रहित नहीं और जब अपनी ही विरूपता का विस्तार या संकोच देखना हो, तो न दर्पण का आकाश विशेष आकर्षण रखता है, न छोटी आरसी।

उपर्युक्त परिस्थितियों में कवि ने जिस चिरउपेक्षित मानव-समष्टि से बल प्राप्त करना चाहा, उसके प्रति भी उसके दो कर्तव्य आवश्यक हो उठे—एक तो उस जीवन को इतनी सजीवता से चित्रित करना कि उपेक्षा करनेवाले उस ओर देखने पर विवश हों और दूसरे, उन मानवों में इतनी चेतना जाग्रत करना कि वे स्वयं अपना महत्त्व समझें और दूसरों को समझा सकें। दोनों ही लक्ष्यों तक पहुँचने के लिए उस जीवन का निकट परिचय पहली सीढ़ी है।

यदि आज का कवि अपनी बौद्धिक ऊँचाई से उनकी निम्न भूमि पर उतर सकता, तो उस धरातल के जीवों के कंठ में वाणी आ जाने की भी सम्भावना थी और इनके कंठ में सत्य का बल आ जाने की भी। उस स्थिति में उस जीवन के चित्र इतने सजीव और बोलते हुए बन जाते कि उपेक्षा करनेवाले न उन्हें अनदेखा कर पाते, न अनसुना। यह उससे नहीं हो सका, क्योंकि मनुष्य का अहंकार ऐसा है कि प्रासादों का भिखारी कुटी का अतिथि देवता बनना भी स्वीकार नहीं करेगा।

केवल बौद्धिक चेतना के कारण यथार्थोन्मुख कवि ने उस पीड़ित-जीवन के मानचित्र और विकृतियों की रेखागणित लेकर ही कार्य आरम्भ किया था। जैसे-जैसे

ये साधन अधिक अपटु और कम सहृदय व्यक्तियों के हाथ में पड़ते जाते हैं, वैसे-वैसे अपने संकेत और सार्थकता खोते जाते हैं। दलित जीवन की सुनी-सुनाई शोक-कथा का जैसा प्रदर्शन होता है, वह आँसुओं के अभाव और शरीर के व्यायाम से भरे-पूरे स्यापे के निकट आता जा रहा है, जिसमें मृतक के गुण गा-गाकर उनकी परोक्ष आत्मा को शोकांजलि दी जाती है। सिद्धान्तों की रक्षा इस प्रकार हो सकती है, परन्तु प्रेरणा-सम्बन्धी समस्या का तो यह समाधान नहीं।

इन अधूरे चित्रों का आधार तो उस बलिपशु के समान है, जो न देवता का ज्ञान रखता है, न कुमकुम फूल चढ़ानेवाले को जानता है और न वधिक को पहचानता है।

जहाँ तक उपेक्षा करनेवालों का प्रश्न है, वे तो युगों से इन स्पन्दित कंकालों को देखते आ रहे हैं। जब यही उनके हृदय को नहीं छू पाते, तब कोरे सिद्धान्त उन्हें कैसे प्रभावित करेंगे? उनके कठोर स्तरों के भीतर एक हृदय होने की सम्भावना है, परन्तु उसे संवेदनशील बनाने के लिए जीवन का बहुत निश्चित और मार्मिक स्पर्श चाहिए, केवल प्रवचन और व्याजनिन्दा नहीं। इसके अतिरिक्त जीवन-सम्पर्क से शून्य सिद्धान्तवाद ही विकृति की उर्वरा भूमि है। समाज, धर्म, नीति, साहित्य आदि किसी भी क्षेत्र में सिद्धान्त, जीवनव्यापी सत्य का प्रयोग रूप होकर ही उपस्थित हो सकते हैं, अत: उनके प्रयोक्ता जीवन की जितनी गहरी अनुभूति रखते हैं, उतना ही व्यापक ज्ञान। उनके परवर्ती आलस्य और प्रमादवश ज्यों-ज्यों जीवन से दूर हटते जाते हैं, त्यों-त्यों लीक पीटने की परम्परा ही गति का पर्याय बनती जाती है।

आज के सिद्धान्त कल्याणोन्मुख होने पर भी यदि जीवन की दूरी में ही जन्म और विकास पा रहे हैं, तो उनका भविष्य और भी सन्दिग्ध हो जाता है। यदि इस अभिशप्त युग का सन्तान पर प्रतिनिधि कवि या साहित्यकार ही जीवन के निकट सम्पर्क को नहीं सह सकता, तो उसके अनुगामी इस अनायास मिली परम्परा को छोड़कर जीवन खोजने जा सकेंगे, ऐसा विश्वास कठिन है।

और यह तो निश्चित ही है कि आज का सिद्धान्त यदि जीवन के स्पर्श से निरन्तर नवीनता न पाता रहे तो कल रूढ़ि मात्र रह जाएगा। इसके अतिरिक्त हमारी विकृति के मूल में अर्थ के साथ वह जातीयता भी है, जो जन्म से ही एक को पवित्र और पूजार्ह और दूसरे को अपवित्र तथा त्याज्य बना देती है। आज जीवन के निकट परिचय के साथ कवि में उस अखंडता का भावन भी अपेक्षित है, जो मनुष्य-मनुष्य को एक ही धरातल पर समानता दे सके।

यथार्थवाद के पास दलित वर्ग को छोड़कर जो एक और चिरन्तन विषय रह जाता है, वह है नारी। पिछला युग इसे बादल, तारे, सन्ध्या के रंग आदि में छिपा आया था, अत: यथार्थ ने छायाग्राही बनकर उसे धूलि में खींच ही नहीं लिया, वरन वह जीवन के सब स्तर दूर करके उसके कंकाल की नाप-जोख करना चाहता है। इस स्थिति का परिणाम समझने के लिए मानवी को जीवन की पृष्ठभूमि पर देखना होगा।

नारी केवल मांसपिंड की संज्ञा नहीं है। आदिम काल से आज तक विकास-पथ पर पुरुष का साथ देकर, उसकी यात्रा को सरल बनाकर, उसके अभिशापों को स्वयं झेलकर और अपने वरदानों से जीवन में अक्षय शक्ति भरकर मानवी ने जिस व्यक्तित्व, चेतना और हृदय का विकास किया है, उसी का पर्याय नारी है। किसी भी जीवित जाति ने उसके विविध रूपों और शक्तियों की अवमानना नहीं की, परन्तु किसी भी मरणासन्न जाति ने अपनी मृत्यु की व्यथा कम करने के लिए उसे मदिरा से अधिक महत्त्व नहीं दिया।

पिछले जागरण-युग ने अपने पूर्ववर्ती युग से जो जीवन पाया था, उसे तो मानवी के स्थान में सौन्दर्य का ध्वस्त आविष्कार-विभाग कहना उचित होगा। खड़ी बोली के आदर्शवादी कवि ने मलिनता में मिली पुरानी मूर्ति के समान उसे स्वच्छ और परिष्कृत करके ऊँचे सिंहासन पर प्रतिष्ठित तो कर दिया, परन्तु वह उसे गतिशीलता देने में असमर्थ रहा। छायायुग ने उस कठोर अचलता से शापमुक्ति देने के लिए नारी को प्रकृति के समान ही मूर्त और अमूर्त स्थिति दे डाली। उस स्थिति में सौन्दर्य को एक रहस्यमयी सूक्ष्मता और विविधता प्राप्त हो जाना सहज हो गया, पर वह व्यापकता जीवन की यथार्थ सीमा-रेखाओं को स्पष्ट न कर सकी।

आज के यथार्थवादी को उस सौन्दर्य के स्वप्न और शक्ति के आदर्श को सजीव साकारता देनी होगी। अत: उसका कार्य व्यंजनों के आविष्कारक से अधिक महत्त्वपूर्ण और सूक्ष्मता के उपासक से अधिक कठिन है।

जहाँ तक नारी की स्थिति का प्रश्न है, वह आज इतनी संज्ञाहीन और पंगु नहीं कि पुरुष अकेले ही उसके भविष्य और गति के सम्बन्ध में निश्चय कर ले। हमारे राष्ट्रीय जागरण में उसका सहयोग महत्त्वपूर्ण और बलिदान असंख्य हैं। समाज में वह अपनी स्थिति के प्रति विशेष सजग और सतर्क हो चुकी है। साहित्य को कुछ ही वर्षों में उसकी सजीवता का जैसा परिचय मिल चुका है, वह भी उपेक्षणीय नहीं। इसके अतिरिक्त इस संक्रान्ति-काल में सभी देशों की नारी अपने कठिन त्यागों से अर्जित गृह, सन्तान तथा जीवन को अरक्षित देखकर और पुरुष की स्वभावगत पुरानी बर्बरता का नया परिचय पाकर सम्पूर्ण शक्ति के साथ जाग उठी है। भारतीय नारी भी इसका अपवाद नहीं।

ऐसे ही अवसर पर यथार्थवाद ने एक ओर नारी की वैज्ञानिक शव-परीक्षा आरम्भ की है और दूसरी ओर उसे उच्छृंखल विलास का साधन बनाया है।

वैज्ञानिक परीक्षा के सम्बन्ध में यह स्मरण रखना आवश्यक है कि नारी ऐसा यंत्र मात्र नहीं, जिसके सब कल-पुर्जों का प्रदर्शन ही ज्ञान की पूर्णता और उनका संयोजन ही क्रियाशीलता हो सके। पुरुष व्यक्ति मात्र है, परन्तु स्त्री उस संस्था से कम नहीं, जिसके प्रभाव की अनेक दिशाएँ हैं और सृजन में रहस्यमयी विविधता रहती है। वास्तव में संसार का कोई भी महत्त्वपूर्ण सृजन बहुत स्पष्ट और निरावरण नहीं होता। धरती के अप्रत्यक्ष हृदय में अंकुर की सृष्टि होती है, अन्धकार की गहनता

के भीतर से दिन का आविर्भाव होता है और अन्तर की रहस्यमय प्रेरणा से जीवन को विकास मिलता है। नारी भी स्थूल से सूक्ष्म तक न जाने कितने साधनों से जीवन और जाति के सर्वतोन्मुखी निर्माण में सहायक होती है।

निर्जीव शरीर-विज्ञान ही उसके जीवन की सृजनात्मक शक्तियों का परिचय नहीं दे सकता। वास्तव में उसके पूर्ण विकासशील सहयोग को प्राप्त करने के लिए वैज्ञानिक दृष्टि ही नहीं, हृदय का वह संस्कार भी अपेक्षित रहेगा, जिसके बिना मनुष्य का कोई सामाजिक मूल्य नहीं ठहरता।

और आज की परिस्थितियों में, अनियंत्रित वासना का प्रदर्शन स्त्री के प्रति क्रूर व्यंग्य ही नहीं, जीवन के प्रति विश्वासघात भी है।

नारी-जीवन की अधिकांश विकृतियों के मूल रूप की यही प्रवृत्ति मिलती है, अत: आधुनिक नारी नये नामों और नूतन आवरणों में भी इसे पहचानने में भूल नहीं करेगी। उसके स्वभाव में, परिस्थितियों के अनुसार अपने-आपको ढाल लेने का संस्कार भी शेष है और उसके जीवन में, दिनोंदिन बढ़ता हुआ विद्रोह भी प्रवाहशील है। यदि वह पुरुष की इस प्रवृत्ति को स्वीकृति देती है, तो जीवन को बहुत पीछे लौटा ले जाकर एक श्मशान में छोड़ आती है और यदि उसे अस्वीकार करती है, तो समाज को बहुत पीछे छोड़ शून्य में आगे बढ़ जाती है। स्त्री के जीवन के तार-तार को जिसने तोड़कर उलझा डाला है, उसके अणु-अणु को जिसने निर्जीव बना दिया है और उसके सोने के संसार को जो धूलि के मोल लेती रही है, पुरुष की वही लालसा, आज की नारी के लिए, विश्वस्त मार्गदर्शिका न बन सकेगी।

छायावाद की छायामयी को आघात पहुँचाने के लिए यह प्रयोग ऐसा ही है, जैसा आकाश के रंगों को काटने के लिए दो धारवाली तलवार चलाना, जो एक ओर चलानेवाले के हाथ थकाती रहती है और दूसरी ओर समीपवर्तियों को चोट पहुँचाती है। वे रंग तो मनुष्य की अपनी दृष्टि में घुले-मिले हैं। छाया-युग की नारी पुरुष के सौन्दर्य-बोध, स्वप्न, आदर्श आदि का प्रतीक है। आज पुरुष यदि उस प्रतीक को जीवन की पीठिका पर प्रतिष्ठित करने की क्षमता नहीं रखता, तो क्षम्य है। परन्तु अपनी ही अर्चित मूर्ति को पैरों तले कुचलने के लिए यदि वह जीवित नारी को अपनी कुत्सा में समाधि देना चाहे, मधु-सौरभ पर पली हुई अपनी ही सृष्टि को आत्मसात् करने की इच्छा से नारी के अस्तित्व के लिए क्रव्याद बन जावे, तो उसका अपराध अक्षम्य हो उठेगा।

भारतीय पुरुष जीवन में नारी का जितना ऋणी है, उतना कृतज्ञ नहीं हो सका। अन्य क्षेत्रों के समान साहित्य में भी उसकी स्वभावगत संकीर्णता का परिचय मिलता रहा है। आज का यथार्थ यदि सनातन अकृतज्ञता का ब्यौरेवार इतिहास बनकर तथा पुराने अपकारों की नवीन आवृत्तियाँ रचकर ही उऋण होना चाहता है, तो यह प्रवृत्ति वर्तमान स्थिति में आत्मघातक सिद्ध होगी।

किशोरता जीवन का वह वर्षाकाल है, जो हर गढ़े को भरकर धरती को तरल समता देना चाहता है, हर बीज को उगाकर धूलि को हरा-भरा कर देने के लिए आतुर हो उठता है। पर वह जड़ों को गहराई देने के लिए नहीं रुकता, तट बनाने को नहीं ठहरता। इसके विपरीत प्रौढ़ता उस शरद जैसी रहेगी, जो जल को तट देती है, पर सुखाकर रेत भी कर सकती है, अच्छे अंकुरों को स्थायित्व देती है, पर विषैली जड़ों को भी गहराई दे सकती है। साधारणत: किशोर अवस्था में स्नेह के स्वप्न कोमल और जीवन के आदर्श सुन्दर ही रहते हैं—न उनमें वासना की उत्कट गन्ध स्वाभाविक है, न विकृत मनोवृत्तियों की पंकिलता।

इस प्रकार नारी के सम्बन्ध में उच्छृंखल वासना यथार्थवाद की किशोरता नहीं, वरन प्रौढ़ और विकृत मनोवृत्तियों का अनियंत्रित उन्माद प्रकट करती है।

किशोर कवि कोई स्वप्न न देखे, ऐसा नियम आलोचक नहीं बना पाया, पर वह कुरूप स्वप्न ही देखे, ऐसा नियंत्रण उसके अधिकार में है। फलत: कवि दंड की परिधि के बाहर अपनी स्वाभाविक प्रवृत्तियों को एक सौन्दर्य-लोक में घुमाता रहता है और दंड की परिधि में, उन्हें संसार भर की कुत्सित वेशभूषा में उपस्थित कर देता है। एक कंकाल की रेखाएँ खींचकर वह तीन सौन्दर्य-दृश्य आँक लेता है, एक मजदूरनी की शव-परीक्षा करके वह पाँच रहस्यमय स्नेहगीत गा लेता है और इस प्रकार अपने गृद्धदृष्टि आलोचक में दृष्टिभ्रम उत्पन्न करता रहता है।

प्रौढ़ मस्तिष्क की कथा दूसरी है, क्योंकि इस अवस्था में बद्धमूल संस्कार ही विशेष महत्त्व रखते हैं। यदि उसके स्वभावगत संस्कार स्वस्थ और अविकृत हैं, तो वह जीवन की कुत्सा के भीतर मिले सत्य को भी स्पर्शमात्र से सुन्दर कर लेता है। और यदि अपने युग की विकृतियाँ और अस्वस्थ प्यास ही उसकी पूँजी है, तो वह उसे बढ़ाने के लिए विकृत से विकृततर होता जाएगा।

इस प्रकार आज का यथार्थोन्मुख काव्य एक वृत्त के भीतर गतिशील है। इस संकीर्ण वृत्त में धर्म का वह विद्वेष भी उपस्थित है, जो मानव को मील का पत्थर और तिलक-छाप को चरम लक्ष्य मानता है, और राजनीति का वह विरोध भी मिलता है, जो अपनी रेखा के भीतर कंकड़-पत्थर को देवता कहता है और उससे बाहर खड़े मनुष्य को कीट-पतंग की संज्ञा देता है। आज की सभी विकृतियों और संकीर्णताओं का एकमात्र उपाय जीवन में घुलमिल जाना है। अपनी त्रुटि के सम्बन्ध में जो यह कहता है कि आज अवकाश नहीं, वह मानो उस त्रुटि को फैलने के लिए जीवन-भर का अवकाश दे देता है। नष्ट करने योग्य वस्तुओं में जीवन की विरूप छाया ही है, जो उस दिन स्वयं बदल जाएगी, जिस दिन यथार्थदर्शी सत्य का द्रष्टा होकर जीवन को सौन्दर्य से अभिषिक्त कर देगा। अपने युग का शिव बनने का इच्छुक कवि हलाहल पान के लिए संसार भर से निमंत्रण की याचना करके अपने ही शिवत्व को सन्दिग्ध बना रहा है।

मनुष्य की परुष वृत्तियों को ही नहीं, कोमल वृत्तियों को भी शक्ति बनाकर कवि अमर सृजन करता रहा है। विशेषत: हमारी चिरस्मरणीय विजयों के मूल में, असम्भव सफलताओं के अन्तराल में, स्नेह, करुणा जैसी कोमल भावनाएँ ही छिपी मिलती हैं। पर आज का यथार्थवादी कोमल भावनाओं को शक्ति न बना सकने के कारण ही, उन्हें भी मन की दुर्बलता मानकर स्वयं दुर्बल बन जाता है। यह स्वयं ओढ़ा हुआ ऐसा अभिशाप है, जिसके लिए किसी से सहानुभूति पा सकना भी कठिन है।

विकासशील गति के सम्बन्ध में यह स्मरण रखना आवश्यक है कि वह स्वास्थ्य का लक्षण है, व्याधि का नहीं। साधारणत: सन्निपातग्रस्त में स्वस्थ से अधिक अस्थिरता होती है। डाल में लगे सजीव पत्ते से अधिक खरखराहट भरी गति उस सूखे पत्ते में रहता है, जो आँधी पर दिशाहीन सरसर उड़ता घूमता है। टूटा हुआ तारा स्थायी तारे से अधिक सीधी-तीखी रेखा पर दौड़ता है।

शरीर से सबल, बुद्धि से निश्चित और हृदय से विश्वासी पथिक वही है, जो कहीं पर्वत के समान अडिग रहकर बवंडर को आगे जाने देता है और कहीं प्रवाह के समान चंचल होकर शिलाओं को पीछे छोड़ आता है।

इस दिशा में आलोचक का कर्तव्य जितना महत्त्वपूर्ण था, उतने उत्तरदायित्व के साथ उसका निर्वाह न हो सका।

छायावाद को तो शैशव में कोई सहृदय आलोचक ही नहीं मिल सका। द्विवेदीयुग के संस्कार लेकर जो आलोचना चल रही थी, उसने नवीन कवियों को विक्षिप्त प्रमाणित करने में सारी शक्ति लगा दी और नये कवियों ने अपने कठिन हृदय आलोचकों को प्राचीनता का भग्नावशेष कहकर सन्तोष कर लिया। जब यह कवि अपने विकास के मध्याह्न में पहुँच गए, तब उन्हें भक्त मिलना ही स्वाभाविक हो गया।

छायावाद एक प्रकार से अज्ञात कुलशील बालक रहा, जिसे सामाजिकता का अधिकार ही नहीं मिल सका। फलत: उसने आकाश, तारे, फूल, निर्झर आदि से आत्मीयता का सम्बन्ध जोड़ा और उसी सम्बन्ध को अपना परिचय बनाकर मनुष्य के हृदय तक पहुँचाने का प्रयत्न किया। आज का यथार्थवाद बुद्धि और साम्यवाद का ऐसा पुत्र है, जिसके आविर्भाव के साथ ही आलोचक जन्म-कुंडली बना-बनाकर उसके चक्रवर्तित्व की घोषणा में व्यस्त हो गए। स्वयं उसके जीवन और विकास के लिए कैसे वायुमंडल, कैसी धूप-छाया और कितने नीर-क्षीर की आवश्यकता होगी, इसकी उन्हें चिन्ता नहीं।

आज के कवि और आलोचक की परिस्थितियों में विशेष अन्तर है। कवियों में एक-दो अपवाद छोड़कर शेष ऐसी अनिश्चित स्थिति में रहे और रहते आ रहे हैं, जिसमें न लिखने का अनिवार्य परिणाम, उपवास-चिकित्सा हैं। इसके विपरीत आलोचकों में दो-एक अपवाद छोड़कर शेष की स्थिति इतनी निश्चित है कि लिखना,

अध्यापन और स्वाध्याय का आवश्यक फल हो जाता है। वे अपने से उच्च वर्ग की गृह-परिग्रह जीवन-सम्बन्धी सुविधाएँ देखकर खिन्न होते हैं अवश्य, पर यह खिन्नता जीवन की विशेष गहराई से सम्बन्ध नहीं रखती, अत: उनका कार्य प्रस्ताव के अनुमोदक से अधिक महत्त्व नहीं रखता।

एक दीर्घकाल से हमारा बुद्धिजीवी वर्ग जीवन के स्वाभाविक और सजीव स्पर्श से दूर रहने का अभ्यस्त हो चुका है। परिणामत: एक ओर उसका मस्तिष्क विचारों की व्यायामशाला बन जाता है और दूसरी ओर हृदय, निर्जीव चित्रों का संग्रहालय मात्र रह जाता है। आलोचक भी इसी वर्ग का प्रतिनिधि होने के कारण पूँजीवाद और जीवन का दारिद्र्य साथ लाये बिना न रह सका। जीवन की ओर लौटने की पुकार उसकी ओर से नहीं आती, क्योंकि ऐसी पुकार स्वयं उसी के जीवन को विरोधाभास बना देगी। व्यावहारिक धरातल पर भी वह एक अथक विवादैषणा के अतिरिक्त कोई निश्चित कसौटी नहीं दे सका, जिस पर साहित्य और काव्य का खरा-खोटापन विश्वास के साथ परखा जा सके।

समाज के विभिन्न स्तरों से उसका सम्पर्क इतना कम और पीड़ित वर्ग से उसका परिचय इतना बौद्धिक है कि व्यक्तिगत सिद्धान्तप्रियता, समष्टिगत जीवन की उपेक्षा बन जाती है। पीड़ित वर्ग की पूँजी से चाहे जितना व्यक्तिगत व्यापार चले, उसका हृदय नहीं कसकता। गति के बहाने चाहे जीवन ही कुचल दिया जावे, पर उसका आसन नहीं डोलता। यथार्थ के नाम पर नारी का क्रूर चीरहरण होता रहे, पर वह धृतराष्ट्र की भूमिका नहीं छोड़ सकता।

उसका कर्तव्य वैसा ही निश्चित और एकरस है, जैसा शस्त्र रखने का लाइसेंस देनेवाले का होता है। लेनेवाला यदि निश्चित नियमों की परिधि में आ जाता है, तो वह शस्त्र पाने का अधिकारी है—चाहे वह उसे चींटी पर चलावे, चाहे तारे पर और चाहे मारने के लिए कुछ न रहने पर आत्मघात करे। देनेवाले पर इसका लेशमात्र भी उत्तरदायित्व नहीं। ज्यों-ज्यों आलोचक में महाजन का तकाजे-भरा आत्मविश्वास बढ़ता जाता है, त्यों-त्यों कवि में ऋणी का बहाने-भरा दैन्य गहरा होता जा रहा है। नया कवि अपने अनेक वाणी में बोलनेवाले नये आलोचक से उतना ही आतंकित है, जितना दरबारी कवि राजा के षड्यंत्रकारी मंत्री से हो सकता था। ऐसी स्थिति में साहित्य का स्वस्थ विकास कुछ सन्दिग्ध हो उठता है।

आज का प्रगतिवाद मार्क्स के वैज्ञानिक भौतिकवाद से प्रभावित ही नहीं, वह काव्य में उसका अक्षरश: अनुवाद चाहता है, अत: साहित्य की उत्कृष्टता से अधिक महत्त्व सैद्धान्तिक प्रचार को मिल जाना स्वाभाविक है। गांधीवाद की उदात्त प्रेरणा, छायावाद का सूक्ष्म सौन्दर्य, रहस्यवाद का भाव-माधुर्य आदि देखने का उसे अवकाश नहीं, क्योंकि वह राजनीतिक दलों के समान साहित्यकारों का विभाजन कर अपने पक्ष में बहुमत और दूसरे पक्ष में अल्पमत चाहता है।

इस प्रवृत्ति का परिणाम स्पष्ट ही है। प्रथम, कोई महान साहित्यकार ऐसे संकीर्ण घेरे में ठहर नहीं सकता और दूसरे, बहुमत की चिन्ता में साहित्य के नाम पर ऐसी भरती स्वाभाविक हो जाती है, जैसी आज बिल्ला लगाने में निपुण, पर कर्तव्य में अनिपुण सिविल गाइर्स की हो रही है।

गांधीवाद के राजनीतिक पक्ष ने भी श्रेष्ठ साहित्यकारों को बाँधने में असमर्थ होकर अपने प्रचार के लिए एक विशेष साहित्यिक वर्ग संगठित कर लिया था, जो प्रथम श्रेणी का साहित्य देने में समर्थ न हो सका। पर गांधीवाद बाह्य दृष्टि से राष्ट्र का संयुक्त मोर्चा है और आन्तरिक दृष्टि से भारतीय संस्कृति का पुनर्जागरण है। इसी से किसी भी विचार का कलाकार एक-न-एक स्थल पर उसका समर्थक है और किसी-न-किसी अंश तक उससे प्रभावित है।

इसके विपरीत साम्यवाद अब तक एक राजनीतिक परिधि में सीमित है और विशेष विचारधारा का प्रतिनिधित्व कर सकता है। दूसरी विचारधाराओं से विरोध, भारतीय जीवन से विच्छिन्नता और विदेशीय साहित्य के विशेषज्ञ पर अपनी संस्कृति के सम्बन्ध में विशेष अज्ञ व्यक्तियों की उपस्थिति ने इस पक्ष को एक विशेष भूमिका दे डाली है। उसकी स्थिति ऐसी ही है, जैसी पैराशूट से इस धरती पर उतर आनेवाले विदेशी की हो सकती थी। जिसकी मित्रता में विश्वास करके भी हम जिसके इस देश-सम्बन्धी ज्ञान में सन्देह करेंगे, जिसे अपनी संस्कृति और जीवन का मूल्य समझाने का प्रयत्न करेंगे और न समझने पर खीझ उठेंगे।

प्रगतिवादी साहित्य इस विचारधारा का साहित्यिक पक्ष है, अत: उसके सम्बन्ध में भी एक सन्दिग्ध मनोवृत्ति स्वाभाविक हो गई। संगठन की दृष्टि से इसके समर्थकों ने आधुनिक हिन्दी साहित्य में प्रतिष्ठित अन्य विचारधाराओं को कोई महत्त्व देना स्वीकार नहीं किया, अत: उसके निर्माण का लक्ष्य वैयक्तिक इच्छा के रूप में उपस्थित हो सका। वैयक्तिक इच्छा व्यक्तिगत शक्ति और परिस्थिति से सीमित है, पर सामूहिक निर्माण का लक्ष्य शक्तियों के एकीकरण और परिस्थितियों के साधारणीकरण द्वारा व्यापकता चाहता है। समष्टिगत कल्याण-सम्बन्धी मतभेद जीवन की गहराई में किस प्रकार एकता पा लेते हैं, इसका उदाहरण किसी भी विकासशील जाति में मिल सकेगा, जहाँ सामूहिक संकट-काल में परस्पर विरोधी राजनीतिक पक्ष तक निर्विवाद एक हो जाते हैं।

साहित्य में इस नवीन धारा ने अपना उत्कृष्ट निर्माण सामने रखने से पहले ही उत्कृष्ट साहित्य-सृजन कर चुकनेवाली विचारधाराओं की अनुपयोगिता प्रमाणित करने में सारी शक्ति लगा दी, फलत: साहित्यिक वातावरण विवाद से छिन्न-भिन्न होने लगा।

उत्कृष्ट सृजन ही किसी विचारधारा की उत्कृष्टता का प्रमाण है, पर जब वह ऐसा प्रमाण न देकर अपने उत्कृष्ट सृजन के लिए दूसरों को नष्ट करने की शर्त सामने रखती है, तब स्वयं अपनी हार मान लेती है। छायावाद की चिता चुन जाने पर

ही नये काव्य को सुन्दर शरीर प्राप्त हो सकेगा, सजीव गांधीवाद की शव-परीक्षा हो जाने पर ही नवीन साहित्य की प्राण-प्रतिष्ठा होना सम्भव है, ऐसी धारणाएँ शक्ति से अधिक दुर्बलता की परिचायक तो हैं ही, साथ ही वे एक अस्वस्थ मानसिक स्थिति का परिचय देती हैं।

विवाद जीवन का चिह्न है और निर्जीवता का भी। लहरें बाहर से विविध किन्तु भीतर से एक रहकर जल की गतिशीलता प्रकट करती हैं, पर सूखते हुए पंक की कठिन पड़नेवाली दरारें भीतर सूखती हुई तरल एकता की घोषणा हैं। इस सत्य को हम जीवन के अन्य क्षेत्रों में भी देख चुके हैं। हम राजनीतिक और सामाजिक संगठन करने चले और इतने बिखर गए कि किसी प्रकार का भी निर्माण असम्भव हो गया। हमने हिन्दू-मुस्लिम एकता का प्रश्न उठाया और विवादों ने पाकिस्तान जैसी गहरी खाई खोद डाली। हम हिन्दी-उर्दू को एक करने का लक्ष्य लेकर उनकी विवेचना करने लगे और दो के स्थान में तीन भाषाओं की सृष्टि कर बैठे।

हमारे साहित्यिक विवाद इन सब अभिशापों से शुरू और दुःखद हैं, क्योंकि उनके मूल में जीवन को ऊपरी सतह की विविधता नहीं है, वरन वे उसकी अन्तर्निहित एकता का खंडों में बिखरकर विकासशून्य हो जाना प्रमाणित करते हैं। साहित्य गहराई की दृष्टि से पृथ्वी की वह स्थूल एकता रखता है, जो बाह्य विविधता को जन्म देकर भीतर एक रहती है और ऊँचाई की दृष्टि से वायुमंडल की वह सूक्ष्मता रखता है, जो ऊपर से एक होने पर भी प्रत्येक को स्वतंत्र विकास देता है। सच्चा साहित्यकार भेदभाव की रेखाएँ मिटाते-मिटाते स्वयं मिट जाना चाहेगा, पर उन्हें बना-बनाकर स्वयं बनना उसे स्वीकार न होगा।

विकृतियों से सम्बन्ध रखनेवाले उत्तेजक यथार्थ की हम उपेक्षा कर सकते हैं, क्योंकि जीवन के स्वस्थ होते ही यह प्रवृत्ति समाज विरोधिनी बन जाएगी। कोई भी सशक्त विकासशील जाति अपने नागरिक और भावी नागरिक को ऐसी अस्वस्थ मानसिक स्थिति में जीने का प्रोत्साहन देकर कोई नूतन निर्माण नहीं कर सकती। पर साम्यवाद से प्रभावित यथार्थ के सामने अनेक प्रश्न हैं। वह हमारे सांस्कृतिक मूल्यों के प्रति कैसा दृष्टिकोण रखेगा, समाज के मूलाधार स्त्री-पुरुष के सम्बन्ध को वह किस रूप में उपस्थित करेगा, जनसाधारण के जीवन तक पहुँचने के लिए वह कौन-सा माध्यम स्वीकार करेगा, आदि जिज्ञासाएँ समाधान चाहती हैं।

पहले प्रश्न का उत्तर अब तक स्पष्ट नहीं हो सका, अत: पाकिस्तान के समान वह भय की कल्पना से बँध गया है। हमारे पास दर्शन, काव्य और कलाओं का बहुत समृद्ध कोष है, जो किसी मूल्य पर भी छोड़ा नहीं जा सकता। छायावादी केवल पलायनवादी हैं, सूर-तुलसी सामन्त-युग के प्रतीक हैं, कबीर जैसे रहस्यवादी विक्षिप्त हैं, कालिदास जैसे कवि राजदरबार के भाट मात्र हैं, वेदकालीन ऋषि प्रकृतिपूजक के अतिरिक्त और कुछ नहीं, आदि तर्क नये युग के अस्त्र-शस्त्र बन

गए हैं। अवश्य ही आज का सच्चा प्रगतिवादी यह नहीं कहेगा, पर जब तक वह अपने ज्ञान लव-दुर्विदग्ध समर्थकों को इस प्रकार कहने देता है और अपना दृष्टि-बिन्दु स्पष्ट रूप से नहीं उपस्थित करता, तब तक इसका उत्तरदायित्व उसी पर रहेगा। इन सब हीन भावनाओं के पीछे हमारी दीर्घकालीन पराधीनता, शिक्षा की अपूर्णता, जीवन की समष्टिगत विकृति आदि की पटभूमिका है, पर यह अस्वस्थ मानसिक स्थिति यदि साहित्य में भी परिष्कार न पा सके, तो हम विकास-पथ पर पैर नहीं रख सकते। हमारा मूल्य घटाकर दिखाने में जिन विदेशियों को लाभ है, जब वे भी ऐसा करने में असमर्थ रहे, तब उनके साहित्य-संस्कृति से परिचित और अपने से अपरिचित व्यक्ति केवल जन्म से भारतीय होने के नाते ऐसा प्रयत्न करके अपना ही मूल्य खो बैठते हैं।

विविध युगों में कला और काव्य का जो उत्कृष्ट रूप हमें मिलता है, उससे हमारा विरोध नहीं हो सकता और न होना चाहिए। विरोध हमारा उस व्यवस्था से रहेगा, जिसने इन मूल्यों को कुछ व्यक्तियों तक सीमित रखा। नवीन व्यवस्था में हम कुरूप को सुन्दर नहीं कहेंगे, प्रत्युत सौन्दर्य को सामान्यता देकर सब तक पहुँचाएँगे। अत: हमारा कार्य-भार दुगना हो जाता है। प्रत्येक युग के सौन्दर्य का मूल्यांकन और आज की परिस्थितियों में उसकी समुचित प्रतिष्ठा करना और उसे नवीन व्यवस्था की प्रेरणा बनाकर नई दिशा देना सहज नहीं।

सनातन, चिरन्तन, शाश्वत जैसे शब्दों से नये युग को खीझ है, पर उन्हें ठीक समझे बिना जीवन की मूल प्रेरणा में विश्वास कठिन होगा। सनातन से अस्तित्वमात्र का बोध होता है, चिरन्तन उसके बहुत काल से चले आने को सूचित करता है और शाश्वत में हमें जीवन की मूल चेतना की क्रमबद्धता का संकेत मिलता है।

एक व्यक्तित्व की अवधि है, पर उस अवधि को मनुष्य किसी महान आदर्श के लिए असमय ही खो सकता है, दूसरों के सुख की खोज में अनायास गँवा सकता है। इस खोने का महत्त्व तब प्रकट होता है, जब हम जानते हैं कि व्यक्ति का अस्तित्व न रहने पर भी समष्टि का अस्तित्व है। यह अस्तित्व चिरकाल से विकास पाता आ रहा है और इस अस्तित्व की अन्तश्चेतना आगे भी रहेगी। आज का मनुष्य अपने यथार्थ को, आगामी मनुष्य के कल्पित सुखों को निश्चित करने के लिए छोड़ सकता है, क्योंकि उसे विश्वास है कि जिसके लिए कल्याण खोजने में वह मिटा जा रहा है, वह मनुष्य कल भी रहेगा, परसों भी रहेगा और भविष्य में भी रहेगा। अंग्रेजी के 'The King is dead, long live the King' की तरह अपनी इकाई में मनुष्य मरता है, पर समष्टि की इकाई में वह अमर है।

कला चिरन्तन है, सौन्दर्य सनातन है, सत्य शाश्वत है, आदि में कोई रूढ़िगत अन्धविश्वास न होकर मनुष्य की मूल प्रवृत्तियों की निरन्तरता का संकेत है, क्योंकि सभी युगों में मनुष्य अपने जीवन और उसे घेरनेवाली भूतप्रकृति को व्यवस्थित करता

रहा है, उनके सामंजस्य पर प्रसन्न होता रहा है और जीवन के विकास के लिए उनके निरपेक्ष मूलतत्त्वों की खोज में लगा रहा है।

कला और सौन्दर्य जीवन के परिष्करण और उससे उत्पन्न सामंजस्य के पर्याय हैं। इन दोनों की बाह्य रूपरेखा मनुष्य के विकास की सापेक्ष और परिस्थितियों से सीमित रहेगी, पर जीवन की अन्तश्चेतना में इन्हें निरपेक्ष व्यापकता के साथ ही स्थिति मिलती है। मनुष्य अपने ज्ञान से अर्जित विकास के द्वारा कला की विविधता और सामंजस्य को परिष्कार दे सकता है, पर इनकी ओर आकर्षण जीवन के समान रहस्यमय और पुराना है। अनेक बार कलम करके लगाया हुआ और विकास की दृष्टि से पूर्ण विकसित गुलाब ही सुन्दर नहीं, शिला के नीचे छिपकर खिला पुष्पशंखी भी सुन्दर है। वास्तुकला के चरम विकास का निदर्शन ताज ही सुन्दर नहीं, आदिम युग के मनुष्य की गहन कन्दरा में भी गम्भीर सौन्दर्य मिलेगा। देश-विशेष और काल-विशेष की कला और सौन्दर्य में बाह्य विभिन्नता रहेगी, पर उन्हें जन्म देनेवाली प्रवृत्ति मनुष्य-जाति के साथ उत्पन्न हुई है और उसकी समाप्ति के साथ समाप्त होगी। इस प्रवृत्ति को सनातन की संज्ञा देकर हम उसके अस्तित्व को स्वीकार करते हैं और चिरन्तन कहकर उसका जीवन की चिरसंगिनी होने का अधिकार मानते हैं।

जीवन को अव्यक्त भाव से विकास देनेवाले तत्त्वों को खोजने की प्रवृत्ति भी कभी नहीं मिटी और यह मूलतत्त्व भिन्न-भिन्न नामों में भी वैसे ही एकता बनाए रहे, जैसे अनेक सम्बन्धों में बँधा हुआ सामाजिक व्यक्ति एक ही रहता है। जीवन की समन्वयात्मक व्यवस्था और साहित्य का सामंजस्य-मूलक सौन्दर्य बाहर से जीवन के दो भिन्न छोर हैं, पर उन दोनों का आधारभूत सत्य, जीवन की वही अन्तश्चेतना है, जो उसे निरन्तर विकास के लिए बाध्य करती है। मनुष्य का जीवन चाहे कल्याण के राजमार्ग में चला, चाहे दु:ख के वन में भटका, पर यह अन्तश्चेतना आगे बढ़ने की प्रेरणा से स्पन्दित होती रही, अत: उसे शाश्वत कहकर हम मनुष्य की भूलों को शाश्वत नहीं कहते।

काव्य और कला का मूलाधार यही अन्तश्चेतना है। इसी से वे सब युगों में समान रूप से सम्मान पाते रहते हैं।

साहित्य और कला की सार्वभौमिकता प्रमाणित करने के लिए हमें रूस से अधिक उपयुक्त देश नहीं मिल सकता, क्योंकि आज का आलोचक उस पर साम्राज्यवादी देशों की विलासप्रियता का आरोप नहीं करेगा, अध्यात्मप्रधान जाति के अन्धविश्वास का लांछन नहीं लगाएगा और तानाशाही परवशता का आक्षेप अनुचित मानेगा। पर वहाँ आज युद्ध के धुएँ से भरे आकाश के नीचे, अस्त्र-शस्त्रों की झनकार से मुखरित दिशाओं के बीच में, साम्राज्यवादी देश के शेक्सपियर के नाटक खेले जाते हैं, अध्यात्मवादी भारत के रामायण-महाभारत जैसे ग्रन्थों के अनुवाद होते हैं, रहस्यद्रष्टा कवीन्द्र की रचनाएँ पढ़ी जाती हैं, नाज़ियों के वैगनर को कलाकारों में

स्थान दिया जाता है और गोर्की के समान ही टॉल्स्टॉय महत्त्व पाता है। वहाँ का श्रमजीवी अन्य स्वाधीन देशों के भिन्न विचारधारावाले साहित्य को ही महत्त्व नहीं देता, भारत जैसे अध्यात्मवादी देश की उन उपेक्षित निधियों का भी ऊँचा मूल्य आँकता है, जो नवीनता के उपासकों के सामने घिसी-पिटी संस्कृति और पुराणपंथी साहित्य के रूप में उपस्थित होती है। इस विरोधाभास में एक ओर एक जीवित जाति और विकासशील राष्ट्र की निष्पक्ष उदारता का स्वर है और दूसरी ओर एक गतिरुद्ध जाति की दास-प्रवृत्ति बोलती है।

दुर्बलता शक्ति का आहार है, पर हमारी दुर्बलता जब शक्ति को खा-खाकर जीने लगी, तब दुर्बलता का चिर जीवन निश्चित है और शक्ति की मृत्यु अवश्यम्भावी। इस मनोवृत्ति को आश्रय देकर नवीनता का उपासक एक नये अभिशाप की सृष्टि करेगा।

जीवन उस वृक्ष के समान है, जो कहीं जड़ में अव्यक्त है, कहीं पत्तों में लहलहाता है, कहीं फूलों में सुन्दर है, कहीं फल में उपयोगी है और कहीं बीज में सृजनशक्ति है। कला और साहित्य में जीवन के रहस्य, सजीवता, सौन्दर्य, उपयोग और सृजनशील का एकीकरण रहता है, अत: उसका स्रष्टा साम्य का अन्वेषक है, भेद-विरोध का आविष्कारक नहीं। एक ही भाव या विचारधारा का प्राधान्य साहित्य और कला का लक्ष्य नहीं, पर भाव और विचार की असंख्य विविधताएँ चरम बिन्दु पर पहुँचकर वैसे ही एक हो जाती हैं, जैसे मनुष्य के स्वप्न, कल्पना, इच्छा, तर्क, विश्वास आदि की अनेकता उनके विकास में एकता पा लेती है।

दार्शनिकों, विचारकों और साधकों के समान संसार भर के कलाकारों की भी एक जाति और एक ही वर्ग है। जीवन के निम्नतम स्तर से आनेवाला कलाकार अपनी परिस्थिति से ऊपर उठकर और उच्चतम से आनेवाला अपनी परिस्थिति से नीचे उतरकर जीवन के उस धरातल पर ठहरता है, जिसमें ऊँचाई-निचाई की विषमता न होकर सामंजस्यमयी विविधता मात्र सम्भव है। कला के पारस का स्पर्श पा लेनेवाले का कलाकार के अतिरिक्त कोई नाम नहीं, साधक के अतिरिक्त कोई वर्ग नहीं, सत्य के अतिरिक्त कोई पूँजी नहीं, भाव-सौन्दर्य के अतिरिक्त कोई व्यापार नहीं और कल्याण के अतिरिक्त कोई लाभ नहीं। इसी से मानसकार के ब्राह्मणत्व, पांडित्य और आदर्शवाद को जिस धरातल पर स्थिति मिली है, कबीर का अशिक्षित जुलाहापन और अटपटे रहस्यभाव भी उसी पर प्रतिष्ठित किये गए हैं।

नवीन विचारधारा को अपना पथ परिष्कृत करने के लिए साहित्य और कला की अन्तर्वर्तिनी एकता को तत्त्वत: समझने की आवश्यकता रहेगी।

स्त्री और पुरुष के सामाजिक जीवन की विषमताओं से सम्बन्ध रखनेवाले यथार्थ की समस्या भी अब तक सुलझी नहीं। हाँ, उसने श्लीलता-अश्लीलता-सम्बन्धी अनेक विवादों को जन्म अवश्य दे दिया है। व्यापक अर्थ में यह भाव जीवन के प्रति सम्मान और असम्मान के पर्याय हो सकते हैं। जिस भाव, विचार, संकल्प, संकेत और कार्य

से जीवन के प्रति सदिच्छा नहीं प्रकट होती, वे सब अश्लील की परिधि में रखे जा सकेंगे। जो चिकित्सक रोगी के शरीर की परीक्षा करता है, वह अश्लील नहीं कहा जाता। पर यदि राह में कोई उसी रोगी की पगड़ी उतारकर कहे कि जब चिकित्सक को पीठ दिखाने में लज्जा नहीं आईं, तब यहाँ सिर उघड़ जाने में क्या हानि है, तो इस कार्य को श्लील नहीं कहा जा सकेगा। चिकित्सक रोगों का ज्ञान रखता है और रोगी को स्वस्थ करने की इच्छा से रोग-निदान के लिए प्रेरित होता है, अत: उसके व्यवहार में जीवन के महत्त्व की स्वीकृति है, पर दूसरा अपने मनोविनोद के लिए अन्य व्यक्ति को उपहासास्पद बनाना चाहता है, फलत: उसके कार्य में जीवन के महत्त्व की अस्वीकृति है।

जीवन के महत्त्व की स्वीकृति और अस्वीकृति के भावों के बीच में विभाजक रेखा सूक्ष्म है। इसी से मूलभाव को ध्यान में रखते हुए एक व्यवहार-परम्परा बना ली गई। जैसे-जैसे मनोभावों में सूक्ष्म परिष्कार आता जाता है, वैसे-वैसे मानवीय सम्बन्धों में संस्कार होता चलता है। जैसे-जैसे समाज का विस्तार बढ़ता जाता है, वैसे-वैसे व्यवहार-क्रम विविधता में फैलता जाता है। पुरुष और स्त्री की पाशविक सहज प्रवृत्ति वैयक्तिक प्रेम में परिष्कृत होकर सांस्कृतिक विकास का आधार बन सकी और संस्कृति से व्यवहार-जगत शासित हो सका। युग-विशेष के नैतिक नियम, तत्कालीन समाज, उसके पीछे छिपे मानवीय सम्बन्ध के मूलगत मानव-प्रकृति के परिष्कार का परिचय देंगे। पर सारी विविधता के भीतर जीवन के महत्त्व की स्वीकृति या अस्वीकृति किसी-न-किसी मात्रा में अवश्य मिलेगी; क्योंकि जीवन जिस परिष्कार-क्रम तक पहुँचा होगा, तत्सम्बन्धी महत्त्व की भावना भी उसी सीमा तक विकास कर चुकी होगी और अवज्ञा उसी सीमा तक दंडनीय मानी जाती होगी।

यथार्थवाद के सम्बन्ध में अश्लीलता का जो प्रश्न उठाया जाता है, वह रहस्यवाद और आदर्शवाद के सम्बन्ध में नहीं उठता; क्योंकि उनमें पहला, प्रवृत्तियों का उदात्तीकरण होने के कारण जीवन के महत्त्व को घटा नहीं सकता और दूसरा जीवन की पूर्णता की कल्पना के कारण उसे निम्नस्तर पर रखने को स्वतंत्र नहीं। रहस्यवादी स्वयं नारी के आत्मसमर्पण का सहारा लेकर परमतत्त्व में अपने-आपको खो देना चाहता है, अत: उसमें पुरुष और नारी का रूप चरम परिष्कार पा लेता है। आदर्शवादी जीवन को पूर्णतम रूप में उपस्थित करने का लक्ष्य रखता है, अत: उसमें मानव, मानवी तथा मानवीय सम्बन्ध परम उज्ज्वल हो उठते हैं।

यथार्थवाद जीवन का इतिवृत्त होने के कारण प्रकृति और विकृत, दोनों के चित्र देने के लिए स्वतंत्र है, पर जीवन में विकृति अधिक प्रसारगामिनी है; परिणामत: यथार्थ की रेखाओं में वही बार-बार व्यक्त होती रहती है। सच्चा यथार्थवादी प्रकृति के चित्रण में जीवन को स्वस्थ विकास देनेवाली शक्तियों को प्रगति देता है और विकृति की रेखाओं में उसका लक्ष्य, विरोध द्वारा प्रकृति की पुनर्स्थापना रहता है।

गोताखोर तट पर कीचड़ और घोंघों का ढेर लगाने के लिए समुद्र की अतल गहराई में नहीं धँसता, पृथ्वी पर मिट्टी के नये पहाड़ बनाने के लिए खानक खान नहीं खोदता। एक उस मोती को निकाल लाता है, जिससे संसार अपरिचित था और जिसे पाकर मनुष्य खारे जल और भयानक जल-जन्तुओं से भरे समुद्र को रत्नाकर का नाम देता है; दूसरा, पृथ्वी के अन्धकारमय गर्त से वह हीरा खोज लाता है, जिसका अस्तित्व अब तक छिपा था और जिसे देकर धरती वसुन्धरा की संज्ञा पाती है।

विकृत यथार्थ का अन्वेषक प्रकृति के किसी अमूल्य सत्य की प्राप्ति के लिए विकृति को स्वीकृति देता है—केवल उसकी विषमता और कुत्सा का एकत्रीकरण उसका लक्ष्य नहीं रहता। भारत के सम्बन्ध में विविध गर्हित विकृतियों का संग्रह करनेवाली मिस मेयो कलाकारों की पंक्ति में न खड़ी हो सकेगी, लन्दन के विविध और विकृत रहस्यों का पता लगानेवाला रेनाल्ड संसार के श्रेष्ठ साहित्यकारों में स्थान न पा सकेगा।

विकृति दो प्रकार से चित्रित की सकती है—एक तो ऐसी तटस्थता के साथ, जो लेखक के भाव के स्पर्श के बिना ही हिप्नोटि्ज्म से अचेत व्यक्ति के समान स्वयं सब कुछ कह दे और दूसरे, प्रकृति की व्यापक छाया के नीचे, जिससे वह अपनी सामंजस्य विरोधिनी स्थिति प्रकट करके प्रकृति की ओर प्रेरित करे।

जब यथार्थवादी प्रकृति की सामंजस्यमयी छाया से बाहर अपनी रसमग्नता के साथ विकृति को चित्रित करता है, तब उसकी लिप्सा ही व्यक्त होती है और यही लिप्सा पाठक के हृदय में प्रतिबिम्बित हो उठती है।

इस सम्बन्ध में यह जानना उचित है कि विकृति के ज्ञान और विकृति की अनुभूति में विशेष अन्तर रहता है, क्योंकि ज्ञान परोक्ष हो सकता है, पर अनुभूति नहीं होती। हमें हत्या का ज्ञान हो, तो वह ज्ञान हमारे मानसिक जगत पर गहरी छाप नहीं छोड़ेगा, पर हत्या की अनुभूति होने पर हम हत्याकारी की मानसिक स्थिति में जीवित होंगे; अत: इसका संस्कार बहुत स्थायी रहेगा।

हत्या जीवन की एक अस्वाभाविक और विकृत स्थिति का परिणाम है। वास्तविक जीवन में जब हम उसे बिना किसी माध्यम के नग्न रूप में प्रत्यक्ष पाते हैं, तब हमारे हृदय में उसके प्रति जुगुप्सा और परिस्थितियों के अनुसार हत्याकारी के प्रति घृणा, क्रोध या करुणा का भाव जाग उठता है। यही भाव तब जागेंगे, जब यथार्थवादी कलाकार उसे तटस्थ रूप से उपस्थित करेगा। यदि वह इस विकृति को जीवन के प्रकृत सामंजस्य की छाया में अंकित करे, तो इसकी पट-भूमिका में हमें जीवन के स्वस्थ रूप का संकेत भी मिलेगा। पर जब कलाकार एक अस्वस्थ रस-निमग्नता के साथ हत्या का चित्रण करता है, तब हमारे मन में न स्वाभाविक घृणा जागती है, न जीवन की सहज संवेदनीयता से उत्पन्न होनेवाली करुणा। हम उस चित्रण में एक ऐसी अस्वस्थ उत्तेजना का अनुभव करते हैं, जिसका संस्कार

ऐसे ही चित्रों की खोज में भटकता रहता है। अन्य विकृतियों के चित्रण के सम्बन्ध में भी यही सत्य है।

पुरुष और नारी के सम्बन्ध की विषमता से उत्पन्न यथार्थ इससे शतगुण उत्तेजनामूलक हो सकता है, क्योंकि हत्या सामान्य प्रवृत्ति न होकर वैयक्तिक विकृति है, पर वासना सहज प्रवृत्ति ही कही जाएगी। यथार्थ का कलाकार यदि साधक नहीं, तो तटस्थ निर्विकारता उसका अमोघ अस्त्र है। जिसके पास तटस्थता नहीं, वह यथार्थ का चितेरा अपनी ही अस्वस्थ इच्छाओं की पूर्ति के लिए विकृत चित्रों की असंख्य आवृत्तियाँ करता रहेगा और उन चित्रों का दर्शक अपनी सहज प्रवृत्ति को अनायास अस्वाभाविक उत्तेजना में बदलते-बदलते उन्हीं विकृतियों का उपासक हो उठेगा। उत्तेजक यथार्थ का चितेरा और उन चित्रों का दर्शक, दोनों उन विकृत चित्रों के अभाव में उसी अशक्ति का अनुभव करेंगे, जो ज्वर उतर जाने पर रोगी और होश में आ जाने पर मद्यप में स्वाभाविक है।

इस यथार्थ के मूल में कहीं तो हमारे समाज की समष्टिगत विकृति है और कहीं यूरोप के पतनशील साहित्य में मिलनेवाले वे फ्रायडियन सिद्धान्त हैं, जिनके सम्बन्ध में भौतिकवादी क्रान्तिद्रष्टा का कथन है :

"It seems to me that these flourishing sexual theories which are mainly hypothetical and often quite arbitrary hypotheses, arise from the personal need to justify personal abnormality or hypertrophy in sexual life before bourgeoisie morality and to entreat its patience."—**Lenin**

[मुझे तो जान पड़ता है कि स्त्री-पुरुष से सम्बन्ध रखनेवाले यह प्रचलित सिद्धान्त विशेषत: कल्पित और प्राय: निरंकुश अनुमान मात्र हैं। वे व्यक्तिगत जीवन की वासनाजनित उच्छृंखलता और अस्वाभाविकता को मध्यवर्गीय नैतिकता के निकट क्षम्य बनाने और उसकी सहिष्णुता अक्षुण्य रखने की आवश्यकता से उत्पन्न हुए हैं।—**लेनिन]**

इस दृष्टि से हमारी स्वभावगत विकृति से अधिक हानिकारक वह फ्रायडियन प्रवृत्ति है, क्योंकि वह व्यक्ति की विकृति को संरक्षण ही नहीं देती, वरन उसे सामान्य बनाने के लिए एक कल्पित सिद्धान्तवाद भी देती है।

समाज में स्त्री-पुरुष का परस्पर आचरण चरित्र का प्रधान अंग है और इस चरित्र के मूल में उनकी वह जातिगत चेतना रहती है, जिसके स्वस्थ रहने पर ही चरित्र का स्वास्थ्य निर्भर है। यदि इस चेतना को स्वस्थ और सन्तुलित विकास के उपयुक्त वातावरण न देकर चरित्र-सम्बन्धी विकृतियों से घेर दिया जाता है, तो यह जातिगत चेतना विकृत और अस्वाभाविक होने लगती है और परिणामत: चारित्रिक विकृतियों का क्रम निरन्तरता पाता रहता है।

सभी युगों के पतनशील समाज में चरित्र-सम्बन्धी विकृतियाँ सीमातीत हो जाती

हैं और उनके सुधार के नाम पर प्रचलित विज्ञापनों का परिणाम चक्रवृद्धि की तरह एक-एक विकृति को अनेक बनाता रहता है। इन विकृतियों को कला और साहित्य में विशेष रसमय बनानेवाले व्यक्ति या तो व्यक्तिगत विकृतियों से पीड़ित रहते हैं या दूसरों की दुर्बलता का दुरुपयोग करके अपना स्वार्थ-साधन चाहते हैं।

भौतिकताप्रधान सोवियत शासन-व्यवस्था ने पुरुष और नारी की जातीय चेतना को स्वस्थ विकास देने के लिए ही ऐसे चारित्रिक अपराधों का विज्ञापन रोक दिया है। नियम का कारण हमें इन शब्दों में मिलता है :

"The secret trial of sexual cases is based on the psychological principle that publicity for such cases is liable to arouse a morbid concentration on such questions in the public mind with anti social effects on behaviour."

[स्त्री-पुरुष के चरित्र-सम्बन्धी अभियोगों का निर्णय गुप्त रूप से होता है। इसका कारण वह मनोवैज्ञानिक सिद्धान्त है, जिसके अनुसार इस प्रकार का विज्ञापन जनता के आचरण पर समाज-विरोधी प्रभाव डालता हुआ उसके ध्यान को ऐसे प्रश्नों में अस्वाभाविक रूप से केन्द्रित कर देता है।]

जीवन से नूतन निर्माण के समय ऐसी अस्वस्थ मानसिक स्थिति चिन्ताजनक है, इसे अध्यात्मवादी भारतीय साधक ही नहीं, क्रान्ति का अनीश्वरवादी सूत्रधार और नवीन रूस का निर्माता लेनिन भी मानता है :

"Youth movement too is attacked with the disease of modernity in its attitude towards sex questions and in being exaggeratedly concerned with them. The present widespread hypertrophy in sexual matters does not give joy and force to life but it takes is away. In the age of revolution it is bad, very bad. The revolution demands concentration, increase of forces from the masses, from individuals. Self-control, self-discipline is not slavery…I am deeply concerned about the future of our youth. And if harmful tendencies are appearing in the world of revolution it is better to combat them early. Such questions are the part of women question."

[युवक-आन्दोलन भी स्त्री-पुरुष-सम्बन्धी प्रश्नों के प्रति अपने दृष्टिकोण में और उन्हें अपने ध्यान का एकान्त केन्द्र बना लेने में आधुनिकता की व्याधि से पीड़ित है। असंयम से स्फीतकाय वासना का वर्तमान प्रसार जीवन को शक्ति और आनन्द नहीं देता, किन्तु छीन लेता है। क्रान्ति के युग में यह बुरा है, बहुत बुरा। क्रान्ति, शक्तियों की वृद्धि और उनका केन्द्रीकरण चाहती है—जनसमूह से भी, व्यक्ति से भी। आत्म-निग्रह और आत्मसंयम दासता नहीं है...मैं नई पीढ़ी के भविष्य के लिए विशेषा चिन्तित हूँ। यह क्रान्ति का अंग है और यदि क्रान्ति के संसार में हानिकारक प्रवृत्तियाँ उत्पन्न हो रही हैं, तो आरम्भ ही में उनकी रोक-थाम होना अच्छा है। ऐसे प्रश्न नारी की समस्या के अंग हैं।]

लेनिन की दृष्टि में नारी के सहयोग का व्यावहारिक उपयोग ही नहीं वरन वह 'a continuation, extension and exaltation of motherliness from individual to social sphere' (मातृ-भावना का, व्यक्ति की सीमा से सामाजिक क्षेत्र में निरन्तर प्रसार, विस्तार और उदात्तीकरण) है।

सांस्कृतिक मूल्य और नारी के महत्त्व की दृष्टि से सभी जाग्रत और विकासशील देश एक ही पथ के यात्री हैं, अत: उनके काव्य, कला आदि, बाह्य विभिन्नता के साथ भी लक्ष्यत: एक हैं। पर यदि हमारा नूतन भौतिकवादी रूस को ही प्रमाण माने, तो भी उसे अपने दृष्टि-बिन्दु में आमूल परिवर्तन करना होगा, क्योंकि आज की हीन भावना और वासना-व्यवसाय को न रूस के व्यवहार-जगत में समर्थन मिलेगा, न उसके काव्य-साहित्य की समष्टि में।

विकृत यथार्थवाद का विकास-विरोधी रूप तो प्रत्यक्ष ही है, पर जागती हुई नारी के मनोविज्ञान पर इसका जो प्रभाव पड़ेगा और उसका विरोध जिस रूप में उपस्थित होगा, इसका अनुमान भी कठिन नहीं।

हमारी दीर्घकालीन पराधीनता में भी नारी ने अपने स्वभावगत गुण कम खोए हैं, क्योंकि संघर्ष में सामने रहने के कारण पुरुष के लिए जितना आत्महनन और विवश समझौता अनिवार्य हो जाता है, उतना नारी के लिए स्वाभाविक नहीं। पर दुर्बल पराजित पुरुष को अपने स्वत्व-प्रदर्शन के लिए नारी के रूप में एक ऐसा जीव मिल गया, जिस पर वह विपक्षी से मिली पराजय की झुँझलाहट भी उतार सकता है और अपने स्वामित्व की साध भी पूरी कर सकता है। ऐसी स्थिति में भारतीय नारी के लिए, पुरुष के निराश हृदय का विलास और निष्क्रिय जीवन का दम्भ, दोनों का भार वहन करना स्वाभाविक हो गया, क्योंकि एक ने उसे कम मूल्य पर खरीदा और दूसरे ने उसके लिए ऊँचा-से-ऊँचा आदर्श स्थापित किया।

एक ही व्यक्ति इन दो भिन्न छोरों को कैसे स्पर्श कर सकता था! पर परिस्थितियों से विवश नारी, एक ओर पुरुष की क्रीड़ा का विषय बने रहने के लिए अपने-आपको भड़कीले रंगों में रँगकर अस्वाभाविक चंचलता में जीने लगी और दूसरी ओर पुरुष के निश्चित आदर्श तक पहुँचकर दिव्य बनने के लिए अपने अणु-अणु में स्फटिक की स्वच्छ निर्जीवता भरने लगी। पुरुष यदि नारी के चरित्र को महत्त्व देता, तो उसे जीवन के कुत्सित व्यवसाय के लिए विवश न होना पड़ता और यदि वह उसे कोई मूल्य न देता, तो उसे अलौकिक बनने के लिए अनिवार्य अग्नि-परीक्षाओं से मुक्ति मिल जाती। पर उसकी दोनों माँगें निश्चित और श्लेषहीन रहीं।

इसी से हमारे समाज में एक ओर जगमगाती हाट लगाकर बैठी हुई स्वच्छन्द नारी का अट्टहास कहता रहता है : "तुम जीवन का अन्तिम क्षण तक मिट्टी के मोल ले लो" और दूसरी ओर ऊँची दीवारों के अन्धकार में छिपी और साधना में घुलती हुई बन्दिनी के नि:श्वास पूछते रहते हैं : "अब और कितने क्षण शेष हैं?"

हमारे काव्य, साहित्य और कलाएँ इन दोनों ही रूपों के चलचित्र हैं। एक उच्छृंखल सौन्दर्य, दूसरी ओर निःस्पन्द साधना। आधुनिक यथार्थवादी ने भी नारी के जीवन का महत्त्व और उसकी व्यथा को देखने का प्रयत्न न करके उन्हीं प्रवृत्तियों को नये नाम दे दिये हैं, परिणामत: नारी के जीवन को उनसे कोई गति नहीं मिल सकी।

छाया-युग की छाया से आया हुआ यथार्थवादी सौन्दर्य का ऐसाा संस्कार लेकर आया, जो अपना व्यापक चित्राधार छोड़कर रीतियुग की सौन्दर्य-दृष्टि से भिन्न नहीं रह सका।

गजगति से चलनेवाली 'धनि श्यामवरणि' संस्कृत की 'तन्वी श्यामा' की वंशजाता भी है और रीतिकालीन नायिकाओं का आधुनिक संस्करण भी। वह मनुष्य है, पर उसकी मनुष्यता का कोई मूल्य नहीं। उसे बुद्धि का वरदान प्राप्त है, पर उसका किसी के भी निकट उपयोग नहीं। उसके पास अमूल्य हृदय है, पर उसके वात्सल्य, सहानुभूति जैसे भावों के लिए भी कहीं अवकाश नहीं, आदि प्रश्न सिद्धान्तवाद के भीतर उठ सकते हैं। पर भावभूमि पर कवि की दृष्टि उसके बाह्य सौन्दर्य में ही केन्द्रित रहती है। यदि उसे विषाद होता है, तो यह विचार कर कि दरिद्रता इस सौन्दर्य को असमय मलिन और जर्जरित कर देगी।

यदि किसी प्रकार दरिद्रता का अभिशाप दूर किया जाए, तो यह मानवी मेंड़ों पर कटि लचकाती हुई घूमने के अतिरिक्त और किस दशा में उपयोगी सिद्ध होगी, ऐसी शंका ही दर्शक के हृदय में नहीं उठती। उठे भी क्यों? क्या सौन्दर्य को सुरक्षित रखना, अपने भीतर, देखनेवाले के नित्य अनुरंजन का लक्ष्य नहीं छिपाये हुए हैं?

कहने की आवश्यकता नहीं कि ऐसी सौन्दर्य-दृष्टि ने ग्रामीण नारी के जीवन का महत्त्व न प्रकट कर नागरिक सौन्दर्य-पिपासा के लिए एक नया निर्झर खोज निकाला है।

छाया-युग के सूक्ष्म सौन्दर्य में जिन्हें उत्तेजक स्थूल को खोजने का अवकाश नहीं मिल सका, वे यथार्थ के सम्बन्ध में सौन्दर्य-दृष्टि नहीं रखते। प्रत्युत जीवन के ऐसे विकृत चित्र उनका लक्ष्य रहते हैं, जो उनकी अस्वस्थ प्रवृत्तियों को उत्तेजित रख सकें। इन नग्न वासना-चित्रों को वे ऐसे अस्वस्थ उन्माद के साथ आँकते हैं कि करुणा, संवेदना जैसे गम्भीर भावों के लिए कोई स्थान ही नहीं रहता। जिन विकृतियों में नारी के अपमान का ब्योरा है, उनमें तटस्थता और व्यापक सामंजस्य भावना के अभाव में नारी के जीवन का कोई महत्त्व प्रकट नहीं हो पाता और इस प्रकार वे चित्र अश्लील हो जाते हैं। केवल अपमान के ब्योरे जब विशेष रसमग्नता के साथ दिये जाते हैं, तब वे अपमान की क्रूरता व्यक्त करने में भी असमर्थ रहते हैं और अपमान सहनेवाले का महत्त्व स्थापित करने की शक्ति भी खो देते हैं।

यदि कोई विशेष रस ले-लेकर कहें कि अमुक व्यक्ति को एक ने गाली दी, दूसरे ने पीटा, तीसरे ने गर्दन पकड़कर निकाल दिया, तो यह अपमान-शृंखला, अपमानयोग्य व्यक्ति के उचित दंड का लेखा-जोखा बनकर उपस्थित होगी। व्यक्ति की निर्दोषिता

या विशेष महत्त्व के ज्ञान से उत्पन्न व्यथा या सामान्य मानवता प्रकट करनेवाली तटस्थता के अभाव में ऐसे ब्योरे न अपमानित व्यक्ति का सामाजिक महत्त्व प्रकट कर सकते हैं, न उसकी व्यक्तिगत विशेषता का पता दे सकते हैं।

ये विकृतियों के अथक अन्वेषक, निर्धारित मूल्यों के विरोधी और समाज की दृष्टि से विद्रोही हैं, अत: नूतन निर्माण के लिए आवश्यक क्रान्तिकारी भी हैं, यह धारणा भ्रान्त है। प्रत्येक जीवन-व्यवसायिनी नारी, प्रत्येक मद्यप, प्रत्येक दुश्चरित्र आदि निश्चित मूल्यों के विरोधी और समाज की दृष्टि से विद्रोही हैं। पर यह सब क्रान्तिकारी नहीं कहे जा सकेंगे, क्योंकि इनका लक्ष्य आत्महत्या है, नव-निर्माण नहीं। क्रान्ति स्वयं एक साधना है, अत: उसका साधक जीवन को नये मूल्य और समाज को नया रूप देने के लिए अपने आपको अधिक-से-अधिक पूर्ण स्वस्थ और सशक्त बनाने का प्रयत्न करता है, नष्ट करने का नहीं।

यदि यह कहा जाए कि हमारे सामाजिक जीवन के कठोर संयम ने सामूहिक रूप से एक अस्वस्थ मनोवृत्ति उत्पन्न कर दी है, तो इस कथन में सत्य का अंश सन्दिग्ध है। यदि यह मान लिया जाए कि ऐसी अस्वस्थ मानसिक स्थितिवाले लेखक लिखते-लिखते प्रगतिशीलता तक जा पहुँचेंगे, तो यह अनुमान प्रमाणहीन है।

हमारी सामाजिक व्यवस्था में पुरुष संयम के अभाव से पीड़ित हैं, संयम से नहीं, अत: असंयम से उनका उपचार करना वैसा ही है, जैसे अत्यधिक भोजन से उत्पन्न उदरशूल में रोगी को मिष्टान्न खिलाकर स्वस्थ करने का प्रयास।

ऐसी स्थिति में यथार्थ-चित्रों में संस्कार की आवश्यकता है, विकार की नहीं, अन्यथा वे विकृतियों में ध्यान को एकान्त रूप से केन्द्रित कर देंगे। अस्वस्थ साहित्य का सृजन करते-करते ही यथार्थवादी प्रगति के चरम लक्ष्य तक पहुँच जाएँगे, इसे मान लेना यह विश्वास कर लेना है कि एक ओर चलनेवाला चलते-चलते दूसरी ओर पहुँच जाएगा। हमारा सामाजिक स्वास्थ्य नष्ट हो गया है, पर नवीन निर्माण के लिए तो स्वस्थ प्रवृत्तियाँ, संस्कृत हृदय और परिष्कृत बुद्धि चाहिए। जो विकृतियों से प्रभावित हैं, पर आत्म-संस्कार के प्रश्न को भविष्य के लिए उठा रखते हैं, वे पथ-प्रदर्शन के लिए उपयुक्त न हो सकेंगे।

हमारे साथ विकलांग भी हो सकते हैं और व्याधिग्रस्त भी, पर निर्माण के लिए हमें पूर्णांग और सबल व्यक्ति चाहिए। जब निर्माण हो चुके, तब हम विकलांगों और पीड़ितों को संरक्षण भी दे सकते हैं और उन्हें स्वस्थ बनाने के साधन भी एकत्र कर सकते हैं। किन्तु कुछ बनाने का कार्य आरम्भ करने के पहले यदि हम उन्हें अपने आगे खड़ा कर लेते हैं, तो अपनी असमर्थता के विज्ञापन के अतिरिक्त कुछ नहीं करेंगे।

लेखक का ध्यान यदि विकृतियों में केन्द्रित हो गया, तो इसका कारण उसकी मानसिक अस्वस्थता है, जिसे वह सिद्धान्तवाद में छिपाना चाहता है। पत्र यदि

उत्तेजनावर्द्धक रचनाओं को प्रश्रय देते हैं, तो इसके पीछे उनका व्यावसायिक लाभ है, जिसकी रक्षा के लिए वे सिद्धान्तवाद को ढाल बना लेते हैं।

पर इन दोनों की अपेक्षा संख्या में अधिक और लाभ की दृष्टि से तटस्थ एक तीसरा भी पक्ष है, जिसे इस सिद्धान्तवाद के आवरण में आनेवाले कला, साहित्य आदि को जीवन की कसौटी पर परखना होगा। शुद्ध उपयोगितावाद की दृष्टि से भी नारी श्रमिकवर्ग के समान ही दलित, पीड़ित पर महत्त्वपूर्ण है। उसमें समष्टिगत चेतना का अभाव-सा है, पर व्यष्टिगत चेतना की दृष्टि से भी नारी ने इस प्रवृत्ति में अपमान का ही अनुभव किया है। उत्तर में आज का यथार्थवादी यह कहकर छुट्टी नहीं पा लेगा कि तुम्हें अपने सम्बन्ध में कुछ ज्ञान नहीं; हम तुम्हें जो देते हैं, उसी में तुम्हारा परम कल्याण है, हमारा इसमें कोई संकीर्ण स्वार्थ नहीं। ये तर्क हमारे गौरांग प्रभुओं के परिचित तर्क हैं, जिनके द्वारा वे अपने स्वार्थ को परार्थ का नाम देकर हम पर लाद देते थे। आज की नारी इस प्रकार कहनेवाले को घोर प्रतारक मानेगी।

नवीन यथार्थवादी कलाकार किस सीमा तक निम्नवर्ग से सम्पर्क रखे और उसके जीवन को कैसी काव्य-स्थिति दे, यह भी समस्या है।

इस सम्बन्ध में हमारी दो भ्रान्त धारणाएँ बन चुकी हैं : एक यह कि श्रमजीवी वर्ग के जीवन के भीतर प्रवेश करते ही हमारी रचनाएँ प्रतिक्रियात्मक होने लगेंगी और दूसरी यह कि मजदूर, कृषक आदि के विकृत चित्रों के अभाव में काव्य और साहित्य में प्रगतिशीलता की गन्ध भी नहीं रह जाएगी।

इन भ्रान्तियों के कारण न तो निम्नवर्ग के सरल जीवन का महत्त्व प्रकट हो पाया और न मध्यवर्ग की सांस्कृतिक चेतना उनके जीवन तक पहुँच सकी।

हमारे कलाकार, साहित्यकार, उनका मूल्यांकन करनेवाले आलोचक, शिक्षक और शिक्षकों के संस्कार पानेवाले विद्यार्थी—सभी मध्यवर्गीय हैं। इस दृष्टि से निर्माण के क्षेत्र में यह वर्ग बहुत साधन-सम्पन्न कहा जाएगा।

पर उच्चवर्ग की निश्चिन्तता और निम्नवर्ग की संघर्ष में ठहरने की शक्ति के अभाव में, यह थोड़ी-सी सुविधा के लिए भी बहुत विषम समझौते करता रहता है।

हमारे जीवन की व्यवस्था उस मशीन की तरह है, जिसमें बड़े से लेकर छोटा पुर्जा तक मशीन चलाने के ही काम आता है। इस मशीन में मध्यवर्गीय कील-काँटों का ही बाहुल्य है, जो अपना स्थान छोड़ना नहीं चाहते, अत: मशीन को चलाते ही रहते हैं। जब तक यह अपने वातावरण से बाहर आकर संसार को देखने के लिए स्वतंत्र नहीं, तब तक अपने स्थान में जकड़े रहने के कारण अपने-आपको देखने के लिए भी स्वतंत्र नहीं।

उदाहरण के लिए हम अपने विद्यार्थी और शिक्षकवर्ग को ले सकते हैं जो दूसरों से अधिक संस्कृत और स्वतंत्र जान पड़ते हैं।

विद्यार्थी नितान्त अस्वाभाविक विदेशीय वातावरण से वहुत हल्के पर विविध संस्कार ग्रहण करता रहता है। उसकी असम्भव कल्पनाएँ, ऊँचे-ऊँचे संकल्प, विविधता-भरे विचार आदि देखकर विश्वास होने लगता है कि वह नवयुग का सन्देशवाहक क्रान्तिकारी है।

पर छोटी-से-छोटी नौकरीरूपी अपवर्ग का आभास मिलते ही वह वेशभूषा से लेकर सिद्धान्त तक इस तरह उतार फेंकता है, जैसे उनमें असाध्य रोग के कीटाणु भर गए हों! जिन्हें ऐसा अपवर्ग नहीं मिलता, वे या तो निराशा और कटुता से चारों ओर के वातावरण को विषाक्त करके नरक की सृष्टि करते रहते हैं या आँख मूँदकर उच्छृंखल विकृतियों के चलचित्रों का काल्पनिक स्वर्ग रचते हैं।

आज जब जीवन का प्रत्येक क्षण शक्ति की परीक्षा चाहता है, प्रत्येक दिन निर्माण के इतिहास में नया पृष्ठ जोड़ जाता है, तब भी उनके पास कोई लक्ष्य नहीं, जिसे केन्द्र बनाकर उनकी कल्पना, स्वप्न, संकल्प आदि स्वस्थ विकास पा सकें। उनके निकट, लेने योग्य केवल दासता है और देने के लिए विकृति मात्र। यह सत्य है कि जीवन की वर्तमान व्यवस्था उन्हें सुख-सुविधा के साधन नहीं देती, पर दलितों और पीड़ितों के कन्धे-से-कन्धा मिलाकर खड़े होने से कौन रोकता है? पर न वे अपने जीने का महत्त्व जानते हैं, न मृत्यु की पीड़ा पहचानते हैं।

कला और साहित्य को वे अपने मरु जैसे जीवन में निरुद्देश्य भ्रमण का संगी बनाकर रखना चाहते हैं। इस प्रकार कलाकार और साहित्यकार की स्थिति उस अभिनेता के समान हो जाती है, जो कुछ और बनने के लिए अपना व्यक्तित्व रखता है और अपने अस्तित्व को बनाये रखने के लिए दूसरों की भूमिका को अपने व्यक्तित्व से अधिक महत्त्व देता है।

जिस प्रकार चरम सफलता तक पहुँचकर अभिनेता अपने परिचय को और चरम निष्फलता में जीविका के साधन को खो देता है, उसी प्रकार आज के कलाकार के एक ओर, अपने आपको खोना और दूसरी ओर जीवन के साधन खो देने का प्रश्न रहता है।

बुद्धिजीवियों में सबसे श्रेष्ठ शिक्षकवर्ग की अपनी अलग ही वर्ण-व्यवस्था है, जिसका आधार विद्या-व्यवसाय न होकर धन का लाभ रहता है। जीवन की आवश्यक सुविधाएँ भी न पा सकनेवाला स्वभाषापंडित अछूत की कोटि में रखा जा सकता है और आवश्यकता से अधिक सुविधा-सम्पन्न विश्वविद्यालय का पर-भाषा-प्रोफेसर ब्रह्मतेज से युक्त ब्राह्मण का स्मरण दिलाता है। इन दोनों विषम वर्णों के बीच में एक ढुलमुल स्थिति रखनेवाले शिक्षक कभी एक की अवज्ञा, कभी दूसरे से ईर्ष्या का व्यवसाय करके अथवा वेतन-वृद्धि के संघर्ष में विजयी या पराजित होकर जीते रहते हैं। ये विद्या-व्यवसायी या तो इतने निश्चिन्त हैं या इतने संघर्षलीन कि उन्हें अपने कर्तव्य की गुरुता पर विचार कर अपनी स्थिति से विद्रोह करने का अवकाश नहीं मिलता। परिणाम प्रत्यक्ष है।

जैसे हर टकसाल में एक प्रकार के सिक्के ढलते रहते हैं, उसी प्रकार हमारे शिक्षा-गृहों से एक ही प्रकार के लक्ष्यहीन, हताश कर कल्पनाजीवी विद्यार्थी निकलते रहते हैं। अवश्य ही इसका उत्तरदायित्व सम्पूर्ण व्यवस्था पर रहेगा, पर आज अन्य क्षेत्रों से अधिक तटस्थ और सम्मानित क्षेत्र में कार्य करनेवाले यदि अपनी व्यावसायिक बुद्धि और संकीर्ण दृष्टिकोण को बदल सकते, तो एक नई पीढ़ी के भविष्य की रेखाएँ स्पष्ट और उज्ज्वल हो उठतीं।

हमारे शिक्षक-वर्ग की राजनीति से शासकों ने मुक्ति दे दी है और सामाजिक समस्या से उसने स्वयं मुक्ति ले ली है, अत: अपनी सीमा के भीतर ही वह सब कुछ पा लेता है। और इस काल्पनिक सन्तोष को बनाये रखने के लिए वह बाहर की किसी समस्या को अपने सीमित संसार में घुसने ही नहीं देता।

इसी कारण हमारी राष्ट्रीय चेतना के प्रसार और सांस्कृतिक पुनर्जागरण के विस्तार में उसका विशेष महत्त्वपूर्ण सहयोग नहीं।

साहित्य, कला आदि की दृष्टि से इस वर्ग की स्थिति कुछ विचित्र-सी है। अन्य स्वतंत्र देशों में एक व्यक्ति जिस विषय का विद्वान होता है, उसी से आजीविका की सुविधा पाता है और उसी दिशा में नूतन निर्माण करता है। हमारे जीवन में विदेशी भाषा का विशेष ज्ञान ही योग्यता का मापदंड है और उसी विषय का अध्ययन-अध्यापन अधिक अर्थलाभ का सुलभ साधन बन जाता है। पर उसमें नया सृजन करके कोई व्यक्ति विदेश में विशेष महत्त्व पाने का अधिकारी नहीं बन पाता और अपनी भाषा में कुछ करके वह स्वदेश में बहुत साधारण ही माना जाता है। यह कठोर सत्य अनेक विद्वानों के जीवन में परीक्षित हो चुका है, अत: साधारण व्यक्ति तो किसी दशा में भी कुछ करने की प्रेरणा नहीं पाता।

आज की परिस्थितियों में भविष्य का जो संकेत मिलता है, उससे प्रकट हो रहा है कि स्थिति बदलते ही अपनी भाषा और साहित्य का महत्त्व बढ़ जाएगा। ऐसी स्थिति में अपनी भाषा और साहित्य-प्रेम के कारण असुविधाएँ सहनेवाले ही नहीं, विदेशी साहित्य के अध्यापन द्वारा सब प्रकार की सुविधाएँ पानेवाले शिक्षक भी इस ओर देखने की आवश्यकता समझते हैं। इस प्रवृत्ति ने नई विचारधाराओं के साथ-साथ नई समस्याएँ भी दी हैं।

नवीन साहित्यिक प्रगति में इस वर्ग का सहयोग शुभ लक्षण है, पर इससे शुद्ध साहित्यकार और कलाकार की कठिनाई घटने के स्थान में बढ़ ही रही है। इसके कारण हैं। अब तक दूसरी दिशा में चलनेवाले व्यक्ति भी स्वार्जित ज्ञान के कारण, अपने साहित्य के क्षेत्र में जिज्ञासु बनकर आने में अपमान का अनुभव करते हैं। इस प्रकार उन्हें कुछ नवीन देने का संकल्प और उसकी घोषणा करके आना पड़ता है।

पर देने के दो ही साधन हैं या उत्कृष्ट सृजन के लिए प्रतिभा या प्रतिभाओं के मूल्यांकन की शक्ति! कहना व्यर्थ है कि पहला सबके लिए सम्भव नहीं, और दूसरा

प्रयत्न-साध्य है। पर प्रयत्न-साध्य साधन भी देश-जातिगत विशेषता, सांस्कृतिक चेतना, साहित्य-कला आदि के ज्ञान की अपेक्षा रखता है, जिसके लिए नवीन आलोचक के पास अवकाश नहीं। परिणामत: इनके द्वारा जो मूल्यांकन होता है और उस मूल्यांकन की व्याख्या के लिए जो सृजन होता है, वह हमारे सांस्कृतिक प्रश्न की उपेक्षा कर जाता है और इस प्रकार हमें अपने साहित्य, कला आदि की महत्ता नापने के लिए अन्य देश के मापदंड ही स्वीकार करने पड़ते हैं।

इस सम्बन्ध में एक समस्या और उत्पन्न हो जाती है। तर्क-प्रधान ज्ञान तो बिना अपनी विशेषता खोए हुए स्थानान्तरित किया जा सकता है, पर भावप्रधान काव्य-कला आदि अपनी धरती से इस प्रकार बँधे रहते हैं कि उनका एक वातावरण से दूसरे में संचरण, मानव की सम्पूर्ण संवेदनीयता चाहता है।

एक जाति के विज्ञान, दर्शन आदि सम्पूर्ण जीवन से सम्बन्ध न रखकर जीवन के कुछ मूलभूत तत्त्वों से सम्बन्ध रखते हैं और उनका लक्ष्य मानव की चेतना में ज्ञान की वृद्धि करना है। परिणामत: केवल चेतना की दृष्टि से उनका ग्रहण कहीं भी सहज हो सकेगा। इसके विपरीत काव्य, कला आदि सम्पूर्ण जीवन के माध्यम से जीवन के मूल तत्त्वों की अनुभूति देते हैं और उनका उद्देश्य विविधता में एकता की भावना जगाकर मनुष्य को आनन्द देना है। अत: किसी जाति के जीवन और उसके वातावरण के परिचय के बिना काव्य, कला आदि का ग्रहण कठिन हो जाता है।

तर्क विशेष है, क्योंकि बुद्धि की असंख्य ऊँची-नीची श्रेणियाँ हैं। पर बुद्धि के एक स्तर पर खड़े हुए दो व्यक्ति एक-दूसरे के जीवन से अपरिचित रहते हुए भी ज्ञान का आदान-प्रदान कर सकेंगे। भाव में सामान्यता रहती है, पर यह सामान्यता बाहर से इतनी विविध है कि साथ-साथ चलनेवाले यात्री भी एक-दूसरे के जीवन की परिस्थितियों को जाने बिना, एक-दूसरे के सुख-दु:खों से तादात्म्य न कर सकेंगे।

संसार के एक कोने का वैज्ञानिक दूसरे कोने के वैज्ञानिक की खोज के परिणाम को जिस तटस्थता से ग्रहण करता है, एक देश का दार्शनिक दूसरे दूर-देशीय दार्शनिक के तर्क की सूक्ष्मता को जिस निर्विकारता से स्वीकार करता है, उस तटस्थता और निर्विकारता से एक देश का कलाकार दूसरे देश के संगीत, चित्र, काव्य आदि को नहीं ग्रहण करेगा, क्योंकि वह तो भाव को स्थायी रसत्व के रूप में अपनी आत्मा का सत्य बना लेना चाहता है। ऐसी स्थिति में जब तक अन्य देशीय कलाएँ जीवन की समस्त विविधता और उसमें व्यक्त सामंजस्यमूलक एकता लेकर नहीं उपस्थित होतीं, तब तक वे उसके निकट किसी अपरिचित का इतिवृत्त मात्र रहती हैं।

यथार्थवाद के सम्बन्ध में यह कठिनाई और बढ़ जाती है, क्योंकि वह सामान्य विविधता ही नहीं, विशेष इतिवृत्त के माध्यम से संवेदनीयता चाहता है। आदर्श उस आलोक के समान प्रसारगामी है, जो विविधता का रूप ग्रहण करके भी उससे ऊपर एक व्यापक सूक्ष्म स्थिति रखता है पर यथार्थवाद उस जलप्रवाह के समान रहेगा,

जो अनन्त आकाश के नीचे ठहरने के लिए कठोर सम-विषम धरती और तटों की सीमा लेकर ही गतिशील हो सकता है।

कुछ नवीन देने के प्रयास में नवीन आलोचक ने बहुत कुछ ऐसा दे डाला है, जो हमारी सामूहिक हीन भावना में पनपकर फैलता जाता है।

कोई गोर्की की भूमिका में है, कोई तुर्गनेव के जामे में है, कोई किसी अन्य कलाकार का रूप भर रहा है। इस तरह दूसरों के आच्छादन में कभी साँस रोककर सिकुड़े हुए और कभी नि:श्वास फेंककर स्फीतकाय होनेवाले लेखक का दम घुटने लगे, तो आश्चर्य नहीं। भारतीय बना रहना हमारे कलाकार का पर्याप्त परिचय क्यों नहीं हो सकता, यह प्रश्न भी संकीर्ण राष्ट्रीयता की परिधि में आ जाता है। अत: कुछ इस प्रवृत्ति ने और कुछ अपने जीवन को देखने की अनिच्छा ने आज के यथार्थवाद को प्रत्यक्ष ज्ञान की आवश्यकता से छुटकारा दे दिया है। जिनके निकट रूस अब तक दुर्लभ दर्शन है, वे उसके चित्र-गीत लिख सकते हैं, जिनकी कल्पना में भी चीन प्रत्यक्ष नहीं, वे उसकी दृश्य-कथाएँ लिखने के अधिकारी हैं, पर जो देश उनके नेत्रों की नीलिमा में प्रत्यक्ष है, उनके स्पन्दन में बोलता है, उसके यथार्थ का प्रश्न उनसे सुलझ नहीं पाता।

सुलझाने वाले दो प्रकार के हैं : एक तो वे, जो तीस दिन के उपरान्त निश्चित धन पाकर जीवन की असुविधाओं से मुक्ति पा लेते हैं और शेष उन्तीस दिनों में कला के मूल्यांकन, कलाकार के पथ-प्रदर्शन और उपाधि-वितरण द्वारा मनोविनोद का अवकाश निकाल लेते हैं और दूसरे वे, जिन्हें पाठकों की विविध माँगों का भार लादकर तथा आलोचकों के उलझे-सुलझे आदेशों के बीच में दब-पिसकर तीस दिन में प्रतिदिन, दूसरा सबेरा देखने के लिए संघर्ष करते हुए, अमर कलाकार की भूमिका निबाहनी पड़ती है। आश्चर्य नहीं कि गन्तव्य खोजने में वे अपने-आपको खो देते हैं।

मजदूर और श्रमिक के विकृत चित्र ही यथार्थ हैं या नहीं, कला के नाम पर निम्नवर्ग को यही दिया जाएगा या कुछ और भी, आदि समस्याएँ तब तक नहीं सुलझ सकतीं, जब तक कलाकार अपनी स्थिति का विरोधाभास नहीं समझता। वह अपने-आपको श्रमजीवी कहता है और बुद्धि के अभिचार से जीता है; वह अमरता का मुकट पहने है और तिल-तिल कर मरा जाता है; वह नूतन निर्माण चाहता है और उस मध्यवर्ग का सफल प्रतिनिधि है, जिसका परिचय मार्क्स के शब्दों में :

"Lacking faith in themselves, lacking faith in the people, grum-bling at those above and trembling in face of those below."

[आत्मविश्वास से रहित, जनता के प्रति अविश्वासी, अपने से उच्च के प्रति भुनभुनानेवाला और अपने से निम्नवर्ग के सामने काँप उठनेवाला है।]

नूतन निर्माण के लिए नवीन कलाकार को जीवन के कोने-कोने में खोजकर सब अमूल्य उपकरण एकत्र करने होंगे, अत: साधारण जीवन का सम्पर्क उसकी पहली आवश्यकता है।

निम्नवर्ग को कला के नाम पर क्या देना होगा, इनका उत्तर यदि वह अपनी जन्मदात्री धरती से नहीं चाहता, तो अपने विचारों की धात्री भूमि से भी पा सकता है। तात्कालिक समस्याएँ महत्त्व रखती हैं, पर उनका महत्त्व भी कला और साहित्य की मूल प्रेरणा में तत्त्वत: परिवर्तन नहीं कर सकता, इसी से क्रान्ति के ध्वंस और रक्तपात के ऊपर उठकर क्रान्तिस्रष्टा का स्वर गूँज उठता है :

"Many people are honestly convinced that the difficulties and danger of the moment can be overcome by 'bread and cheese' Bread—certainly! Circuses—alright ! But we must not forget that the circus is not a great true art. Our workers and peasants truly deserve more than circuses. They have a right to true great art. So that art may come to the people and the people to art. We must first of all raise the general level of edu-cation and culture."—**Lenin**

[अनेक व्यक्ति सच्चे मन से विश्वास करते हैं कि इस क्षण की सब कठिनाइयाँ और खतरे 'रोटी और पनीर' से दूर किये जा सकते हैं। रोटी आवश्यक रहेगी—सर्कस भी ठीक है। पर हमें यह नहीं भूलना चाहिए कि सर्कस कोई महत और सच्ची कला नहीं।...हमारे श्रमजीवी और कृषक सर्कस अधिक पाने के योग्य हैं। वे सत्य और महान कला के अधिकारी हैं। कला को जनता तक पहुँचाने और जनता को कला के निकट लाने के लिए हमें सबसे पहले शिक्षा और संस्कृति का धरातल ऊँचा उठाना चाहिए।]

इसी सन्तुलित दृष्टि का अनुसरण करके रूसी जनता आज इस सत्य तक पहुँच सकी है :

"To live without work is robbery; to work without art is barbarism."

[बिना श्रम के जीना चोरी है और बिना कला के श्रम बर्बरता।]

नवीन कलाकार यदि दृष्टि का सन्तुलन न खोए तो वह भी इसी सत्य को प्रत्यक्ष देखेगा और तब मजदूर-कला और राज-कला के विवादों के स्थान में एक ही महान और सत्य कला की प्राप्ति स्वाभाविक हो जाएगी।

जो कला के क्षेत्र में विशेष कुछ दे नहीं सकते, वे यदि द्वार-द्वार अलख जगाकर प्रत्येक व्यक्ति में सांस्कृतिक चेतना और कला-प्रेम जगाने का कर्तव्य स्वीकार करें, तो हमारे जीवन के अनेक प्रश्नों का समाधान हो जाए। हमारे श्रमजीवी और कृषक की सांस्कृतिक चेतना अब तक जीवित है, अत: हमारा कार्य दूसरे देशों से सरल सिद्ध होगा।

इस युग के कवि के सामने जो विषम परिस्थितियाँ हैं, उन पर मैं रंग फेरना नहीं चाहती। आज संगठित जाति वीरगाथाकालीन युद्ध के लिए नहीं सज्जित हो रही है, जो कवि चारणों के समान कड़खों से उसे उत्तेजित मात्र करके सफल हो सके। वह ऐश्वर्यराशि पर बैठी पराजय भुलाने के साधन नहीं ढूँढ़ रही है, जो कवि विलास की

मदिरा ढाल-ढालकर अपने-आपको भूल सके और कठोर संघर्ष से क्षामकंठ भी नहीं है, जो कवि अध्यात्म की सुधा से उसकी प्यास बुझा सके।

वास्तव में यह तो जीवन और चेतना के ऐसे विषम खंडों में फूटकर बिखर गई है, जो सामंजस्य को जन्म देने में असमर्थ और परस्पर विरोधी उपकरणों से बने जान पड़ते हैं। इसका करण कुछ तो हमारा व्यक्तिप्रधान युग है और कुछ वह प्रवृत्ति, जो हमें जीवन से कुछ न सीखकर अध्ययन से सब कुछ सीखने के लिए बाध्य करती है। हम संसार भर की विचारधाराओं में जीवन के मापदंड खोजते-खोजते जीवन ही खो चुके हैं, अत: आज हम उन निर्जीव मापदंडों की समष्टि मात्र हैं।

कवि के एक ओर अगणित वर्ग-उपवर्गों में खंडित मुट्‌टीभर मनुष्यों की ज्ञानराशि है और दूसरी ओर रूढ़ियों में अचल, असंख्य निर्जीव पिंडों में बिखरे मानव का अज्ञान-पुञ्ज है। एक अपने विशेष सिद्धान्तों के प्रचार के लिए कवि का कंठ खरीदने को प्रस्तुत है और दूसरा उसकी वाणी से उतना अर्थ निकाल लेना भी नहीं जानता जितना वह अपने आँगन में बोलनेवाले काक के शब्द का निकाल लेता है। एक ओर राजनीतिक उसे निष्क्रिय समझता है, दूसरी ओर समाज-सुधारक उसे अबोध कहता है। इसके अतिरिक्त उसका व्यक्तिगत जीवन भी है, जिसके सब सुनहले स्वप्नों और रंगीन कल्पनाओं पर व्यापक विषमता से निराशा की कालिमा फैलती जाती है।

इस युग का कवि हृदयवादी हो या बुद्धिवादी, स्वप्नद्रष्टा हो या यथार्थ का चित्रकार, अध्यात्म से बँधा हो या भौतिकता का अनुगत, उसके निकट यही मार्ग शेष है कि वह अध्ययन में मिली जीवन की चित्रशाला से बाहर आकर, जड़ सिद्धान्तों का पाथेय छोड़कर अपनी सम्पूर्ण संवेदन-शक्ति के साथ जीवन में घुल-मिल जावे। उसकी केवल व्यक्तिगत सुविधा-असुविधा आज गौण है, उसकी केवल व्यक्तिगत हार-जीत आज मूल्य नहीं रखती, क्योंकि उसके सारे व्यष्टिगत सत्य की आज समष्टिगत परीक्षा है।

ऐसी क्रान्ति के अवसर पर सच्चे कलाकार पर—'पीर बवर्ची भिश्ची खर' की कहावत चरितार्थ हो जाती है—उसे स्वप्नद्रष्टा भी होना है, जीवन के क्षुत्क्षाम निम्न स्तर तक मानसिक खाद्य भी पहुँचाना है, तृषित मानवता को संवेदना का जल भी देना है और सबके अज्ञान का भार भी सहना है।

उसी के हृदय के तार इतने खिंचे-सधे होते हैं कि हल्की-सी साँस से भी झंकृत हो सकें, उसी के जीवन में इतनी विशालता सम्भव है कि उसमें सबके वर्गभेद एक होकर समा सकें और उसी की भावना का अंचल इतना अछोर बन सकता है कि सबके आँसू और हँसी संचित कर सके। सारांश यह कि आज के कवि को अपने लिए अनागरिक होकर भी संसार के लिए गृही, अपने प्रति वीतराग होकर भी सबके प्रति अनुरागी, अपने लिए संन्यासी होकर भी सबके लिए कर्मयोगी होना होगा, क्योंकि आज उसे अपने-आपको खोकर पाना है।

युग-युगान्तर से कवि, जीवन के जिस कलात्मक रूप की भावना करता आ रहा है, आज उसे यदि मानवता के एक छोर से दूसरे छोर तक पहुँचाना है; तो उसका कार्य उस युग से सहस्त्रगुण कठिन है, जब वह इस भावना को कुछ भावप्रवण मानवों को सहज ही सौंप सकता था। वह सौन्दर्य और भावना की विराट विविधता से भरे कलाभवन को जलाकर अपने पथ को सहज और कार्य को सरल कर सकता है, क्योंकि तब उसे जीवन को निम्न स्तर पर केवल ग्रहण कर लेना होगा, उसे नई दिशा में ले जाना नहीं; परन्तु यह उसके अन्याय का कोई प्रतिकार नहीं है। फिर जब संज्ञाहीन मानवता अपनी सक्रिय चेतना लेकर जागेगी, तब वह इस प्रासाद के भीतर झाँकना ही चाहेगी, जिसके द्वार उसके लिए इतने दीर्घकाल से रुद्ध रहे हैं। वह मनुष्य, जिसने युगों के समुद्र-के-समुद्र बह जाने पर भी एक कलात्मक पत्थर का खंड नहीं बह जाने दिया, असीम शून्य से अनन्त स्वरों की लहरें मिट जाने पर भी एक कलात्मक पंक्ति नहीं खोई, ऐसा खँडहर पाकर हमारे प्रति कृतज्ञ होकर कुछ और माँगेगा या नहीं, इसका प्रमाण अन्य जागृत देश दे सकेंगे।

मनुष्य में कल्याणी कला का छोटा-से-छोटा अंकुर उगाने के लिए भी आज के कवि को सम्पूर्ण जीवन की खाद प्रसन्नता से देनी होगी, इसमें मुझे सन्देह नहीं है।

संस्कृति

समाज और व्यक्ति

समाज ऐसे व्यक्तियों का समूह है, जिन्होंने व्यक्तिगत स्वार्थों की सार्वजनिक रक्षा के लिए, अपने विषम आचरणों में साम्य उत्पन्न करनेवाले कुछ सामान्य नियमों से शासित होने का समझौता कर लिया है।

मनुष्य को समूह बनाकर रहने की प्रेरणा पशु-जगत के समान प्रकृति से मिली है, इसमें सन्देह नहीं; परन्तु उसका क्रमिक विकास विवेक पर आश्रित है, अन्ध प्रवृत्तिमान पर नहीं। मानसिक विकास के साथ-साथ उसमें जिस नैतिकता की उत्पत्ति और वृद्धि हुई, उसने उसे पशु-जगत से सर्वथा भिन्न कर दिया। इसी से मनुष्य-समाज समूहमात्र नहीं रह सका, वरन धीरे-धीरे एक ऐसी संस्था में परिवर्तित हो गया जिसका ध्येय भिन्न-भिन्न सदस्यों को लौकिक सुविधाएँ देकर उन्हें मानसिक विकास के पथ पर आगे बढ़ाते रहना है।

आदिम युग का मनुष्य, समूह में रहते हुए भी पारस्परिक स्वार्थ की विवेचना और उसकी समस्याओं से अपरिचित रहा होगा। अनुमानत: सामाजिक भावना का जन्म परस्पर हानि पहुँचानेवाले आचरण से तथा उसका विकास नवीन स्थानों में उत्पन्न संगठन की आवश्यकता से हुआ है। किसी भी प्राणिसमूह को अपने जन्मस्थान में उतने अधिक संगठन की आवश्यकता नहीं होती जितनी किसी नये स्थान में होती है, जहाँ उसे अपने-आपको नवीन परिस्थितियों के अनुरूप बनाना पड़ता है। यदि उसकी सहज बुद्धि इस एकता की अनिवार्यता का बोध न कराती तो इस समूह-विशेष का जीवन ही कठिन हो जाता। मनुष्य जाति जब जीवन के लिए अधिक सुविधाएँ प्रदान करनेवाले प्रदेशों में फैलने लगी तब उसके भिन्न-भिन्न समूहों को अपनी शाक्तियों का दृढ़तर संगठन करने की आवश्यकता ज्ञात हुई, अन्यथा वे नई परिस्थितियों और नये शत्रुओं से अपनी रक्षा करने में समर्थ न हो पाते। भिन्न-भिन्न व्यक्तियों में बिखरी हुई उच्छृंखल शक्ति जाति के लिए दुर्बलता बन जाती है, यह पाठ मनुष्य समूह ने अपने जीवन के आरम्भ में ही सीख लिया था, इसी से वह उसे एकता के सूत्र में बाँधकर अपने-आपको सबल बना सका। अनेक व्यक्ति एक ही स्थान में एक-दूसरे के निकट बसने लगे, परस्पर सहानुभूति और सद्भाव उत्पन्न करने के लिए एक-दूसरे की खाद्य और आच्छादन छीन लेने

की प्रवृत्ति को रोकने लगे और विजाति से युद्ध के समय शक्ति को संगठित रखने के लिए अपने समूह विशेष के किसी अग्रगण्य वीर का शासन मानना सीखने लगे। विशेष सुविधाओं के लिए एकत्र यह मनुष्य समूह ही हमारे विकसित तथा अनेक नैतिक और धार्मिक बन्धनों में बँधे सभ्य समाज का पूर्वज कहा जा सकता है। आज भी असभ्य जातियों के संगठन के मूल में यही आदिम युग की भावना सन्निहित है।

स्थान-विशेष की जलवायु तथा वातावरण के अनुरूप एक जाति रंग-रूप और स्वभाव में दूसरी से भिन्न रही है और प्रत्येक में अपनी विशेषताओं की रक्षा के लिए स्वभावगत प्रेरणा की प्रचुर मात्रा रहती है। आत्मरक्षा के अतिरिक्त उन्हें अपनी जातिगत विशेषताओं की चिन्ता भी थी, अत: उनमें व्यवहार के लिए ऐसे विशेष नियम भी बनने लगे जिनका पालन व्यक्ति की आत्मरक्षा के लिए न होकर जाति की विशेषताओं की रक्षा के लिए अनिवार्य था। आत्मरक्षा की भावना के साथ-साथ मनुष्य में जाति की विशेषताओं की रक्षा की भावना की बढ़ती गई, जिससे उसके जीवन-सम्बन्धी नियम विस्तृत और जटिल होने लगे। समूह-द्वारा निश्चित नियम-सम्बन्धी समझौते के विरुद्ध आचरण करनेवाले को दंड मिलने का विधान था, परन्तु इस विधान द्वारा छिपाकर विरुद्धाचरण करनेवाले को नहीं रेका जा सकता था। अतएव कालान्तर में उन नियमों के साथ पारलौकिक सुख-दु:खों की भावना भी बँध गई। मनुष्य को स्वभाव से ही अज्ञात का भय था, इसी से उसके निर्माण के सब कार्यों में एक अज्ञात कर्ता का निर्माण प्रमुख रहा है। इस अज्ञात का दंड और पुरस्कार मनुष्य के आचरण को इतना अधिक प्रभावित करता आ रहा है कि अब उसे महत्त्व में समाज के वास्तविक दंड और पुरस्कार के साथ एक ही तुला पर तौला जा सकता है। आरम्भ में, यदि समाज के रोष या प्रसाद से उत्पन्न लौकिक हानि और लाभ आचरण के ढालने के कठोर साँचे थे, तो पारलौकिक सुख-दु:खों की भावना उस मानसिक संस्कार का दृढ़ आधार थी, जिससे आचरण को रूप मिलता है। इस प्रकार लौकिक सुविधा की नींव पर, नैतिक उपकरणों से, धार्मिकता का रंग देकर हमारी सामाजिकता का प्रासाद निर्मित हो सका। जिस क्रम से मनुष्य सभ्यता के मार्ग पर अग्रसर होता गया, उसी क्रम से समाज के नियम अधिकाधिक परिक्कृत होते गए और पूर्ण विकसित तथा व्यवस्थित समाज में वे केवल व्यावहारिक सुविधा के साधनमात्र न रहकर सदस्यों के नैतिक तथा धार्मिक विकास के साधन भी हो गए।

व्यक्ति तथा समाज का सम्बन्ध सापेक्ष कहा जा सकता है, क्योंकि एक के अभाव में दूसरे की उपस्थिति सम्भव नहीं। व्यक्ति के स्वत्वों की रक्षा के लिए समाज बना है और समाज के अस्तित्व के लिए व्यक्ति की आवश्यकता रहती है। एक सामाजिक प्राणी स्वतंत्र, और परतंत्र दोनों ही है। जहाँ तक वैयक्तिक हितों की रक्षा के लिए निर्मित नियमों का सम्बन्ध है, व्यक्ति परतंत्र ही कहा जाएगा, क्योंकि वह

ऐसा कोई कार्य करने के लिए स्वच्छन्द नहीं जिससे अन्य सदस्यों को हानि पहुँचे। परन्तु अपने और समाज के व्यक्तिगत तथा सार्वजनिक विकास के क्षेत्र में व्यक्ति पूर्णत: स्वतंत्र रहता है।

अवश्य ही इस विकास की व्याख्या प्रत्येक व्यक्ति अपने स्वार्थ की दृष्टि से नहीं कर सकता, अन्यथा इसकी परिभाषाएँ समाज के सदस्यों की संख्या से न्यून हो सकतीं। मनुष्य-जाति का बर्बरता की स्थिति से निकलकर मानवीय गुणों तथा कला-कौशल की वृद्धि करते हुए सभ्य और सुसंस्कृत होते जाना ही उसका विकास है। इस विकास की ओर अग्रसर होकर व्यक्ति समाज को भी अग्रसर करता है। व्यक्ति जब वैयक्तिक हानि-लाभ को केन्द्रबिन्दु बनाकर अपनी सार्वजनिक उपयोगिता भूलने लगता है, तब समाज की व्यवस्था और उसके सामूहिक विकास में बाधा पड़ने लगती है। भिन्न-भिन्न स्वभाव और स्वार्थवाले व्यक्तियों के आचरणों में कुछ विषमता अवश्य ही रहती है; परन्तु जब इस विषमता की मात्रा सामंजस्य की मात्रा के समान या उससे अधिक हो जाती है तब समाज की सामूहिक प्रगति दुर्गति में परिवर्तित होने लगती है। इस विषमता का चरम सीमा पर पहुँच जाना ही क्रान्ति को जन्म देता है, जिससे समाज की व्यवस्था को नई रूपरेखा मिलती है।

व्यक्ति समाज से पृथक् रह सकता है या नहीं, यह प्रश्न कई दृष्टिकोण से देखा जा सकता है। यदि समाज का अर्थ सम्प्रदाय-विशेष समझा जावे, तो मनुष्य उससे स्वतंत्र रह सकता है, क्योंकि ऐसी स्वतंत्रता मनुष्य के मानसिक जगत के अधिक समीप है। एक व्यक्ति अपनी विचारधारा में जितना स्वतंत्र हो सकता है, उतना व्यवहार में नहीं हो सकता। मानसिक जगत का एकाकीपन व्यावहारिक जगत में सम्भव नहीं, इसी से प्राचीन काल में भी भिन्न-भिन्न मत और दर्शनवाले व्यक्तियों के पृथक्-पृथक् समाज नहीं अनाए गए। केवल आत्मापेक्षी जगत में मनुष्य समाज से स्वतंत्र होकर रह सकता है। परन्तु यदि समाज की परिभाषा ऐसा मनुष्य-समूह हो, जो पारस्परिक सहयोगापेक्षी है, तो उस समाज से व्यक्ति का नितान्त स्वतंत्र होना किसी युग में भी सम्भव नहीं हो सका है। सभ्य और असभ्य, दोनों ही स्थितियों में मनुष्य दूसरे मनुष्यों के सहयोग से अपना जीवन-मार्ग प्रशस्त कर सका है। उसके लिए अन्न-वस्त्र जैसी साधारण परन्तु आवश्यक वस्तुएँ भी अनेक व्यक्तियों के प्रयत्न का फल है; यह स्वत:प्रमाणित है। उसकी भावना को जीवित रखनेवाली कलाएँ, उसके बौद्धिक विकास को प्रशस्त बनानेवाला साहित्य और व्यवहार-जगत में उसके जीवन को सुख और सुविधाएँ देनेवाले भवन, ग्राम, नगर तथा अन्य अनिवार्य वस्तुएँ सबकी उत्पत्ति मनुष्यों के सहयोग से हुई है, इसे कोई अस्वीकार न कर सकेगा। युगों से व्यक्ति को सुखी रखने और उसके जीवन को अधिक पूर्ण तथा सुगम बनाने के लिए मानव-जाति प्रकृति से निरन्तर युद्ध करती आ रही है। उसने अपनी संगठित शक्ति से पर्वतों के हृदय को वेध डाला, प्रपातों की गति बाँधी, समुद्रों को पार किया

और आकाश में मार्ग बनाया। मनुष्य यदि मनुष्य को सहयोग देना स्वीकार न करता तो न मानवता की ऐसी अद्भुत कहानी लिखी जाती और न मनुष्य अपनी आदिम अवस्था से आगे बढ़ सकता। मनुष्य जाति संगठन में ही जीवित रहेगी, जब तक यह सत्य है तब तक समाज की स्थिति भी सुदृढ़ रहेगी। सारे मनुष्य एक ही स्थान में नहीं रह सकते, अत: उनके समूहों के विकासोन्मुख संगठन पर सारी जाति की उन्नति का निर्भर होना स्वाभाविक ही है। इसके अतिरिक्त मनुष्य प्रकृति से ही सामाजिक प्राणी है; अपने स्वभाव में आमूल परिवर्तन बिना किये उसका समाज से पृथक् होना न सम्भव है और न वांछनीय।

फिर भी यह कहना कि समाज व्यक्ति के सम्पूर्ण जीवन में व्याप्त है, सत्य की उपेक्षा करना होगा। साधारणत: मानवीय स्वभाव का अधिकांश समाज के शासन में नहीं रहता, क्योंकि वह बन्धन से परे है। मनुष्य के जीवन का जितना अंश धर्म, शिक्षा आदि की भिन्न-भिन्न सामाजिक संस्थाओं के सम्पर्क में आता है, उतना ही समाज-द्वारा शासित समझा जाता है और उतने ही से हम उसके विषय में अपनी धारणा बनाते रहते हैं। समाज यदि मनुष्यों का समूह मात्र नहीं है तो मनुष्य भी केवल क्रियाओं का समूह नहीं। दोनों के पीछे सामूहिक और व्यक्तिगत इच्छा, हर्ष और दु:खों की प्रेरणा है। जीवन केवल इच्छाओं या भावनाओं से उत्पन्न आचरणों को सेना के समान कवायद सिखा देने में ही सफल नहीं हो जाता, वरन उन इच्छाओं के उद्गमों को खोजकर उनसे मनुष्यता की मरुस्थली को आर्द्र करके पूर्णता को प्राप्त होता है।

इस दृष्टि से समाज की सत्ता दो रूपों में विभक्त हो जाती है : एक के द्वारा वह अपने सदस्यों के व्यवहार और आचरणों पर शासन करता है और दूसरे के द्वारा वह उनकी स्वाभाविक प्रेरणाओं का मूल्य आँककर उनके मानसिक विकास के उपयुक्त वातावरण प्रस्तुत करता रहता है। किसी भी व्यक्ति को अपने लिए विशेष वातावरण ढूँढ़ने नहीं जाना पड़ता, क्योंकि वह एक गृह-विशेष में जन्म लेकर अपनी वृद्धि के साथ-साथ अन्य सामाजिक संस्थाओं के सम्पर्क में आता रहता है। जैसे उसे साँस लेने के लिए वायु की खोज नहीं करनी पड़ती, उसी प्रकार वातावरण-विशेष से भी वह अनभिज्ञ रहता है। उसकी व्यावहारिकता और आध्यात्मिकता, दोनों उसके अनजानपन में एक विशेष रूपरेखा में बँधने लगती है और जब वह सजग होकर अपने-आपको देखता है तब वह बहुत कुछ बन चुका होता है। परन्तु यदि व्यक्ति अपने इस रूप से सन्तुष्ट हो सके तो उसे निर्जीव मृत्पिंड ही कहेंगे, जो किसी साँचे में ढल सकता है, परन्तु ढाल नहीं सकता। वास्तव में समाज के दान की जहाँ इति है, व्यक्ति का वहीं से अथ होता है। वह दर्जी के सिले कपड़ों के समान पहले समाज के वैध सिद्धान्तों को धारण कर लेता है और तब उनके तंग या ढीले होने पर, सुन्दर या कुरूप होने पर अपना मतामत देता है। इसी मतामत से समय-समय पर समाज को अपने पुराने

सिद्धांतों को नया रूप देना पड़ता है। प्रगतिशील समाज में व्यक्ति और व्यक्तियों का समूह अन्योन्याश्रित ही रहेंगे और उनका दान-प्रतिदान उपयोगिता की एक ही तुला पर विकास के एक ही बाट से तौला जा सकेगा।

समाज की दो आधारशिलाएँ हैं : अर्थ का विभाजन और स्त्री-पुरुष का सम्बन्ध। इनमें से यदि एक की भी स्थिति में विषमता उत्पन्न होने लगती है, तो समाज का सम्पूर्ण प्रासाद हिले बिना नहीं रह सकता।

अर्थ सामाजिक व्यक्ति की अनिवार्य आवश्यकता है, क्योंकि उसके द्वारा जीवन के लिए आवश्यक सामग्री प्राप्त हो सकती है। बर्बरता तथा सभ्यता, दोनों ही परिस्थितियों में मनुष्य अपने सुख के साधन चाहता है, अन्तर केवल यही है कि एक स्थिति में अपने सुख के साधन प्राप्त करना व्यक्ति की शक्ति पर निर्भर है और दूसरी में सुख की सामग्री के समान विभाजन का अधिकार समाज को सौंप दिया जाता है। बर्बरता की स्थिति में शक्ति का उपयोग व्यक्तिगत हितों की रक्षा में निहित था, परन्तु सभ्य समाज में शक्ति का उपयोग सार्वजनिक है। समाज अपने सदस्यों में प्रत्येक को, चाहे वह सबल हो चाहे निर्बल, सुख के साधन समान रूप से वितरित करने पर बाध्य समझा जाता है।

सब व्यक्तियों का शारीरिक तथा मानसिक विकास एक-सा नहीं होता और न वे सब एक जैसे कार्य के उपयुक्त हो सकते हैं; परन्तु समाज के लिए वे सभी समान रूप से उपयोगी हैं। एक दार्शनिक कृषक का कार्य चाहे न कर सके, परन्तु मानव-जाति को मानसिक भोजन अवश्य दे सकता है। इसी प्रकार एक कृषक चाहे मानव-समूह को कोई वैज्ञानिक आविष्कार भेंट न कर सके, परन्तु जीवन-धारण के लिए अन्न देने का सामर्थ्य अवश्य रखता है। एक भवन बनाने में हमें ऐसे व्यक्ति की आवश्यकता होती है, जो बनने से पहले कागज पर उसकी भावी रूपरेखा अंकित कर सके। ऐसे व्यक्ति की सहायता भी चाहिए जो ईंट-पत्थर को जमाना और जोड़ना जानता हो और ऐसे व्यक्तियों के सहयोग की अपेक्षा भी रहती है जो मिट्टी-ईंट प्रस्तुत करके निर्माता तक पहुँचा सकें। पृथक्-पृथक् देखने से किसी का भी कार्य महत्त्वपूर्ण न जान पड़ेगा, परन्तु उनके संयुक्त प्रयत्न से निर्मित भवन प्रमाणित कर सकता है कि उनमें से कोई भी उपेक्षणीय नहीं था। समाज की भी यही दशा है। वह अपनी पूर्णता के लिए सब सदस्यों को उनकी शक्ति और योग्यता के अनुसार कार्य देकर उनके जीवन की सुविधाएँ प्रस्तुत करता है। जब इस नियम के विरुद्ध वह किसी को बिना किसी परिश्रम के बहुत-सी सुविधाएँ दे देता है और किसी को कठिन परिश्रम के उपरान्त भी जीवन के लिए आवश्यक वस्तुओं से रहित रखता है, तब उसे लक्ष्य-भ्रष्ट ही कहना चाहिए, क्योंकि यह स्थिति तो बर्बरता में भी सम्भव थी। यदि उस स्थिति से मनुष्य सन्तुष्ट रह सकता तो फिर समाज की आवश्यकता ही न रह जाती। किसी भी सामंजस्यपूर्ण समाज

में परिश्रम और सुख की यह विषमता सम्भव नहीं, क्योंकि यह उस समझौते के नितान्त विपरीत है, जिसके द्वारा मनुष्य ने मनुष्य को सहयोग देना स्वीकार किया था। जो बर्बर मनुष्य अपने एक सुख के लिए दूसरे के अनेक सुखों को छीन लेने के लिए स्वच्छन्द था, उसी की उच्छृंखलता को समाज ने न्याय के बन्धन में बाँध लिया है। इस बन्धन के अभाव में प्रत्येक व्यक्ति फिर अपनी पूर्व स्थिति में लौट सकता है, यह इतने वर्षों के अनुभव ने अपेक्षाकृत स्पष्ट कर दिया है। कुछ व्यक्तियों के प्रति समाज का ऐसा अनुचित पक्षपात ही वह व्याधि है, जो उसके रक्त का शोषण करते-करते अन्त में उसे निर्जीव कर देती है।

यह सम्भव है कि सबल, दुर्बलों को अपनी बर्बर शक्ति के द्वारा बाँधकर रख सके, परन्तु यह अनिच्छा और परवशता से स्वीकृत सहयोग दासत्व से किसी भी अंश में न्यून नहीं कहा जा सकता। शक्ति को जन्म देते रहे हैं, जिसकी बाढ़ को रोकने में बड़े शक्तिशाली भी समर्थ नहीं हो सकें। मनुष्य स्वभावत: जीवन को बहुत प्यार करता है, परन्तु जब सहयोगियों के निष्ठुर उत्पीड़न से वह नितान्त दुर्वह हो उठता है, तब उसकी ममता घोरतम विरक्ति में परिवर्तित हो जाती है। पीड़ितों का समाधान सम्भव हो सकता है, परन्तु ऐसे हताश और जीवन के प्रति निर्मम व्यक्तियों का समाधान सम्भव नहीं। ऐसे व्यक्तियों का वेग आँधी के समान चक्षुहीन, बाढ़ के समान दिशाहीन और विद्युत के समान लक्ष्यहीन हो जाता है। अपने सदस्यों की मन:स्थिति ऐसी क्रान्ति तक पहुँचा देना समाज की मनोविज्ञान-शून्यता ही प्रकट करता है।

क्रान्ति युग की प्रवर्तिका है अवश्य, परन्तु उसका कार्य प्रवाह को एक दिशा से रोककर दूसरी में ले जाने के समान है, इसी से उसे पहले लिखा हुआ मिटाना पड़ता है, सीखा हुआ भुलाना पड़ता है और बसाया हुआ उजाड़ना पड़ता है। इसलिए सुव्यवस्थित समाज विकास-मार्ग में रुक-रुककर अपने गन्तव्य और दिशा की परीक्षा करना आवश्यक समझते हैं। बाढ़ से पहले बाँध की उपयोगिता है। जल के प्रलयंकर प्रवाह में चाहे वह न बन सके, परन्तु उसका पूर्ववर्ती होकर अनेक आघात सहकर भी स्थिर रह सकता है। फिर यह आवश्यक नहीं कि ऐसी संहारक और सर्वग्रासी क्रान्ति, सुन्दर निर्मायक भी हो। तरंग का स्वभाव तट से टकराकर लौट जाना है, यह देखना नहीं कि तीर की समरेखा अक्षुण्ण रही या नहीं रही। यह कार्य तो तट की दृढ़ता और प्रकृति पर निर्भर है। क्रान्ति के आघात से अपनी रूपरेखा बचा लेना उसी समाज के लिए सम्भव है, जो उसके उद्गम और दिशा से परिचित हो और उसे सहन करने की क्षमता रखता हो। जिस समुद्र के अनन्त और अथाह गर्भ में पर्वत खो गए हैं, उसी से तट से सम्बन्ध रखनेवाले गोताखोर मोती निकाल लाते हैं और जिस ऊँची लहर के सामने बड़े-बड़े पोत बह जाते हैं, उसी में तट पर आधार-स्तम्भ के सहारे मनुष्य स्नान करके निर्मल हो जाते हैं।

यदि समाज के पास ऐसा आधार-स्तम्भ हो तो क्रान्तियाँ उसे और अधिक निर्मल बना सकती हैं। इसकी अनुपस्थिति में निरुद्देश्य बहना ही अधिक सम्भव है, जो व्यक्ति और समाज के युगदीर्घ बन्धन को शिथिल किये बिना नहीं रहता।

स्त्री-पुरुष का सम्बन्ध भी अर्थ से कम महत्त्वपूर्ण नहीं। समाज को बाँधनेवाला यह सूत्र कितना सूक्ष्म और दृढ़ है, यह उसके क्रमिक विकास के इतिहास से प्रकट हो जाएगा।

यह धारणा कि गृह का आधार लेकर समाज का निर्माण हो सका है। आधुनिकता के आलोक में पुरानी मानी जावेगी। परन्तु नैतिक दृष्टि से समाज-वृक्ष के सघनमूल का पहला अंकुर स्त्री, पुरुष और उसकी सन्तान में पनपा, इसे निर्मूल सिद्ध कर देना सम्भव नहीं हो सकेगा।

यदि वह ध्यान से देखें तो ज्ञात होगा कि बहुत काल से स्त्री की स्थिति समाज का विकास नापने के लिए मापदंड रही है। नितान्त बर्बर जाति में स्त्री केवल विनोद का साधन और अधिकार में रखने की वस्तु समझी जाती रही। आज भी जंगली जातियों में स्त्री की वह स्थिति नहीं है, जो सभ्य समाज में मिलेगी। उस आदिम युग में मातृत्व स्वीत्व का आकस्मिक परिणाम था, जिससे जाति तो लाभ उठाती थी, परन्तु स्त्री उपयोगी यंत्र से अधिक गौरव नहीं पाती थी। तब स्त्री-पुरुष का सम्बन्ध भी अपने क्षणिक विनोद और उत्तरदायित्वहीनता के कारण पशुत्व का ही एक रूप था। वह यदि पशुत्व से निकृष्ट नहीं कहा जा सकता तो उत्कृष्ट होने का गर्व भी नहीं कर सकता। कहीं पुरुषों का समूह-का-समूह स्त्री समूह से विवाहित था, कहीं एक पुरुष के अधिकार में पालतू पशुओं के समान बहुत-सी स्त्रियाँ थीं और कहीं स्त्री की संख्यां न्यून होने के कारण अनेक पुरुष एक स्त्री पर अधिकार रखते थे। सारांश यह कि जहाँ जनसंख्या के अनुसार जैसी आवश्यकता थी, वैसे ही नियम बन गए।

जाति की वृद्धि और पुरुषों के मनोविनोद का साधन होने के अतिरिक्त स्त्री का कोई और उपयोग नहीं था। आनन्द के अन्य उपकरणों के समान उन्हें विपक्षियों से जीत लाना या सुयोग पाकर उनका अपहरण कर लाना साधारण-सी बात थी। स्त्री के हृदय है या उसकी इच्छा अनिच्छा भी हो सकती है, यह आदिम युग के पुरुष की सहज बुद्धि से परे था, परन्तु जैसे-जैसे मानव-जाति पशुत्व की परिधि से बाहर आती गई, स्त्री की स्थिति में भी अन्तर पड़ता गया। जाति की माता होने के नाते उसके प्रति कुछ विशेष आदर का भाव भी प्रदर्शित किया जाने लगा। कब और कैसे पुरुष तथा स्त्री के सम्बन्ध में उस आसक्ति का जन्म हुआ, जिसने समय के प्रवाह में परिष्कृत से परिष्कृततर होते-होते गृह की नींव डाली, यह जान सकना कठिन है, परन्तु अनुमानतः दोनों की ही प्रवृत्ति और सहज बुद्धि ने उस अव्यवस्थित जीवन की त्रुटियाँ समझ ली होंगी। परस्पर संघर्ष में लगी हुई जातियों को तो इतना अवकाश ही

न मिलता था कि वे जीवन की विशेष सुविधाओं का अभाव अनुभव करतीं। परन्तु जब उन्होंने अपेक्षाकृत शान्ति से बसने का स्थान खोज निकाला और जीवन के लिए कुछ सुविधाएँ प्राप्त कर लीं, तब उनका ध्यान स्त्री की स्थायी उपयोगिता पर भी गया। पुरुष ने देखा, वह कभी श्रान्त, कभी क्लान्त और कभी रोगग्रस्त एकाकी है। ऐसी दशा में किसी मृदुस्वभावा सहचरी के साहचर्य की ओर उसकी कल्पना स्वत: प्रभावित होने लगी तो आश्चर्य ही क्या है? अपने अभाव के अतिरिक्त पुरुष की अधिकार-भावना भी गृह की नींव डालने में बहुत सहायक हुई होगी। अपनी तलवार, अपने धनुषबाण के समान पुरुष अपनी स्त्री और अपनी सन्तान कहने के लिए भी आतुर हो उठा। मनोज्ञ स्त्री को संघर्ष से बचाने और जाति को वीर पुत्र देने का गर्व करने के लिए भी यह आवश्यक था कि स्त्री एकान्त रूप से उसी के अधिकार में रहती। स्त्री ने भी अनिश्चित और संघर्षमय बाह्य जीवन से थककर अपने तथा अपनी सन्तान के लिए ऐसा साहचर्य स्वीकार किया, जो उसे जीवन की अनेक असुविधाओं से मुक्त कर सकता था। इस साहचर्य के नियम बहुत काल तक कोई स्पष्ट रूपरेखा न पा सके, क्योंकि उस समय तक मनुष्य-समूह की स्थिति में भी निरन्तर परिवर्तन होता रहता था।

जिस समाज में हर पुरुष तथा स्त्री के सम्बन्ध का प्राचीनतम रूप देख सकते हैं, वह वैदिक समाज है, परन्तु वह अपनी संस्कृति और प्रगतिशीलता के कारण किसी भी अर्थ में आदिमकाल का समाज नहीं कहा जा सकता। उस समय तक समाज की रूप-रेखा स्पष्ट और उद्देश्य निश्चित हो जाने के कारण स्त्री की स्थिति में भी बहुत अन्तर आ चुका था।

वेदकालीन समाज जीवन-धारण के लिए अनिवार्य अग्नि, इन्द्र, सूर्यादि का महत्त्व समझ चुका था, रात्रि उषा आदि की अभिनव सुषमा देखकर भाव-विह्वल हो चुका था, नवीन स्थान में अपने संगठन को दृढ़तर करने के लिए वर्ण-व्यवस्था का आविष्कार कर चुका था और जाति की वृद्धि और प्रसार के लिए व्यक्ति को धर्म की दीक्षा दे चुका था। गृह के बिना पुरुष का कहीं बसना सम्भव नहीं और स्त्री के बिना गृह नहीं, अत: स्त्री पुरुष की सहधर्मिणी निश्चित की गई। उन दोनों का उद्देश्य समाज को सुयोग्य सन्तान की भेंट देना और फिर उस सन्तान के लिए स्थान रिक्त करके अवकाश लेना था। उस समय जाति की विधात्री होने के कारण स्त्री आवश्यक और आदरणीय तो थी ही, साथ ही, उसके जीवनचर्या सम्बन्धी नियम भी अधिक कठोर नहीं बनाए जा सके। सहधर्मिणीत्व के अभाव में भी समाज उसकी सन्तान को त्याज्य नहीं कह सकता था; सौभाग्य से शून्य होने पर भी समाज उसे गृहधर्म से निर्वासन-दंड न दे सकता था। वह मत्स्योदरी होकर भी राजरानी के पद पर प्रतिष्ठित हो सकती थी, कुन्ती होकर भी मातृत्व की गरिमा से गुरु रह सकती थी और द्रौपदी होकर भी पतिव्रता के आसन से नहीं हटाई जा सकती थी। वह समाज

की स्थिति के लिए पुरुष की सहधर्मिणी थी, पुरुष की अधिकार-भावना से बँधी अनुगामिनी मात्र नहीं। जैसे-जैसे भिन्न परिस्थितियों में उसकी सामाजिक उपयोगिता घटती गई, वैसे-वैसे पुरुष व्यक्तिगत अधिकार-भावना से उसे घेरता गया। अन्त में यह स्थिति ऐसी पराकाष्ठा को पहुँच गई जहाँ व्यक्तिगत अधिकार-भावना ने स्त्री के सामाजिक महत्त्व को अपनी छाया से ढक लिया। एक बार पुरुष के अधिकार की परिधि में पैर रख देने के पश्चात् जीवन में तो क्या, मृत्यु में भी वह स्वतंत्र नहीं। इस विधान ने ही विधवा की दयनीय स्थिति सम्भव कर दी। कदाचित् पहले यह विधान वर्णों के बन्धन कुछ कठिन हो जाने पर उन सन्तानवती विधवाओं के लिए किया गया होगा जिनको अपने बालकों का पालन उनके पिता के कुल और संस्कृति के अनुसार करना होता था।

प्रत्येक युग की सुविधा और असुविधाओं ने स्त्री-पुरुष के बन्धन को विशेष रूप से प्रभावित किया है और प्राय: वह प्रभाव स्त्री की स्थिति में अधिक अन्तर लाता रहा। शासकों में उसके प्रतिनिधियों की संख्या शून्य-सी रही है, अत: उसके सब विधान पुरुष की सुविधा के केन्द्रबिन्दु बनाकर रचे गए। आध्यात्मिकता का सूक्ष्म अवलम्ब लेकर पुरुष के प्रति उसका जो कर्तव्य निश्चित किया गया है, उसमें उसके या समाज के हानि-लाभ का विशेष ध्यान नहीं रखा जा सका, यह स्पष्ट है। पुरुष और स्त्री का सम्बन्ध केवल आध्यात्मिक न होकर व्यावहारिक भी है, इस प्रत्यक्ष सत्य को समाज न जाने कैसे अनदेखा करता रहा है। व्यावहारिकता में एक व्यक्ति को दूसरे के लिए जो त्याग करना पड़ता है, उसके उपयुक्त मानसिक स्थिति उत्पन्न कर देना आध्यात्मिकता का कार्य और आध्यात्मिकता में जिस यथार्थता का स्पर्श हम भुला देते हैं, उसे स्मरण कराते रहना व्यावहारिकता का लक्ष्य है। जब तक दाम्पत्य सम्बन्ध में पशुत्व देवत्व में घुलकर नहीं आता और देवत्व साकार बनकर नहीं अवतीर्ण होता, तब तक वह अपूर्ण ही रहेगा।

जैसे-जैसे हमारा समाज अपने आधे सदस्यों से अधिकारहीन बलिदान और आत्म-समर्पण लेता जा रहा है, वैसे-वैसे वह भी अपने अधिकार खोता जा रहा है, यह समाज के असन्तोषपूर्ण वातावरण से प्रकट है।

आज के समाज की जो स्थिति है, उसकी उपयुक्त परिभाषा कठिनाई से दी जा सकेगी। वह कुछ विशेष अधिकार-सम्पन्न और कुछ नितान्त अधिकारशून्य व्यक्तियों का ऐसा समूह है, जो उपयोगिता से नहीं वरन परम्परागत धारणा से बँधा है। कहीं सन्तोष की अतिवृष्टि है और कहीं असन्तोष की अनावृष्टि, जिससे सामाजिक जीवन का सामंजस्य नष्ट होता जा रहा है।

हमारा समाज अब प्राचीन-काल का सुसंगठित मानव-समूह नहीं रहा जिसके हाथ में राजनीतिक, धार्मिक, सामाजिक आदि सभी व्यवस्थाएँ थीं। अब भिन्न-भिन्न समाज स्वयं अपना शासन नहीं करते, अत: सदस्यों में वह सम्बन्ध रहना सम्भव नहीं

जो प्राचीन संगठनों में मिल सकता था। इस प्रकार शासन-सत्ता से हीन होकर समाज दंड और पुरस्कार की विशेष क्षमता नहीं रखता। आरम्भ में उसने अपनी इस क्षति की पूर्ति का साधन धर्म को बनाया, जिससे सामाजिक बन्धन कठिन और दुर्वह हो उठे। धर्म जब मनुष्य के भावना-द्वार से हृदय तक पहुँचता है तब उसके प्रभाव से मनुष्य की विचारधारा वैसे ही विकसित हो उठती है, जैसे मलय-समीर से कली। परन्तु वही धर्म जब मनुष्य की बुद्धि पर बलात डाल दिया जाता है तब वह अपने भार से मनुष्य की कोमल भावनाओं को कुचल-कुचलकर निर्जीव और रसहीन बनाये बिना नहीं रहता। धर्म का शासन हमारे जीवन पर वैसे ही प्रयासहीन होना चाहिए, ज़ैसे हमारी इच्छा-शक्ति का आचरण पर होता है। सप्रयास धर्म जीवन का सबसे बड़ा अभिशाप है। न वह जीवन की गहराई तक पहुँच सकता है और न उनकी प्रत्येक शिरा में व्याप्त होकर उसे रसमय ही कर सकता है। बीज को हम वृक्ष की सबसे ऊँची डाल के अग्र भाग के साथ बहुत ऊँचाई तंक पहुँचा सकते हैं, परन्तु वहाँ उसे जमा करना हमारी क्षमता के बाहर की बात है। उसे अंकुरित होकर आकाश छूने के लिए पहले पृथ्वी की गहराई में जाना होता है, यह प्रकृति का अटल नियम है। शासन-सत्ता के साथ, समाज को अन्य सामाजिक संस्थाओं की व्यवस्था पर भी अपना प्रभुत्व कम करना पड़ा जिससे समाज और सामाजिक संस्थाएँ विकास के मार्ग में साथ-साथ न चल सकीं। नवीन परिस्थितियों में समाज के सदस्यों को सुसंगठित होकर एक स्थान में बसने की सुविधा न मिलना भी सामाजिक बन्धन की शिथिलता का कारण बन गया। कुछ व्यक्तिवाद ने और कुछ समाज की अव्यावहारिकता ने मनुष्य को अपनी सामाजिक उपयोगिता भूल जाने पर बाध्य कर दिया।

इस प्रकार अनेक बाह्य और आन्तरिक, प्रकट और अप्रकट कारणों ने समाज का वह रूपान्तर कर डाला जिससे सामूहिक रूप से हमारी हानि हुई। कुछ प्राकृतिक परिस्थितियों पर हमारा वश नहीं था,यह सत्य है, परन्तु यदि हम उनके अनुरूप सामाजिक संगठन कर सकते तो ऐसी अराजकता नितान्त असम्भव हो उठती है।

इस समय समाज से हमारा अभिप्राय सम्प्रदाय विशेष या जाति-विशेष ही रहता है, जिसके भिन्न-भिन्न स्थानों में फैले हुए सदस्यों के आचरण और रीतियों में एक विशेष समानता रहती है। कुछ समय पूर्व तक यह समाज अपने इने-गिने अधिकारों का प्रयोग विवेक-शून्य निष्ठुरता के साथ करता रहा, परन्तु इससे बँधने के स्थान में सारे सदस्य दूर-दूर होते गए। अब तो विवाह आदि के समय ही व्यक्ति अपने जाति-भाइयों की खोज करता है, परन्तु यह अनिवार्यता भी धीरे-धीरे शिथिल होती जा रही है।

प्रत्येक जाति और सम्प्रदाय में कुछ उग्र विचारवाले, कुछ नवीनता के संयत उपासक और कुछ रूढ़िवादी अवश्य मिलेंगे। इनके बिखर जाने के कारण कुछ समाज ऐसे भी बन गए हैं जिनका आधार विचारधारा है, जाति या सम्प्रदाय नहीं।

परन्तु जाति के संगठन में यदि उपयोगिता का अभाव है तो इनमें व्यावहारिकता की शून्यता है। उग्र विचारवालों में विचार के अतिरिक्त और कोई समानता नहीं, संयत विचारवालों में पर्याप्त साहस नहीं और रूढ़िवादियों में व्यवहारकुशलता नहीं। समाज को ऐसा अपरूप देने का कुछ श्रेय पाश्चात्य सभ्यता को भी देना होगा, क्योंकि उसके अभाव में ऐसे परिवर्तन प्राकृतिक ढंग से आते। एक विदेशीय संस्कृति में पला समाज जब शासक के रूप में आ जाता है तब शासित जाति के संगठन में कुछ आकस्मिक परिवर्तन होना स्वाभाविक ही है। कोई भी पहले से प्रतिष्ठित संस्कृति न एकदम पराजय स्वीकार कर सकती है और न विजय में एकान्त विश्वास ही रखती है। शासक और शासित समाज का संघर्ष उच्छृंखल भी हो सकता है और संयत भी, यह ऐतिहासिक सत्य है। किसी समय भारतीय संस्कृति और समाज को मुस्लिम संस्कृति से लोहा लेना पड़ा था और उस अग्निवर्षा से वह अक्षत निकल आई। इस विजय का कारण उस संघर्ष का बाह्य और उच्छृंखल होना ही कहा जा सकता है। किसी जाति की संस्कृति उसके शरीर का वस्त्र न होकर उसकी आत्मा का रस है, इसी से न हम उसे बलात् छीन सकते हैं और न चीर-फाड़कर फेंक सकते हैं। उस रस का स्वाद बदलने के लिए तो हमें उससे अधिक मधुर औषधि पिलानी पड़ेगी। जब-जब बाहर की संस्कृति विवेकशून्य होकर आई, उसे पराजय ही हाथ लगी। जब उसने विवेक-बुद्धि से काम लिया तब अपने पीछे विजय की ज्वलन्त कहानी छोड़ती गई है।

पाश्चात्य संस्कृति ने हमें युद्ध की चुनौती न देकर मित्रता का हाथ बढ़ाया, इसी से हमारा उससे कोई बाह्य संघर्ष भी नहीं हुआ। वह हमारी अनेक सामाजिक संस्थाओं में प्रवेश पाते-पाते हमारे हृदय में प्रविष्ट हो गई और प्रकार बिना किसी संघर्ष के भी हमारे जीवन को उतना ही प्रभावित कर सकी जितना स्वयं हमारी संस्कृति कर सकती थी। उसकी उपयोगिता या अनुपयोगिता के सम्बन्ध में बहुत कुछ कहा जाता रहा है और कहा जाता रहेगा, परन्तु इतना दोनों ही दशाओं में सत्य है कि उसने हमारे सामाजिक दृष्टिकोण को बहुत बदल दिया है। शासक-संस्कृति होने के कारण यह अन्य संस्कृतियों के समान हमारी संस्कृति में विलीन होना नहीं चाहती, अन्यथा इससे हमारे विकास में कोई विशेष बाधा न पहुँचती। वर्तमान परिस्थितियों में उसने हमारे शिथिल समाज के भीतर एक ऐसे समाज का निर्माण कर दिया है जिसकी आत्मा भारतीय और शरीर अभारतीय जान पड़ता है। इसे न हम साथ ले चल सकते हैं और न छोड़ सकते हैं। वह पश्चिमीय विचारधारा में बहकर भी उससे शासित नहीं होता और भारतीयता में जीवित रहकर भी उससे प्रभावित नहीं होता।

संगठन की इन असुविधाओं के साथ-साथ विषम अर्थ-विभाजन और स्त्री की स्थिति समाज की नींव को खोखला किये दे रही हैं। इसका उत्तरदायित्व समाज और शासन-विभाग, दोनों पर है सही, परन्तु उससे उत्पन्न अव्यवस्था का अधिकांश समाज

को मिलता है। केवल शक्ति से शासन हो सकता है, समाज नहीं बन सकता, जिसकी स्थिति मनुष्य के स्वच्छन्द सहयोग पर स्थिर है। निरंकुश शासन शासक का अन्त कर सकता है, निरंकुश समाज मनुष्यता को समाप्त कर देता है।

हमारी श्रृंखला की कड़ियाँ

1

प्राय: जो वस्तु लौकिक साधारण वस्तुओं से अधिक सुन्दर या सुकुमार होती है, उसे या तो मनुष्य अलौकिक और दिव्य की पंक्ति में बैठाकर पूजार्ह समझने लगता है या वह तुच्छ समझी जाकर उपेक्षा और अवहेलना की भाजन बनती है। अदृष्ट की विडम्बना से भारतीय नारी को दोनों ही अवस्थाओं का पूर्ण अनुभव हो चुका है। वह पवित्र देव-मन्दिर की अधिष्ठात्री देवी भी बन चुकी है और अपने गृह के मलिन कोने की बन्दिनी भी। कभी जिन गुणों के कारण उसे समाज में अजस्र सम्मान और अतुल श्रद्धा मिली, जब प्रकारान्तर से वे ही त्रुटियों में गिने जाने लगे तब उसे उतनी ही मात्रा में अश्रद्धा और अनादर भी अपना जन्मसिद्ध अधिकार मानकर स्वीकार करना पड़ा। उसे जगाने का प्रयास करनेवाले भी प्राय: उसी सन्देह में पड़े रहते हैं कि वह जाति सो रही है या मृतक ही हो चुकी है जिसकी जागृति स्वप्नमात्र है।

वास्तव में उस समय तक इसका निश्चय करना भी कठिन है जब तक हम उसकी युगान्तरदीर्घ जड़ता के कारणों पर एक विहंग दृष्टि न डाल लें।

संसार के मानव-समुदाय में वही व्यक्ति स्थान और सम्मान पा सकता है, वही जीवित कहा जा सकता है जिससे हृदय और मस्तिष्क ने समुचित विकास पाया हो और जो अपने व्यक्तित्व द्वारा मनुष्य समाज से रागात्मक के अतिरिक्त बौद्धिक सम्बन्ध भी स्थापित कर सकने में समर्थ हो। एक स्वतंत्र व्यक्तित्व के विकास की सबको आवश्यकता है, कारण, बिना इसके न मनुष्य अपनी इच्छाशक्ति और संकल्प को अपना कह सकता है और न अपने किसी कार्य को न्याय-अन्याय की तुला पर तौल ही सकता है।

नारी का मानसिक विकास पुरुषों के मानसिक विकास से भिन्न परन्तु अधिक द्रुत, स्वभाव अधिक कोमल और प्रेम-घृणादि भाव अधिक तीव्र तथा स्थायी होते हैं। इन्हीं विशेषताओं के अनुसार उसका व्यक्तित्व विकास पाकर समाज के उन अभावों की पूर्ति करता रहता है, जिनकी पूर्ति पुरुष-स्वभाव द्वारा सम्भव नहीं। इन दोनों प्रकृतियों में उतना ही अन्तर है जितना विद्युत और झड़ी में। एक से शक्ति

उत्पन्न की जा सकती है, बड़े-बड़े कार्य किये जा सकते हैं, परन्तु प्यास नहीं बुझाई जा सकती। दूसरी से शान्ति मिलती है, परन्तु पशुबल की उत्पत्ति सम्भव नहीं। दोनों के व्यक्तित्व अपनी पूर्णता में समाज के एक ऐसे रिक्त स्थान को भर देते हैं जिससे विभिन्न सामाजिक सम्बन्धों में सामंजस्य उत्पन्न होकर उन्हें पूर्ण कर देता है।

प्राचीनतम काल में मनुष्य को सामाजिक प्राणी बनाने में, पत्नी-पुत्रादि के लिए गृह और उसकी पवित्रता की रक्षा के लिए नियमों का आविष्कार कराने में स्त्री का कितना हाथ था, यह कहना कठिन है, परन्तु उसके व्यक्तित्व के प्रति समाज का इतना आदर और स्नेह प्रकट करना सिद्ध करता है कि मानव-समाज की अनिवार्य आवश्यकताओं की पूर्ति उसी से सम्भव थी। प्राचीन आर्य नारी के सहधर्मचारिणी तथा सहभागिनी के रूप में कहीं भी पुरुष का अन्धानुसरण या अपने-आपको छाया बना लेने का आभास नहीं मिलता।

याज्ञवल्क्य अपनी विदुषी सहधर्मिणी मैत्रेयी को सब कुछ देकर वन जाने को प्रस्तुत होते हैं, परन्तु पत्नी वैभव का उपहास करती हुई पूछती है : "यदि ऐश्वर्य से भरी सारी पृथ्वी मुझे मिल जाय तो क्या मैं अमर हो सकूँगी?" चकित-विस्मित पति कह देता है : "धन से तुम सुखी हो सकोगी, अमर नहीं।" पत्नी की विद्रूपमय हँसी में उत्तर मिलता है : "जिससे मैं अमर न हो सकूँगी, उसे लेकर करूँगी ही क्या?" आज भी : 'तमसो मां ज्योतिर्गमय, मृत्योः मां अमृतं गमय' आदि उसके प्रवचनों से ज्ञात होता है कि गृह की वस्तुमात्र समझी जानेवाली स्त्री ने कभी जीवन को कितनी गम्भीरतामयी दार्शनिक दृष्टि से देखने का प्रयत्न किया था।

त्यागी बुद्ध की करुण कहानी की आधार सती गोपा भी केवल उनकी छाया नहीं जान पड़ती, वरन उसका व्यक्तित्व बुद्ध से भिन्न और उज्ज्वल है। निराशा में, ग्लानि में और उपेक्षा में वह न आत्महत्या करती है, न वन-वन पति का अनुसरण। अपूर्व साहस द्वारा अपना कर्तव्य-पथ खोजकर स्नेह से पुत्र को परिवर्द्धित करती है और अन्त में सिद्धार्थ के प्रबुद्ध होकर लौटने पर धूलि के समान उनके चरणों से लिपटने न दौड़कर कर्तव्य की गरिमा से गुरु बनकर अपने ही मन्दिर में उनकी प्रतीक्षा करती है।

महापुरुषों की छाया में रहनेवाले कितने ही सुन्दर व्यक्तित्व कान्तिहीन होकर अस्तित्व खो चुके हैं, परन्तु उपेक्षिता यशोधरा आज भी स्वयं जीकर बुद्ध के विरागमय शुष्क जीवन को सरस बनाती रहती है।

छाया के समान राम का अनुसरण करनेवाली मूर्तिमती करुणामयी सीता भी वास्तव में छाया नहीं है। वह अपने कर्तव्य के निर्दिष्ट करने में राम की भी सहायता नहीं चाहती, वरन उनकी इच्छा के विरुद्ध वन-गमन के क्लेश सहने को उद्यत हो जाती है। अन्त में अकारण ही पति द्वारा निर्वासित की जाने पर असीम धैर्य से वनवासिनी का जीवन स्वीकार कर गर्वपूर्ण सन्देश भेजती है : "मेरी ओर से उस राजा से कहना कि मैं तो पहले ही अग्नि-परीक्षा देकर अपने-आपको

साध्वी प्रमाणित कर चुकी हूँ, मुझे निर्वासित कर उसके क्या अपने प्रख्यात कुल के अनुरूप कार्य किया है?" :

वाच्यस्त्वया मद्वचानात्स राजा वह्नौ विशुद्धामपि यत्समक्षम।
मां लोकवादश्रवणादहासी: श्रुतस्य कि तत्सदृशं कुलस्य॥

उसका सारा जीवन साकार साहस है कि जिस पर कभी दैन्य की छाया नहीं पड़ी।

महाभारत के समय की कितनी ही स्त्रियाँ अपने स्वतंत्र व्यक्तित्व तथा कर्तव्य-बुद्धि के लिए स्मरणीय रहेंगी। उसमें से प्रत्येक संसार-पथ में पुरुष की संगिनी हैं, छाया मात्र नहीं। छाया का कार्य, आधार में अपने-आपको इस प्रकार मिला देना है जिसमें वह उसी के समान जान पड़े, और संगिनी का अपने सहयोगी की प्रत्येक त्रुटि को पूर्ण कर उसके जीवन को अधिक-से-अधिक पूर्ण बनाना।

स्त्री को अपने अस्तित्व को पुरुष की छाया बना देना चाहिए, अपने व्यक्तित्व को उसमें समाहित कर देना चाहिए, इस विचार का पहले कब आरम्भ हुआ, यह निश्चयपूर्वक कहना कठिन है, परन्तु इसमें सन्देह नहीं कि यह किसी आपत्तिमूलक विषवृक्ष का ही विषमय फल रहा होगा। जिस अशान्त वातावरण में पुरुष अपनी इच्छा और विश्वास के अनुसार स्त्री को चलाना चाहता था, उसमें इस भ्रमात्मक धारणा को कि स्त्री स्वतंत्र व्यक्तित्व से रहित पति की छायामात्र है, सिद्धान्त का रूप दे दिया गया। इस भावना ने इतने दिनों में कितना अपकार कर डाला है, यह इस जाति की युगान्तर तक भंग न होनेवाली निद्रा और निश्चेष्टता देखकर ही जाना जा सकता है। उसके पास न अपनापन है और न वह अपनापन चाहती ही है।

इस समय हमारे समाज में केवल दो प्रकार की स्त्रियाँ मिलेंगी—एक वे, जिन्हें इसका ज्ञान ही नहीं है कि वे भी एक विस्तृत मानव-समुदाय की सदस्या हैं और उनका भी एक ऐसा स्वतंत्र व्यक्तित्व है जिसके विकास से समाज का उत्कर्ष और संकीर्णता से अपकर्ष सम्भव है; दूसरी वे, जो पुरुषों की समता करने के लिए उन्हीं के दृष्टिकोण से संसार को देखने में, उन्हीं के गुणावगुणों का अनुकरण करने में जीवन के चरम लक्ष्य की प्राप्ति समझती हैं। सारांश यह कि एक ओर अर्थहीन अनुसरण है तो दूसरी ओर अनर्थमय अनुकरण और ये दोनों प्रयत्न समाज की शृंखला को शिथिल तथा व्यक्तिगत बन्धनों को सुदृढ़ और संकुचित करते जा रहे हैं।

अनुसरण मनुष्य की प्रकृति है। बालक प्राय: आरम्भ में सब कुछ अनुसरण से ही सीखता है, तत्पश्चात अपने अनुभव के साँचे में ढालकर उसे अधिक-से-अधिक पूर्ण करने का प्रयास करता है। परन्तु अनुभव के आधार से हीन अनुसरण सिखाए हुए पशु के अन्धानुसरण के समान है जो जीवन के गौरव को समूल नष्ट कर और मनुष्य को दयनीय बनाकर पशु की श्रेणी में बैठने के लिए बाध्य कर देता है। कृत्रिम प्राचीनता के आवरण में पली देवियाँ असंख्य अन्याय इसलिए नही सहतीं कि उनमें

प्रतिकार की शक्ति का अभाव है वरन यह विचार कर कि पुरुष समाज के न्याय समझकर किये कार्य को अन्याय कह देने से वे कर्तव्यच्युत हो जाएँगी। वे बड़ा-से-बड़ा त्याग प्राणों पर खेलकर हँसते-हँसते कर डालने पर उद्यत रहती हैं, परन्तु उसका मूल्य वही है जो बलिपशु के निरुपाय त्याग का होता है। वे दूसरों के इंगितमात्र पर किसी भी सिद्धान्त की रक्षा के लिए जीवन की बाजी लगा देंगी, परन्तु अपने तर्क और विवेक की कसौटी पर उसका खरापन बिना जाँचे हुए—अत: यह विवेकहीन आदर्शाचरण भी उनके व्यक्तित्व को अधिक-से-अधिक संकुचित तथा समाज के स्वस्थ विकास के लिए अनुपयुक्त बनाता जा रहा है।

दर्पण का उपयोग तभी तक है जब तक वह किसी दूसरे की आकृति को अपने हृदय में प्रतिबिम्बित करता रहा है, अन्यथा लोग उसे निरर्थक जानकर फेंक देते हैं। पुरुष के अन्धानुसरण ने स्त्री के व्यक्तित्व को अपना दर्पण बनाकर उसकी उपयोगिता तो सीमित कर ही दी, साथ ही समाज को भी अपूर्ण बना दिया। पुरुष समाज का न्याय है, स्त्री दया; पुरुष प्रतिशोधमय क्रोध है, स्त्री क्षमा; पुरुष शुष्क कर्तव्य है, स्त्री सरस सहानुभूति और पुरुष बल है, स्त्री हृदय की प्रेरणा। जिस प्रकार युक्ति से काटे हुए काष्ठ के छोटे-बड़े विभिन्न आकारवाले खंडों को जोड़कर हम अखंड चतुष्कोण या वृत्त बना सकते हैं, परन्तु उनकी विभिन्नता नष्ट करके तथा सबको समान आकृति देकर हम उन्हें किसी पूर्ण वस्तु का आकार नहीं दे सकते, उसी प्रकार स्त्री-पुरुष के प्राकृतिक मानसिक वैपरीत्य द्वारा ही समाज सामंजस्यपूर्ण और अखंड हो सकता है, उनके बिम्ब प्रतिबिम्ब भाव से नहीं। उससे समाज का दृष्टिकोण एकांगी हो जाएगा तथा जीवन की अनेकरूपता का वास्तविक मूल्य आँकना असम्भव।

असंख्य विषमताओं का कारण, स्त्री का अपने स्वतंत्र व्यक्तित्व को भूलकर विवेकशक्ति को खो देना है। उसके बिना जाने ही उसका कर्तव्यपथ निश्चित हो चुकता है जिस पर चलकर न उसे सफलताजनित गर्व का अनुभव होता है, न असफलताजनित ग्लानि का। वह अपने सफलता या असफलता की छाया पुरुष की आत्मतुष्टि या असन्तोष में देखने का प्रयत्न करती है, अपने हृदय में नहीं।

हमारे यहाँ सभी माताएँ हैं, परन्तु मातृत्व की स्वाभाविक गरिमा से उन्नत मस्तक माता को खोज लेना सहज नहीं; असंख्य पत्नियाँ हैं, परन्तु जीवन की प्रत्येक दिशा में साथ देनेवाली, अपने जीवन-संगी के हृदय के रहस्यमय कोने-कोने से परिचित सौभाग्यगर्विता सहधर्मचारिणियों की संख्या उँगलियों पर गिनने योग्य है।

अनुकरण को चरम लक्ष्य माननेवाली महिलाओं ने भी अपने व्यक्तित्व के विकास के लिए सत्पथ नहीं खोज पाया, परन्तु उस स्थिति में उसे खोज पाना सम्भव भी नहीं था। उन्हें अपने मूक छायावत निर्जीव जीवन से ऐसी मर्मव्यथा हुई कि उसके प्रतिकार के लिए उपयुक्त साधनों के आविष्कार का अवकाश ही न मिल सका, अत: उन्होंने अपने-आपको पुरुषों के समान ही कठिन बना लेने की कठोर साधना

आरम्भ की। कहना नहीं होगा कि इसमें सफलता का अर्थ स्त्री के मधुर व्यक्तित्व को जलाकर उसकी भस्म से पुरुष की रुक्ष मूर्ति गढ़ लेना है। फलत: आज की विद्रोहशील नारी व्यावहारिक जीवन में अधिक कठोर है, गृह में अधिक निर्मम और शुष्क, आर्थिक दृष्टि से अधिक स्वाधीन, सामाजिक क्षेत्र में अधिक स्वच्छन्द, परन्तु अपनी निर्धारित रेखाओं की संकीर्ण सीमा की वन्दिनी है। उसकी यह धारणा कि कोमलता तथा भावुकता ऐसी लौह-शृंखलाएँ हैं जो देखने तथा सुनने में ही कोमल जान पड़ती हैं, पहनने में नहीं। उसके प्रति पुरुष समाज के विवेक और हृदयहीन व्यवहार की प्रतिक्रिया मात्र है। संसार में निरन्तर संघर्षमय जीवन वैसे ही कुछ कम नीरस तथा कटु नहीं है, फिर यदि उससे सारी सुकुमार भावनाओं का, माधुर्य का बहिष्कार कर दिया जाए तो असीम साहसी ही उसे वहन करने में समर्थ हो सकेगा, इतर जनों के जीवन को तो उस रुक्षता का भार चूर-चूर किये बिना न रहेगा। स्त्री की कोमलतामयी सदाशयता और सहानुभूति समाज के सन्तप्त जीवन के लिए शीतल अनुलेप का कार्य करती है, इसमें सन्देह नहीं।

अर्वाचीन समाज में या तो स्त्रियों में स्त्रियोचित स्वतंत्र विवेकमय व्यक्तित्व का विकास ही नहीं हो सका है या उनकी प्रत्येक भावना में, चरित्र में, कार्य में, पुरुष की भावना, चरित्र और कार्य की प्रतिकृति झाँकती रहती है। इसी से एक का निरादर है और दूसरी से अविराम संघर्ष ।

अपनी समस्त शक्तियों से पूर्ण महिमामयी महिला के सम्मुख किसी का मस्तक आदर से नत हुए बिना नहीं रह सकता, यह अनुभव की वस्तु है, तर्क की नहीं। उपेक्षा तथा अनादर वहीं सम्भव है, जहाँ उपेक्षित और अनादृत व्यक्ति उपेक्षा और अनादर करनेवाले के समकक्ष या उससे न्यून होता है। परन्तु स्त्री के जिस गरिमामय व्यक्तित्व को शक्ति का नाम मिला है तथा जिसके लिए मनु को 'यत्रैतास्तु न पूज्यन्ते सर्वास्तत्राऽफला क्रिया' कहना पड़ा है, वह संसार की संकीर्णता से दूर टिमटिमाते हुए ध्रुव की तरह उपेक्षा और अनादर से बहुत ऊपर तथा स्थायी रहेगा। उसकी शक्तियों की गुरुता जानने के लिए उन्हें पुरुष की शक्तियों के साथ एक तुला पर तौलने का प्रयत्न भी भ्रान्ति से रहित नहीं; कारण संसार की प्रत्येक वस्तु में निहित शक्ति की अभिव्यक्तियों और उसके रूपों की एकता किसी भी दशा में न सम्भव है, न उसे होना चाहिए। तूल अपने हल्केपन में कार्य की जो शक्ति छिपाये है, वही लोहे की कठिनता में समाहित है; जल के चल प्रवाह में जिस शक्ति का परिचय हमें मिलता है, वही पर्वत में अचलता बनकर सफलता पाती है। यदि हम अप्राकृतिक साधनों द्वारा जल को अचल या तूल को कठिन बनाकर उनकी शक्तियों से कार्य लेना चाहें तो उनका रूप तो विकृत हो ही जाएगा, साथ ही शक्तियाँ भी परिमित हुए बिना न रहेंगी।

आधुनिक भौतिकवाद-प्रधान युग की नारी को यही दु:ख है कि वह पुरुष के प्रत्येक क्षेत्र में सफलता पाकर भी संसार के अनेक आश्चर्यों में एक बन गई है;

उसके हृदय की एकान्त श्रद्धा की पात्री बनने का सौभाग्य उसे प्राप्त न हो सका। संसार उसे देख विस्मय से अभिभूत होकर चकित-सा ताकता रह जाता है, परन्तु नतमस्तक नहीं होता। इसका कारण उस व्यक्तित्व का अभाव है जिसके सम्मुख मानव समाज को बालक के समान स्वयं ही झुक जाना पड़ता है।

किसी-किसी की धारणा है कि अपने सर्वतोन्मुखी विकास के उपरान्त स्त्री का, पर्वत के शिखर के समान उच्च परन्तु उसी के समान एकाकी हो जाना निश्चित है, क्योंकि तब अपने जीवन की पूर्णता के लिए उसे किसी संगी की उपेक्षा ही न रहेगी। परन्तु वास्तव में यह धारणा प्रत्यक्ष सत्य का उल्लंघन कर जाती है। अपने पूर्ण-से-पूर्ण विकास में भी एक वस्तु दूसरी नहीं हो सकती, यही उसकी विशेषता है, अत: उससे जो भिन्न है, उसका अभाव अवश्यम्भावी है। अपने पूर्ण-से-पूर्ण गौरव से गौरवान्वित स्त्री भी इतनी पूर्ण न होगी कि पुरुषोचित स्वभाव को भी अपनी प्रकृति में समाहित कर ले, अतएव मानव-समाज में साम्य रखने के लिए उसके अपनी प्रकृति से भिन्न स्वभाववाले का सहयोग श्रेय रहेगा। इस दशा में प्रतिद्वन्द्विता सम्भव नहीं।

उसे अपने गुरुतम उत्तरदायित्व के अनुरूप मानसिक तथा शारीरिक विकास के लिए विस्तृत स्वाधीनता चाहिए। कारण, संकीर्णता में उसके जीवन का वैसा सर्वतोन्मुखी विकास सम्भव ही नहीं, जैसा किसी समाज की स्वस्थ व्यवस्था के लिए अनिवार्य है। मनुष्य अपने स्वभाव में कुछ संस्कार लेकर जन्म लेता है जिनके परिस्थितियों के वातावरण में, विकसित होने से उसका चरित्र बनता है। इसके अनन्तर उसके जीवन का वह अध्याय प्रारम्भ होता है जिसमें उसके चरित्रजनित गुण-दोष संसार पर प्रतिफलित होने लगते हैं और संसार के उसके जीवन पर। सबके अन्त में वह प्राकृतिक नियम के द्वारा, अनेक मधुर-कटु अनुभवों का संचय कर अपने जीवन के पर्यवेक्षण को तथा अपने अनुभवों को दूसरों के मार्ग का दीपक बनाने का अवकाश पा लेता है। जिस परिस्थिति-रूपी साँचे में उसके चरित्र को ढलना पड़ता है, वह यदि विपरीत, अनुपयुक्त या विकृत हो तो चरित्र पर भी उसकी अमिट छाप रह जाएगी और यह कहने की आवश्यकता नहीं कि विकृत चरित्र और अनुपयुक्त मानसिक विकासवाला व्यक्ति अपने निर्दिष्ट स्थान में न स्वयं सामंजस्य का अनुभव करेगा, न किसी को करने देगा और अन्त में अनेक कटु अनुभवों से विषाक्त चित्त लेकर वह अन्य व्यक्तियों के मार्ग में भी शूल बिछाता चलेगा। फलत: जीवन की सबसे बड़ी और पहली आवश्यकता सामाजिक प्राणियों के स्वतंत्र विकासानुकूल वातावरण की सृष्टि कर देना है। जिस प्रकार यह सत्य है कि व्यक्ति द्वारा समाज निर्मित और परिवर्तित होता रहता है, उसी प्रकार यह भी सत्य है कि मनुष्य समाज को लेकर नहीं, वरन समाज में जन्म लेता है। अतएव उसका विकास ऐसा होना उचित है जिससे साधारण सामाजिक सिद्धान्तों की रक्षा भी हो सके और समयानुकूल परिवर्तन भी। पुरुष के समान स्त्री भी कुटुम्ब, समाज, नगर तथा राष्ट्र की विशिष्ट

सदस्य है तथा उसकी प्रत्येक क्रिया का प्रतिफल सबके विकास में बाधा भी डाल सकता है और उसके मार्ग को प्रशस्त भी कर सकता है। प्राय: पुरुष का जीवन अधिक स्वच्छन्द वातावरण में विशिष्ट व्यक्तियों के संसर्ग द्वारा बनता है और स्त्री का संकीर्ण सीमा में परम्परागत रूढ़ियों से—जिससे न उसे अपने कुटुम्ब से बाहर किसी वस्तु का अनुभव होता है, न अपने उत्तरदायित्व का ज्ञान। कहीं यह विषमता और कहीं इसकी प्रतिक्रिया जीवन को एक निरर्थक रणक्षेत्र बनाकर उसकी सारी उर्वरता को नष्ट तथा सरसता को शुष्क किये दे रही है।

स्त्री के व्यक्तित्व में कोमलता और सहानुभूति के साथ साहस तथा विवेक का एक ऐसा सामंजस्य होना आवश्यक है जिससे हृदय के सहज स्नेह की अजस्र वर्षा करते हुए भी वह किसी अन्याय को प्रश्रय न देकर उसके प्रतिकार में तत्पर रह सके। ऐसा एक भी सामाजिक प्राणी न मिलेगा जिसका जीवन माता, पत्नी, भगिनी, पुत्री आदि स्त्री के किसी-न-किसी रूप में प्रभावित न हुआ हो। इस दशा में उसके व्यक्तित्व को कितने गुरु उत्तरदायित्व की छाया में विकास पाना चाहिए, वह स्पष्ट है।

स्वयं अपनी इच्छा से स्वीकृत युगदीर्घ बन्धनों को काट देने के लिए हमें संसार भर की अनुमति लेने का न अवकाश है, न आवश्यकता, परन्तु इतना ध्यान रहना चाहिए कि बेड़ियों के साथ ही उसी अस्त्र से बन्दी यदि पैर भी काट डालेगा तो उसकी मुक्ति की आशा दुराशा मात्र रह जावेगी। अपने व्यक्तित्व की, और अपनी विशेषताओं की रक्षा न करते हुए यदि हमने अपनी रक्षा कर ली, यदि उन बन्धनों के साथ हमारे जीवन का आवश्यक अंश भी घिस गया तो हमारा एक बन्धन से मुक्ति पाकर दूसरे में बँध जाना अनिवार्य हो उठेगा।

2

व्यक्तित्व की विकासहीनता का सहायक बनकर जिसने हमें दासता की संकीर्णतम कारा में निर्वासन दे डाला है, वह हमारा नागरिकता विषयक अज्ञान कहा जा सकता है।

हममें से अधिकांश को यह भी ज्ञान नहीं कि गृह की दीवारों के बाहर भी हमारा कार्यक्षेत्र हो सकता है तथा उस क्षेत्र में और अपनी गृहस्थी में उपयोगी बने रहने के लिए हमें कुछ विशेष अधिकार की और सुविधाओं की आवश्यकता पड़ती है।

समाज तथा सामाजिक व्यक्ति-सापेक्ष शब्द हैं। कारण, सामाजिक प्राणी के विकास के लिए समाज का आविर्भाव हुआ है तथा समाज के विकास के लिए व्यक्ति को अधिकार एवं सुविधाएँ प्राप्त हुई हैं। नागरिक शब्द केवल अपने शाब्दिक अर्थ में प्रयुक्त न होकर इतना व्यापक हो गया है कि उससे केवल नगर-निवासी का बोधन होकर न्याय और कानून-सम्बन्धी अनेक अधिकार एवं सामाजिक उत्तरदायित्व से युक्त व्यक्ति का ज्ञान होता है। व्यक्ति सामूहिक विकास को दृष्टि में रखते हुए

शासित भी होता है और शासन में हस्तक्षेप तथा परिवर्तन करने का अधिकार भी। अतः उससे राजनीतिक अधिकार पृथक् नहीं किये जा सकते। यदि कर लिये जाएँ तो समाज में उसका वही मूल्य होगा जो किसी मूक पशु का होता है जिसे मनुष्य अपनी सुविधा के लिए पालता है और इस प्रकार उसके जंगली जीवन को बलात् कभी सामाजिक जीवन से जोड़ लेता है और कभी स्वयं ही उस बन्धन को तोड़ डालता है।

अनेक सम्बन्धों का केन्द्र होने तथा परिवार और समाज-विशेष से सम्बद्ध रहने के कारण उसे सामाजिक विकास के लिए भी विशेष अधिकार और उत्तरदायित्व प्राप्त हो जाना अनिवार्य है। अतः नागरिक को राजनीतिक तथा सामाजिक, दोनों क्षेत्रों में समान रूप से अपना स्थान तथा कर्तव्य जान लेना और उसमें संशोधन या परिवर्तन के लिए स्वाधीनता प्राप्त कर लेना नितान्त आवश्यक है। नागरिक होने के कारण स्त्री को भी इन दोनों ही अधिकारों की आवश्यकता सदा से रही है और रहेगी, परन्तु प्राचीन काल से अब तक उसके अनुकूल स्वत्वों को देने तथा समयनुसार उसमें परिवर्तन की सुविधाएँ सहज करने की ओर कभी किसी का ध्यान नहीं गया।

शासन-विधान ने उसे न्याय तथा कानून-विषयक कैसी सुविधाएँ प्रदान की थीं, यह तो उन शास्त्रों से प्रकट हो जाएगा जिनके आधार पर आज भी उसे अनेक कष्ट सहने पर बाध्य किया जा रहा है। प्राचीन रोम और यूनान के स्वायत्त-शासन में भी स्त्रियों को किसी अधिकार के योग्य नहीं समझ गया था, यह इतिहास से प्रत्यक्ष हो जाता है।

वास्तव में नवीन युग के अनेक सन्देशों में स्त्रियों को भी पुरुषों के समान नागरिक अधिकारों के योग्य समझने की अस्पष्ट भावना भी सन्निहित है।

इस विचार को अब तक भिन्न-भिन्न देशों में कितना क्रियात्मक रूप मिल चुका है, यह प्रत्येक जिज्ञासु को ज्ञात होगा। पश्चिमीय तथा पूर्वीय जाग्रत देशों में स्त्रियों ने उन बेड़ियों को काट डाला है जिनमें पुरुषों ने बर्बरता के युग में उन्हें बाँधकर अपने स्वामित्व का क्रूर प्रदर्शन किया था। उन देशों की महिलाएँ राजनीतिक तथा सामाजिक, दोनों ही प्रकार के अधिकारों द्वारा अपनी शक्तियों का विकास कर, गृह तथा बाह्य संसार में पुरुषों की सहयोगिनी बनकर अपने देश और जाति के उत्कर्ष का कारण बन रही हैं, अपकर्ष का नहीं।

जिसकी सभ्यता की प्राचीनता प्रख्यात है, केवल उसी हमारे देश में अब तक इस भावना की ऐसी धुँधली रुप-रेखा है कि हजार स्त्रियों में कदाचित् एक भी इससे परिचित न होगी।

कानून हमारे स्वत्वों की रक्षा का कारण न बनकर चीनियों के काठ के जूते की तरह हमारे ही जीवन के आवश्यक तथा जन्मसिद्ध अधिकारों को संकुचित बनाता जा रहा है। सम्पत्ति के स्वामित्व से वंचित असंख्य स्त्रियों के सुनहले भविष्यमय जीवन कीटाणुओं से भी तुच्छ माने जाते देख कौन सहृदय रो न देगा? चरम दुरवस्था के

सजीव निदर्शन हमारे यहाँ के सम्पन्न पुरुषों की विधवाओं और पैतृक धन के रहते हुए भी दरिद्र पुत्रियों के जीवन हैं। स्त्री पुरुष के वैभव की प्रदर्शिनी मात्र समझी जाती है और बालक के न रहने पर जैसे उसके खिलौने निर्दिष्ट स्थानों से उठाकर फेंक दिये जाते हैं, उसी प्रकार एक पुरुष के न होने पर न स्त्री के जीवन का कोई उपयोग ही रह जाता है, न समाज या गृह में उसको कहीं निश्चित स्थान ही मिल सकता है। जब जला सकते थे तब इच्छा या अनिच्छा से उसे जीवित ही भस्म करके स्वर्ग में पति के विनोदार्थ भेज देते थे, परन्तु अब उसे मृत पति का ऐसा निर्जीव स्मारक बनकर जीना पड़ता है जिसके सम्मुख श्रद्धा से नतमस्तक होना तो दूर रहा, कोई उसे मलिन करने की इच्छा भी रोकना नहीं चाहता।

यदि उन्हें अर्थ-सम्बन्धी वे सुविधाएँ प्राप्त हो सकें जो पुरुषों को मिलती आ रही हैं तो न उनका जीवन उनके निष्ठुर कुटुम्बियों के लिए भार बन सकेगा और न वे गलित अंग के समान समाज से निकालकर फेंकी जा सकेंगी, प्रत्युक्त, वे अपने शून्य क्षणों को देश के सामाजिक तथा राजनीतिक उत्कर्ष के प्रयत्नों से भरकर सुखी रह सकेंगी।

युगों के अनवरत प्रवाह में बड़े-बड़े साम्राज्य बह गए, संस्कृतियाँ लुप्त हो गईं, जातियाँ मिट गईं, संसार में अनेक असम्भव परिवर्तन सम्भव हो गए, परन्तु भारतीय स्त्रियों के ललाट में विधि की वंकालेखनी से अंकित अदृष्ट लिपि नहीं धुल सकी। आज भी जब सारा गतिशील संसार निरन्तर परिवर्तन की अनिवार्यता प्रमाणित कर रहा है, स्त्रियों के जीवन को काट-छाँटकर उसी साँचे के बराबर बनाने का प्रयत्न हो रहा है जो प्राचीनतम युग में ढाला गया था। प्राचीनता की पूजा बुरी नहीं, उसकी दृढ़ नींव पर नवीनता की भित्ति खड़ी करना भी श्रेयस्कर है, परन्तु उसकी दुहाई देकर जीवन को संकीर्णतम बनाते जाना और विकास के मार्ग को चारों ओर से रुद्ध कर लेना किसी जीवित व्यक्ति पर समाधि बना देने से भी अधिक क्रूर और विचारहीन कार्य है।

हमारे उद्देश्यों के रूप चाहे जितने परिवर्तित जान पड़ें, सफलताओं और विफलताओं की संख्या चाहे जितनी न्यूनाधिक हो, परन्तु हमारा आगे बढ़ते जाना ध्रुव है, इसमें सन्देह नहीं। जीवन की सफलता, अतीत से शिक्षा लेकर अपने-आपको नवीन वातावरण के उपयुक्त बना लेने, नवीन समस्याओं को सुलझा लेने में है— केवल उनके अन्धानुसरण में नहीं। अत: अब स्त्रियों से सम्बद्ध अनेक प्राचीन वैधानिक व्यवस्थाओं में संशोधन तथा अर्वाचीन का निर्माण आवश्यक है।

शासन-व्यवस्था में भी उन्हें स्थान न मिलने से आधा नागरिक समाज प्रतिनिधि-हीन रह जाएगा; कारण अपने स्वत्वों के रूप तथा आवश्यकताओं से स्त्रियाँ जितनी परिचित हो सकती हैं, उतने पुरुष नहीं। परन्तु स्थान मिलने का अर्थ यह नहीं है कि उन्हें केवल पुरुष-परिषदों को अलंकृत करने के लिए रखा जाए। वास्तव में उनका पर्याप्त संख्या में रहकर अपनी अन्य बहनों के हित-अनहित-विषयक अस्पष्ट विचारों

को स्पष्ट करना और उन्हें क्रियात्मक रूप-रेखा देना ही समाज के लिए हितकर सिद्ध हो सकेगा।

सामाजिक अधिकारों के लिए भी यही सत्य है। जो बन्धन पुरुषों की स्वेच्छाचारिता के लिए इतने शिथिल होते हैं कि उन्हें बन्धन का अनुभव ही नहीं होता, वे ही बन्धन स्त्रियों को परावलम्बिनी दासता में इस प्रकार कस देते हैं कि उनकी सारी जीवनीशक्ति शुष्क और जीवन नीरस हो जाता है। समस्त सामाजिक नियम मनुष्य की नैतिक उन्नति तथा उसके सर्वतोन्मुखी विकास के लिए आविष्कृत किये गए हैं। जब वे ही मनुष्य के विकास में बाधा डालने लगते हैं तब उनकी उपयोगिता ही नहीं रह जाती। उदाहरणार्थ विवाह की संस्था पवित्र है, उसका उद्देश्य भी उच्चतम है; परन्तु जब वह व्यक्तियों के नैतिक पतन का कारण बन जावे तब अवश्य ही उसमें किसी अनिवार्य संशोधन की आवश्यकता समझनी चाहिए। हमारी अनेक रूढ़ियाँ सामाजिक और वैयक्तिक विकास में सहायक न बनकर उसके मार्ग में नित्य नवीन बाधाएँ खड़ी करती रहती हैं। अनेक व्यवस्थाएँ जिन्हें हमने आपत्ति-धर्म मात्र समझकर स्वीकार कर लिया था, तब भी हमारे जीवन को छाया में अंकुरित और धूप से दूर रखे जानेवाले पौधे के समान शीर्ण बनाकर विकसित ही नहीं होने देतीं। अत: उसी शीत और विकास-शून्य छाया में पलकर हमारी सन्तान भी निस्तेज तथा उत्साहहीन बनती जा रही है। इस दशा में हमारा मिथ्या परम्परा की दुहाई देते रहना केवल व्यक्तियों के लिए नहीं वरन समाज और राष्ट्र के लिए भी घातक सिद्ध होगा।

जो जाग चुका है, वह अधिक समय तक सोते हुए का अभिनय नहीं करता रह सकता। हमारी जाग्रत बहनों में से कुछ ने विद्रोह आरम्भ कर दिया है और कुछ उसके लिए सुयोग ढूँढ़ रही हैं। जो देश के भावी नागरिकों की विधाता हैं, उनकी प्रथम और परम गुरु हैं, जो जन्म भर अपने-आपको मिटाकर दूसरों को बनाती रहती हैं, वे केवल तभी तक आदरहीन मातृत्व तथा अधिकार-शून्य पत्नीत्व स्वीकार करती रह सकेंगी, जब तक उन्हें अपनी शक्तियों का बोध नहीं होता। बोध होने पर वे बन्दिनी बनानेवाली शृंखलाओं को स्वयं तोड़ फेकेंगी। परन्तु उस दशा में अशान्ति और संघर्ष अवश्यम्भावी है जिसके कारण बहुत समय तक समाज की सुचारु व्यवस्था होनी कठिन हो जावेगी। अत: सामाजिक अधिकारों का फिर से निरीक्षण तथा उनमें से समय के प्रतिकूल परिस्थितियों को दूर करने का प्रयास ही भविष्य के लिए श्रेयस्कर हो सकेगा। समाज अपने आधे उत्तमांग की अवज्ञा करके कितने दिन जीवित रह सकेगा, यह कहना बाहुल्य मात्र है। पुरुष तथा स्त्री कार्यक्षेत्र पृथक्-पृथक् परन्तु समान रूप से महत्त्वपूर्ण हैं। ऐसी दशा में यदि महत्त्वपूर्ण कर्तव्य का पालन करके भी स्त्री को पुरुष की दासता तथा पद-पद पर अपमान का कटु अनुभव करना होगा तो उसका अपने कार्यक्षेत्र को तिलांजलि दे देना स्वाभाविक ही है। यदि पुरुष धनोपार्जन कर अपने कर्तव्य का पालन करता हुआ समाज तथा देश का आवश्यक और उपयोगी

अंग समझ जाता है, राजनीतिक तथा सामाजिक अधिकारों का यथेष्ट उपभोग कर सकता है तो स्त्री गृह में भविष्य के लिए अनिवार्य सन्तान का पालन-पोषण कर अपने गुरु-कर्तव्य का भार वहन करती हुई इन सब अधिकारों से अपरिचित तथा वंचित क्यों रखी जाती है? संसार के और उसके बीच में ऐसी काली अभेद्य यवनिका क्यों डाल दी जाती है जिसके कारण अपने गृह की संकुचित सीमा के अतिरिक्त और किसी वस्तु से उसका परिचय हो सकना असम्भव है?

संसार की प्रगति से अनभिज्ञ, अनुभव-शून्य, पिंजरबद्ध पक्षी के समान अधिकारविहीन, रुग्ण, अज्ञान नारी से फिर शक्ति-सम्पन्न सृष्टि की आशा की जाती है, जो मृगतृष्णा से तृप्ति के प्रयास के समान ही निष्फल सिद्ध होगी।

हमारे समाज में सम्पन्न से लेकर श्रमजीवी नारियों तक अज्ञान एकरस और व्यापक है।

सम्पन्न महिलाएँ अपने गृह तथा सन्तान की इतर व्यवस्था के लिए अनेक दास-दासियाँ रखकर केवल व्यक्तिगत विनोद और परम्परा-पालन की ओर ही ध्यान देती हैं। वास्तव में इसी श्रेणी की महिलाओं में से अनेक को स्त्रियों के स्वत्वों के निरीक्षण करने का अवकाश और उस ज्ञान को सबमें फैलाने के साधन सुगमता से मिल सकते थे।

हमें प्राय: अपने देश की कुछ सम्पन्न तथा जाग्रत महिलाओं की क्रियाशीलता के समाचार ज्ञात होते रहते हैं। उनके विदेशों के कोलाहलमय जीवन और देश में वैभव से जगमगाती पार्टियों का हमें उलाहना नहीं देना है, परन्तु वास्तव में उनकी जागृति तभी अभिनन्दनीय हो सकेगी जब वे भारत की अन्धकार में भटकनेवाली वाणीहीन असंख्य नारियों की प्रतिनिधि बनकर जागें और यहाँ की सम्भ्रान्त, साधारण तथा श्रमजीवी महिलाओं के अधिकारों, उन्नति के साधनों, अवनति के कारणों तथा उनसे सम्बन्ध रखनेवाले अन्य विषयों से परिचित हो सकें। उनके विकास-पथ में तभी उनकी देशवासिनियों की पलकें बिछ सकेंगी, जब वे अपने संचित ज्ञान को देश की कुटी-कुटी के द्वार पर जाकर प्रत्येक स्त्री को उपहार में देने का निश्चय करके बढ़ेंगी। अनेक ने इस दिशा में स्तुत्य प्रयास किया है, इसमें सन्देह नहीं, परन्तु कोटिश: सोती हुई स्त्रियों को जगाने का कार्य दो-एक के किये न होगा। उनके लिए सहस्रश: जाग्रत बहनों को अनेक सुखों और ऐश्वर्य को ठुकराकर अलख जगाना पड़ेगा परन्तु इस प्रयास का परिणाम अमूल्य होगा, यह निश्चित है। हमारी मानसिक दासता, मानसिक तन्द्रा के दूर होते ही, न कोई वस्तु हमारे लिए अलभ्य रहेगी, न कोई अधिकार दुष्प्राप्य; कारण, अपने स्वत्वों से परिचित व्यक्ति को उनसे वंचित रख सकना कठिन ही नहीं, असम्भव है।

हमें न किसी पर जय चाहिए, न किसी से पराजय; न किसी पर प्रभुता चाहिए, न किसी का प्रभुत्व। केवल अपना वह स्थान, वे स्वत्व चाहिए जिनका पुरुषों के

निकट कोई उपयोग नहीं है, परन्तु जिनके बिना हम समाज का उपयोगी अंग बन नहीं सकेंगी। हमारी जागृत और साधन-सम्पन्न बहनें इस दिशा में विशेष महत्त्वपूर्ण कार्य कर सकेंगी, इसमें सन्देह नहीं।

मध्यम श्रेणी की महिलाओं को गृह के इतर और महत्त्वपूर्ण, दोनों प्रकार के कार्यों से इतना अवकाश ही नहीं मिलता कि वे कभी अपनी स्थिति पर विचार कर सकें। जीवन के आरम्भिक वर्ष कुछ खेल में, कुछ गृहकार्यों के सीखने में व्यतीत कर जब से वे केवल शाब्दिक अर्थवाले अपने गृह में चरण रखती हैं, तब से उपेक्षा और अनादर की अजस्र वर्षा में ठिठुरते हुए मृत्यु के अन्तिम क्षण गिनती हैं। स्वत्वहीन धनिक महिलाओं को यदि सजे हुए खिलौने का सौभाग्य प्राप्त है तो साधारण श्रेणी की स्त्रियों को क्रीतदासी का दुर्भाग्य।

यदि पुरुष व्यसनी है, रोगी है तो अपने और बालकों के भरण-पोषण की समस्या मृत्यु से भीषणतर बनकर उनके सम्मुख उपस्थित हो जाती है। यदि भाग्य में वैधव्य लिखा होता है तो उनके साथ भिक्षाटन भी स्वीकार करना पड़ता है। सारांश यह है कि उन्हें किसी दशा में स्वावलम्बन दुर्लभ है। मानसिक सुख के साथ शारीरिक दुःख उपेक्षणीय हो सकता है और शारीरिक सुख के साथ मानसिक पीड़ा सहनीय, परन्तु दोनों सुख या दोनों दुःख मनुष्यों को जड़ बनाये बिना नहीं रहते। मध्यम गृहस्थ की गृहिणी को अपनी अनेक इच्छाएँ, अभिलाषाएँ कुचलकर जीवित रहना पड़ता है और इसके साथ ही शारीरिक क्लेशों का अन्त न होने से उनका सम्पूर्ण जीवन अज्ञान पशु के जीवन की स्मृति दिलाता रहता है। राजनीतिक अधिकारों से भी पहले उसे ऐसी सामाजिक व्यवस्था की आवश्यकता है जिससे उसके जीवन में कुछ स्वावलम्बन, कुछ आत्मविश्वास आ सके। उसकी दुर्बलताएँ अनेक हैं और सांसारिक संघर्ष घोरतर।

श्रमजीवी श्रेणी की स्त्रियों के विषय में तो कुछ विचार करना भी मन को खिन्नता से भर देता है। उन्हें गृह का कार्य और सन्तान का पालन करके भी बाहर के कामों में पति का हाथ बटाना पड़ता है। सबेरे 6 बजे, गोद में छोटे बालक लिएये तथा भोजन के लिए एक मोटी काली रोटी लेकर मजदूरी के लिए निकली हुई स्त्री जब 7 बजे सन्ध्या समय घर लौटती है तो संसार भर का आहत मातृत्व मानो उसके शुष्क ओठों में कराह उठता है। उसे श्रान्त, शिथिल शरीर से फिर घर का आवश्यक कार्य करते और उस पर कभी-कभी मद्यप पति के निष्ठुर प्रहारों को सहते देखकर करुणा को भी करुणा आए बिना नहीं रहती। मिलों, कारखानों आदि में काम करनेवाली स्त्रियों की दुर्दशा तो प्रकट ही है। परन्तु हमारे वृहत महिला-सम्मेलन तथा बड़े-बड़े सुधार के आयोजन उन्हें भूल जाते हैं जिनकी कार्यपटुता के साथ अज्ञान का विचित्र संगम हो रहा है। कृषक तथा अन्य श्रमजीवी स्त्रियों की इतनी अधिक संख्या है कि बिना उनकी जागृति के हमारी जागृति अपूर्ण रहेगी और हमारे स्वत्व अर्थहीन समझे

जाएँगे। उत्तराधिकार मिल जाने पर भी हमारी मजदूर स्त्रियाँ निर्धन पिता तथा दरिद्र पति से दरिद्रता के अतिरिक्त और क्या पा सकेंगी!

इनके लिए तो ज्ञान के धन की ही विशेष आवश्यकता है जिससे वे कारखानों में, मिलों में शारीरिक श्रम करती हुई भी अपने स्वत्वों की हत्या न होने दें वरन प्रत्येक अन्याय का विरोध करने को उद्यत रहें। वे जीविकोपार्जन में असमर्थ होने के कारण विवाह नहीं करतीं, प्रत्युत एक संगी की आवश्यकता का अनुभव करके ही स्वयं गृहिणी का उत्तरदायित्व स्वीकृत कर लेती हैं। यदि उन्हें अपने स्वत्वों का वास्तविक ज्ञान हो तो उनकी अनेक दुर्दशाओं का पुरुषों द्वारा अन्त होते देर न लगे। इनकी पारिवारिक स्थिति धनिक और साधारण श्रेणी की स्त्रियों से भिन्न है। कारण, न वे अपने गृह का अलंकार मात्र समझी जाती हैं, न ऐसी वस्तुएँ जिनके टूट जाने से गृहस्थ का कुछ बनता-बिगड़ता ही नहीं, वे पुरुष के जीविकोपार्जन में सहयोग देती हैं, अपनी जीविका के लिए उसका मुख नहीं देखतीं। फलत: वे अपेक्षाकृत स्वावलम्बिनी हैं। इन सबमें जागृति उत्पन्न करने, उन्हें अभाव का अनुभव कराने का भार विदुषियों पर है और बहुत समय तक रहेगा।

शिक्षा, चिकित्सा आदि विभागों में कार्य करनेवाली जागृत महिलाओं ने अपना एक भिन्न समाज बना डाला है जिसने उन्हें गृहिणियों के प्रति स्नेहशून्य और गृहिणियों को उनके प्रति सन्दिग्ध कर दिया है। न वे अपनी निर्दिष्ट संकीर्ण सीमा से बाहर पैर रखना चाहती हैं, न किसी को अपने निकट आने की आज्ञा ही देती हैं। उनके विचार में गृहिणी के जिस उत्तरदायित्व या परावलम्बन से पूर्ण जीवन को उन्होंने छोड़ दिया है, उसे स्वीकार करनेवाली स्त्रियाँ अनादर तथा उपेक्षा के ही योग्य हैं और एक प्रकार से उनकी यह धारणा अनेक अनर्थों के लिए उत्तरदायिनी ठहराई जा सकती है। इतनी शिक्षा, इतनी बुद्धि, इतने साधन, इतना अवकाश और स्वावलम्बन पाकर भी यदि वे अन्य बहनों की प्रतिनिधि न बन सकीं, यदि वे उनके त्यागमय जीवन को अवज्ञा से देखती रहीं तो सारे समाज का अनिष्ट होने की सम्भावना सत्य हुए बिना न रहेगी। उनके संकीर्ण समाज में प्रवेश न पा सकने के कारण अन्य स्त्रियाँ उनके गुरु उत्तरदायित्व से अनभिज्ञ रहकर केवल उनके बाह्य शान्तिपूर्ण जीवन से ईर्ष्या कर अपने जीवन को दुर्वह बना डालती हैं।

जिन विदुषी महिलाओं ने घर और बाहर, दोनों प्रकार के उत्तरदायित्व को अपनाया, उनका जीवन भी प्राय: समाज का आदर्श नहीं बन पाया।

उन्होंने अपनी असमर्थता के कारण नवीन स्वतंत्र जीवन नहीं स्वीकार किया है, वरन देश के असंख्य बालक-बालिकाओं की ज्ञानदात्री माता बनने की योग्यता के कारण यह उन्हीं के जीवन से प्रमाणित होना आवश्यक है। आपत्ति के समय जब युवक पति सद्य:परिणीता पत्नी को या पिता असहाय सन्तान को छोड़कर युद्ध में प्राण देने चल पड़ता है, तब क्या कोई उसे कर्तव्यपराङ्मुख कहकर उसकी अवज्ञा

कर सकता है? आज स्त्रियों की विपन्नावस्था से आहत गौरव लेकर कुछ सुयोग्य विदुषियाँ यदि अपनी जाति की अवनति के कारण ढूँढ़ने और उन्हें दूर करने में अपना जीवन लगा देने के लिए निकल पड़ें तो क्या कोई उन पर हँसने का साहस कर सकेगा? नहीं! परन्तु इस श्रद्धा को पाने के लिए उन्हें अपने प्रत्येक कार्य को त्याग की, परार्थ की तुला पर तौलना पड़ेगा, आत्म-सुखोपभोग द्वारा उसकी गुरुता न जाँची जा सकेगी।

नारी में परिस्थितियों के अनुसार अपने बाह्य जीवन को ढाल लेने की जितनी सहज प्रवृत्ति है, अपने स्वभावगत गुण न छोड़ने की आन्तरिक प्रेरणा उससे कम नहीं—इसी से भारतीय नारी भारतीय पुरुष से अधिक सतर्कता के साथ अपनी विशेषताओं की रक्षा कर सकी है। पुरुष के समान अपनी व्यथा भूलने के लिए वह कादम्बिनी नहीं माँगती, उल्लास के स्पन्दन के लिए लालसा का तांडव नहीं चाहती क्योंकि दु:ख को वह जीवन की शक्ति-परीक्षा के रूप में ग्रहण कर सकती है और सुख को कर्तव्य में प्राप्त कर लेने की क्षमता रखती है। कोई ऐसा त्याग, कोई ऐसा बलिदान और कोई ऐसी साधना नहीं जिसे वह अपने साध्य तक पहुँचने के लिए सहज भाव से नहीं स्वीकार करती रही। हमारी राष्ट्रीय जागृति इसे प्रमाणित कर चुकी है कि अवसर मिलने पर गृह के कोने की दुर्बल बन्दिनी स्वच्छन्द वातावरण में बल-प्राप्त पुरुष से शक्ति में कम नहीं।

अपने कर्तव्य की गुरुता भलीभाँति हृदयंगम कर यदि हम अपना लक्ष्य स्थिर कर सकें तो हमारी लौह-शृंखलाएँ हमारी गरिमा से गलकर मोम बन सकती हैं, इसमें सन्देह नहीं।

भारतीय संस्कृति और नारी

संस्कृति शब्द का उपयोग इतने सन्दर्भों तथा इतने अर्थों में होता आ रहा है कि उसकी एक परिभाषा देना दुष्कर नहीं तो कठिन अवश्य हो गया है।

प्राय: भारतीय 'संस्कृति' शब्द अंग्रेजी के 'कल्चर' के पर्याय के रूप में प्रयुक्त होता है, परन्तु, तत्त्वत: वह कल्चर का पर्याय नहीं है। कल्चर विज्ञान के उन प्रयोगों के लिए भी व्यवहृत होता है जो कृषि, जीवाणु-संवर्द्धन आदि में किये जाते हैं। वैज्ञानिक जंगली चार छोटी पंखुड़ियोंवाले गुलाब को कल्चर करके उद्यान का बड़ा अनेक दलोंवाला गुलाब बना सकता है, किसी वृक्ष की डाल पर दूसरे भिन्न वृक्ष की कलम लगाकर दो प्रकार के फल या दो रंग के फूल खिला सकता है। कल्चर करके रोग-विशेष के विषाणुओं के सम्बन्ध में नवीन तथ्य प्राप्त कर सकता है।

परन्तु संस्कृति मानव चेतना का ऐसा विकास-क्रम है, जो उसके अन्तरंग तथा बहिरंग को परिष्कृत करके विशेष जीवन-पद्धति का सृजन करती है।

यह विकास-क्रम देशकाल को विभाजित नहीं करता, परन्तु देशकाल अपने घटनाक्रम के लेखे-जोखे के लिए इसे खंडों में बाँटकर देखता है। जैसे नदी तट की विविधता का विभाजन नहीं करती, पर तटों की भिन्नता ही उसे अपने उपयोग की दृष्टि से भिन्न संज्ञा देती है, वैसे ही मानव के संस्कार-क्रम की गति है।

वस्तुत: संस्कृति मानव चेतना की प्राकृतिक ऊर्ध्वगति का प्रकाशन है। मानव के अन्तर्भूत और प्रसुप्त विशेषताओं की परिष्कृति और अभिव्यक्ति है। न वह ऐसे प्रयोगों में है जिनमें से अनेक व्यर्थ सिद्ध होते हैं और न किसी विजातीय तत्त्व का आरोपण, जिसे सुविधानुसार उतारा जा सकता है। सभ्यता और संस्कृति शब्दों में भी अर्थ-भेद है।

सभ्यता मानव के बाह्य आचरण से सम्बन्ध रखती है क्योंकि उसका मूल अर्थ सभा की सदस्यता में निहित है, अतर्जगत के संवेगों में नहीं। व्यवहार में सभ्य व्यक्ति का अन्तर्जगत असंस्कृत हो सकता है, परन्तु अन्तर्जगत में संस्कृत व्यक्ति बाह्य रूप में भी असभ्य नहीं हो सकता।

वैसे तो विकास जैवी सृष्टि का स्वभाव ही है, किन्तु मनुष्य का विकास उसकी अनेक अन्त: बाह्य प्रवृत्तियों के कारण रहस्यमय तथा जटिलतम हो गया है।

सृष्टि में अचेतन, चेतन, अवचेतन तथा पराचेतन—सभी प्रकार की चेतनाओं की भिन्न-भिन्न स्थितियाँ हैं, परन्तु मानव में चेतन, अवचेतन तथा पराचेतन एक साथ हैं, अत: यह चेतना का विविध विकासात्मक एक रूप है। पशु-पक्षी जगत के समान उसे प्रकृति से महज चेतना ही मिली, परन्तु उसके मन, बुद्धि, चित्त, अहंकार का संघात अन्त:करण भी है जिसके द्वारा वह प्रकृतिदत्त प्रवृत्तियों को सभी दमित और कभी संयमित करके इच्छानुसार दिशा भी दे सकता है और नया सृजन भी कर सकता है।

उदाहरणार्थ आत्मरक्षा की प्रवृत्ति को देखा जा सकता है। प्रकृति ने आत्मरक्षा की सहज प्रवृत्ति जीवमात्र को दी है। मृत्यु और जीवन का अन्तर न जानते हुए भी पशु-पक्षी बधिक से डरते हैं, मृत्यु से आतंकित होते हैं।

मनुष्य ने इसी आत्मरक्षा की प्रवृत्ति को अपने अस्तित्व से परिवार, परिवार से ग्राम, देश तथा देश से विश्वरक्षा तक फैलाकर एक नवीन जीवन-मूल्य का निर्माण कर लिया है। वह अपने निर्मित जीवन-मूल्य के लिए मृत्यु को स्वयं चुनौती देता है।

चेतना से उसने अपने शरीर को अधिक से अधिक साहसिक कार्य के योग्य बनाया, समाज का निर्माण किया और भौतिक तथा मानसिक अनेक आवश्यकताओं की पूर्ति के साधन खोज लिये। उसके अवेचतन ने उसकी सुख-दु:खात्मक अनुभूतियाँ, संवेगों के संस्कार इस प्रकार संचित किये कि वे अप्रत्यक्ष रूप से उसके जीवन को शक्ति दे सके। उसकी पराचेतना ने जीवन की रहस्यमयता की ही शोध नहीं की, उसके कारण और समाधानों को भी खोजा और सृष्टिकर्ता के रूप में विश्व में व्याप्त चेतनापुंज से ईश्वर का भी सृजन किया।

संस्कृति उसकी चेतना की खोज और उपलब्धियों का लेखा है। इस प्रकार संस्कृति मानव मात्र का दाय भाग होने के कारण विश्व भर की है, परन्तु देशकाल जनित भेद तथा प्राकृतिक परिवेश की भिन्नता के कारण उसमें अनेक अन्तर तथा बाह्य भेद-प्रभेद हो गए हैं। ये भेद-प्रभेद उसकी समाज-रचना, धर्म, नीति, साहित्य-कला, शासन आदि में व्यक्त होकर भिन्न संज्ञाएँ पाते हैं।

बाह्य जगत से क्रिया-प्रतिक्रिया का माध्यम मानव शरीर ही रहता है, अत: क्रिया-प्रतिक्रिया के बाह्य साधन मनुष्य की कर्मेन्द्रियाँ तथा उसके प्रभाव को आन्तरिक रूप से ग्रहण करके के साधन ज्ञानेन्द्रियाँ ही हैं। इस प्रभाव से उत्पन्न अनुभूति हृदय ही तथा बोध बुद्धि की दास है। बुद्धि या हृदय का कार्य युगपत अर्थात् एक साथ होता है—पैर में चुभे काँटे की झलक हृदय से तथा पैर हटाने का आदेश मस्तिष्क से सम्बन्ध रखता है। इस दोहरी क्रिया-पद्धति से प्राप्त निष्कर्ष ही मानव-चेतना में एक संस्कार-जगत का निर्माण करते रहते हैं, उससे रस पाकर मनुष्य की स्मृति, अनुमान, कल्पना, भावना आदि समाज, दर्शन, साहित्य आदि में परिणत होकर जिस जीवन-पद्धति का निर्माण करते हैं, हम उसी को संस्कृति की संज्ञा देते हैं।

जहाँ प्राकृतिक परिवेश से मानव का संघर्ष घोरतम दु:खद है, वहाँ यह जीवन-पद्धति एक आक्रामक तथा सतर्क रक्षापरक रूप ले लेती है, जैसाकि मरुभूमियों में पनपी संस्कृतियों से स्पष्ट है। किन्तु जहाँ यह परिवेश अपने जीवनोपयोगी अवदान तथा सौन्दर्य से मानव-समूह को किसी कठिन संघर्ष के लिए बाध्य नहीं करता, वहाँ जीवन-पद्धति सहज, उदार और स्नेहमयी बन जाती है, जिसका उत्कृष्ट उदाहरण भारतीय संस्कृति है।

पृथ्वी सभी मानव-समूहों की जन्मदात्री है, किन्तु जहाँ क्षण-भर असावधानी से बालू का निर्मम बवंडर मनुष्य को बालू का निर्जीव टीला बना सकता है और बूँद भर जल के लिए यात्री को तप्त धरती पर मीलों दौड़ना पड़ता है, वहाँ मानव धरती को माता की संज्ञा नहीं दे सकता।

जिस भूखंड की धरती अपने अजस्रदान से मानव को माता के अंक का कोमल स्नेहिल स्पर्श देती है, वही 'माता भूमि:पुत्रोऽ हम पृथिव्या' कही जा सकती है।

भारतीय संस्कृति भारत की सजला सफला मलयज शीतला धरती पर विकसित होने के कारण न अनुदार हो सकी है, न आक्रामक। उसने मनुष्य के सूक्ष्म विचार से लेकर स्थूल कर्म तक को एक ऐसे स्वर्णिम सूत्र में बाँधा है, जिसमें जीवन के सार्वभौम विकास देनेवाले सभी मूल्य पिरोये जा सके। संस्कृत मानव की संज्ञा पाने के लिए उसे अन्त:बाह्य परिष्कार के सभी आयाम निष्ठापूर्वक पार करने पड़ते हैं।

भारत की धरती कहीं तुषार किरीटिनी, कहीं सुमन खचित हरितांचला, कहीं मुक्ताभ तरंगमालिनी है। उसके विविध-रूपी सौन्दर्य को आख्यात करने के पहले भारतीय पुरुष ने अपने पार्श्व में खड़ी नारी के सौन्दर्य को नहीं देखा होगा, यह मान लेना कठिन है।

भारतीय संस्कृति का सौन्दर्य-बोध नारी रूप से अविच्छिन्न सम्बन्ध से जुड़ा हुआ है, यह कहना अतिशयोक्ति न होकर तथ्य कथन ही होगा।

यदि विश्व इतिहास पर दृष्टि डाली जावे तो सभी प्राचीन संस्कृतियों में नारी के देवी रूप की प्रतिष्ठा मिलेगी। मिस्र की भेंट, यूनान की एथोस, एफ्रोदिती, डायना, मिनर्वा, भारत की उषक्ष अदिति आदि इसी तथ्य के प्रमाण हैं।

सम्भवत: इसका कारण मातृशक्ति ही रहस्यमयता रही होगी। आदिम युगों में जब मानव-समूह ने समाज, विवाह-संस्था आदि का निर्माण नहीं किया होगा, तब समूह की मातृसत्ता स्थिति ही रही होगी। जन्मदात्री ही पुरुष पुत्र का एकमात्र परिचय तथा जन्म ही सबसे रहस्यमयी घटना रहा होगा। ऐसी स्थिति में नारी को गृहस्थमयी शक्तियों से सम्पन्न मान लेना स्वाभाविक ही कहा जाएगा।

आर्य संस्कृति से पूर्व हमें जो सिन्धु घाटी और मोहेनजोदड़ो में तत्कालीन सभ्यता के अवशेष प्राप्त हुए हैं, उनमें मातृदेवी की मूर्ति भी है। उससे ज्ञात होता है कि भारत में आर्य-सभ्यता के पूर्व भी नारी को रहस्यमयी शक्ति ही माना गया था।

यह भी तथ्य है कि अनेक देशों की संस्कृति में पशु और नारी में आत्मा की स्थिति ही नहीं स्वीकार की गई। पर भारतीय संस्कृति ने नारी के आत्म रूप को ही नहीं, उसके दिव्यात्म रूप को ऐसी प्रतिष्ठा दी जो देशकाल के परिवर्तन-क्रम में परिवर्तित होते-होते ही तत्त्वत: अपने मूल रूप में अब तक भारतीय जीवन-पद्धति में महत्त्वपूर्ण स्थान रखती है।

यदि केवल जन्म देने की रहस्यमयता ही स्त्री के महत्त्व का कारण होती तो उसका तत्त्वत: पूजाई रूप प्राणिशास्त्र के विज्ञान के विकास की चकाचौंध में खो जाता। किन्तु उसका दिव्यात्मा रूप भारतीय संस्कृति में अनेक रूपों में स्थिति रखता है—भारतमाता के रूप में, राष्ट्रीयता में, प्रकृति के रूप में, सांख्यदर्शन में, माया के रूप में, वेदान्त दर्शन में, शक्ति के रूप में, तंत्र साधना में, राधा-सीता के रूप में, सगुणोपासना में, ब्रह्म की अंशभूत प्रेयसी आत्मा के रूप में, निर्गुण साधना में, अत: उसे भारतीय संस्कृति के विकास-क्रम से भिन्न करके देखना असम्भव है।

प्रत्येक संस्कृति की प्रथम इकाई परिवार, द्वितीय समाज, तृतीय नगर, चतुर्थ राष्ट्र तथा पंचम विश्व है। वस्तुत: संस्कृति एकाकी व्यक्ति की न होकर समष्टि की होती है, अत: 'एकोऽ हम बहुस्याम' ही उसका मूल मंत्र है।

गृह के दो घटक हैं : नारी और पुरुष। इसी से उन्हें दम्पती कहा गया है।

किसी देश या किसी युग में मानव समाज की बाह्य और आन्तरिक जीवन-पद्धति जानने के लिए इन्हीं दो घटकों के परस्पर सम्बन्ध, कर्तव्य तथा अधिकारों पर दृष्टिपात अनिवार्य हो जाता है।

भारतीय संस्कृति का आदिस्रोत वेदकालीन जीवन-पद्धति है, जो सहस्रों वर्षों की दूरी पर रहकर भी हमारे वर्तमान जीवन पर उसी प्रकार आलोक फेंकती है, जैसे करोड़ों मीलों की दूरी पर रहकर भी सूर्य अपनी प्रत्यक्ष या अप्रत्यक्ष स्थिति से हमारे दिन-रात का कारण है। जिसे हम इतिहास कहते हैं, वह घटनाओं का संकलन है, संवेगों तथा तज्जनित संस्कारों का नहीं। फिर प्रत्येक प्राचीन संस्कृति में बहुत-सा अंश ऐसा भी रहता है जहाँ इतिहास की किरणें नहीं पहुँच पातीं। इसके अतिरिक्त प्रत्येक भूखंड का मानव-जीवन अलिखित संस्कारों से संचालित होता है, लिखित इतिहास से नहीं।

आज भी हमारा जीवन विश्वासों में साहित्य-कला आदि की मूलभूत प्रवृत्तियों में, राष्ट्र भावना में, जातकर्म, विवाह आदि सामाजिक क्रियाओं में उतना ही अतीत के निकट पहुँच जाता है, जितना उससे दूर है।

नदी ज्यों-ज्यों उद्गम से दूर होती जाती है, त्यों-त्यों उद्गम अलक्ष्य होता जाता है। नदी को नये-नये सम-विषम, हरीतिमामय और सिकतामय तट मिलते हैं, नये मोड़ मिलते हैं, ग्राम और निर्जन वन पार करने पड़ते हैं, परन्तु अलक्ष्य उद्गम से उसका सम्बन्ध विच्छिन्न नहीं होता। प्रत्युत अलक्ष्य उद्गम पर उसकी गति-निर्भरता

और अधिक बढ़ जाती है। और यदि किसी बाधा से यह अलक्ष्य टूट जाती है तो नदी या तो सूख जाती है या सीमाओं में बँधकर सरोवर या पोखर बन जाती है। यह स्थिति तब आती है जब उद्गम में अगम ऊँचाई और अटल गहराई न हो, जिससे वह निरन्तर नया जल पहुँचा सके।

अनेक प्राचीन संस्कृतियाँ इसी कारण लुप्त हो गईं। भारतीय संस्कृति में ऐसी स्थिति नहीं उत्पन्न हुई क्योंकि उसका उद्गम जीवन-मूल्यों की दृष्टि में उन्नत भी है और भावबोध की दृष्टि से गहरा भी।

वेदकालीन संस्कृति में हमें नारियों के दो रूप मिलते हैं : दिव्य देवी रूप तथा सामाजिक।

दिव्य रूप के तीन प्रकार हैं : एक में प्रकृति के व्यापक दिव्य रूप की प्रतीक देवियाँ हैं, जैसे—उषक्ष, सूर्या, रात्रि आदि। दूसरे में पृथ्वी, सिन्धु, सरस्वती नदी आदि में चेतना का आरोप करके उनके नारी रूप की कल्पना की गई है। तीसरे प्रकार में अमूर्त भावनाओं की प्रतीक देवियाँ हैं, जिन्हें अदिति, दिति, श्रद्धा आदि की संज्ञा दी गई है।

दिव्य देवियों में उषा को जिन रेखाओं और रंगों से अंकित किया गया है, वे नारी-सौन्दर्य को ही नहीं, प्रकृति के चिर नवीन सामंजस्य को भी व्यक्त करते हैं।

वह *आलोकदुकूलिन स्वर्ग कन्यका नूतन,*
पूर्वायन शोभी उदित हुई उज्जवल तेन
ही नहीं है वरन्
त्रेता संग्रामों की ऐश्वर्यों की रानी भी है।

रात्रि भी असंख्य नक्षत्रों से जगमगाती है और ऋषि प्रार्थना करता है :

माता, रात्रि सौंप जाना तू हमें उषा के संरक्षण में, उषा हमें फिर तुझे सौंप दे सन्ध्या समय विदा के क्षण में।

पार्थिव देवियों में पृथ्वी के जिस मातृरूप की कल्पना की गई है, वह तो विश्व-राष्ट्र का राष्ट्रगीत है :

धरा हुई जो धारण करके यह जग सारा
उसका वन्दन आज कर रहा गान हमारा।

कहकर ऋषि ने जीवमात्र की ओर से धरती को प्रणाम किया है।

आकाश को पिता अवश्य कहा गया है, परन्तु जो कोमल भावना धरती के लिए है, वह आकाश के लिए नहीं मिलती।

सिन्धु, सरस्वती, गंगा, शतुद्री नदियों में देवी रूप के स्तवन में उनके वेग गति आदि के अद्भुत चित्र हैं।

अमूर्त देवियों में अदिति विशेष महत्त्व रखती हैं। अदिति शब्द का अर्थ ही बन्धन-मुक्त है। वह विश्व की मंगल विधायक सर्वशक्तिमती और आदित्यों की जन्मदात्री है। इसी के साथ दिति का भी उल्लेख है। वह सीमा का प्रतीक है, दैत्यों की माता नहीं। अन्य भी अमूर्त देवियाँ हैं।

अन्य प्राचीन संस्कृतियों के साथ उनकी देव-देवी सृष्टि भी नष्ट हो गई, किन्तु भारत में यह मूल या परिवर्तित रूप में आज भी स्थिति रखती है। इसका कारण इन प्रतीकों की व्यापकता ही मानी जाएगी।

उषा, रात्रि, पृथ्वी, नदियाँ आदि अब हमारे साथ हैं तथा सृष्टि के अन्त तक रहेंगे, अत: उनके विलुप्त होने की आशंका नहीं है। विज्ञान उनका तत्त्वगत विश्लेषण कर सकता है, परन्तु मनुष्य से इनका जो भावगत सम्बन्ध है, उसको तोड़ना विज्ञान के लिए दुष्कर है। जल के निर्णायक तत्त्वों को जानकर क्या मनुष्य तरंगित सागर को देखकर आनन्दित होना भूल सकेगा?

नारी का सामाजिक रूप उसके भावात्मक रूप से, उसी प्रकार प्रभावित होता है, जैसे वृक्ष के फल-फूल धरती की अन्तर्निहित आर्द्रता से।

वेदकालीन संस्कृति में नारी के व्यापक सौन्दर्य तथा सृजनशक्ति की जो दिव्य भावात्मक कल्पना की गई है, उनसे उसकी सामाजिक स्थिति को भी गरिमा दी है।

सृष्टि में पुरुष तथा नारी की उत्पत्ति का एक ही केन्द्र है। वृहदारण्यक उपनिषद कहता है कि ब्रह्म ने एकाकी न रहकर अपने-आपको दो में विभक्त कर लिया जिसके दक्षिण अंश को पुरुष तथा वाम को नारी की संज्ञा दी गई।

इस मान्यता ने समाज में दोनों की स्थिति समान कर दी। इतना ही नहीं, आगे चलकर शिव के अर्द्धनारीश्वर रूप में भी यह धारणा साकार हुई है।

युग-विशेष में समाज की स्थिति जानने के लिए उसके शिक्षा, धर्म, साहित्य, सदस्यों के सम्बन्ध, अधिकार आदि का अध्ययन आवश्यक हो जाता है।

शिक्षा की दृष्टि से वैदिक समाज में नारी-वर्ग प्राप्त होते हैं। एक में ब्रह्मवादिनी ऋषिकाएँ तथा दूसरे में गृहधर्म का पालन करनेवाली गृहिणियाँ। शिक्षा-प्राप्ति के अधिकार समान होने के कारण क्रान्तद्रष्टा ऋषियों के समान ही द्रष्टा ऋषिकाओं के सूक्त भी महत्त्वपूर्ण हैं। परन्तु दोनों ही भावधारा तथा कल्पना ने गंगा-यमुना के धवल नील जल के समान मिलकर भी उनके सृजन को धूपछाँही आभा दे डाली है। विश्ववारा, आपाला, घोषा, लोपामुद्रा, श्रद्धा कामायनी, वाक, अंभ्रणी आदि ऋषिकाओं के सूक्तों में जीवन के प्रति जो आस्था तथा शक्ति मिलती है, उसने भारतीय संस्कृति पर अपने अमिट चिह्न छोड़े हैं। पुरुष का वीतराग होना इतना अनिष्टकर नहीं सिद्ध होता, जितना जन्मदात्री के रूप में नारी का। इसी से प्रकृति ने उसे एक मोहक और अभिन्न रागात्मकता दी है।

श्रद्धा कामायनी के सूक्तों तथा ऋषि मनु के सूक्तों में अन्तर है। मनु में जहाँ चंचल जिज्ञासा है, वहाँ श्रद्धा में अडिग आस्था है।

उसके सूक्तों में घोषित हुआ है : "श्रद्धा द्वारा ही अग्नि प्रज्वलित होती है श्रद्धा द्वारा ही आहुति दी जाती है।" श्रद्धा ही सब ऐश्वर्यों में श्रेष्ठ है, यह मैं स्पष्ट कहती हूँ। वाक के सूक्त में, जिसे देवी सूक्त भी कहते हैं, नारी की शक्ति का ऐसा उद्घोष मिलता है जिसमें आगामी युगों की शक्ति-उपासना के भी अंकुर हैं।

'अहं राष्ट्री संगमनी वसनां, अहं रुद्राय धनुरातनोमि' आदि में वह कहती है : "मैं राष्ट्र को बाँधने और ऐश्वर्य देनेवाली शक्ति हूँ। मैं ही रुद्र के धनुष की प्रत्यंचा चढ़ाती हूँ। मैं ही आकाश और पृथ्वी में व्याप्त होकर मनुष्य के लिए संग्राम करती हूँ।" देवी सूक्त में महासरस्वती, महालक्ष्मी और महाचंडी शक्तियों का जो समाहार है, उसने भारत की सभी साधना-पद्धतियों को प्रभावित किया है।

दूसरा वर्ग नारी के पत्नी, माता आदि रूप से सम्बन्ध रखता है। विवाह समाज की सबसे महत्त्वपूर्ण संस्था है, क्योंकि इसी पर सामाजिक सम्बन्ध निर्भर करता है।

विवाह के अनुष्ठान में आज भी हम जिन मंत्रों का उपयोग करते हैं, वे उसी अतीत संस्कृति के प्रवाह में बहकर हम तक आए हैं।

वैदिक समाज-रचना में पत्नी सहधर्मचारिणी है—उसके बिना न कोई धर्मकांड सम्पन्न हो सकता है, न सामाजिक कर्म सफल हो सकते हैं। इतने निकट सहयोग ने एक ओर समाज को पुरुष का परुष संरक्षण दिया और दूसरी ओर नारी की कोमल और मंगल विधायिनी वत्सलता। स्त्री शिक्षित वयस्क और स्वयंवरा होती थी, इसका प्रमाण विवाह के अवसर पर की गई प्रतिज्ञाओं में मिलता है :

समन्जन्तर्विश्वेदेवा समापौ

हृदयानि नौ आदि मंत्रों में वर-वधू के हृदयों में एकता की कामना भी है और जीवनपर्यन्त साथ रहने की प्रतिज्ञा भी।

सती होने या सहमरण की प्रथा नहीं थी। आपस्तम्ब धर्मसूत्रों के अनुसार पत्नी पारिवारिक सम्पत्ति में सह-अधिकारिणी भी है और पति की अनुपस्थिति में उस सम्पत्ति में से दान का अधिकार भी रखती है।

शासन की व्यवस्था सभा, समिति और विदथ द्वारा होती जिनमें भाग लेने और भाषण देने का भी नारी को अधिकार था। अध्यात्म विषयक वाद-विवादों में भी वह भाग ले सकती थी, उसका प्रमाण गान, नृत्य आदि कलाओं, बुनने-कातने जैसे शिल्पों का भी उसे शिक्षण दिया जाता था। विश्वपला का युद्ध में जाना या मुदगलानी का शत्रुओं से युद्ध करके सौ गाएँ छीन लाना प्रमाणित करता है कि नारी का कर्मक्षेत्र केवल गृह ही नहीं था। वह संतान की रक्षा से राष्ट्र की रक्षा तक फैला हुआ था। अत: भारतीय संस्कृति में कोमल कठोर, दोनों तत्त्वों को यथास्थान समावेश स्वाभाविक था।

किन परिस्थितियों में नारी के इस अदिति रूप को बन्धन मिला, यह आगामी युग की कथा हैं, पर ब्रह्मवादिनी मैत्रेयी का स्वर आज भी भारतीय संस्कृति का अविस्मरणीय जीवन गीत है :

असतो मा सद्गमय
तमसो मा ज्योतिर्गमय
मृत्योर्मामृतं गमय।

स्त्री के अर्थ-स्वातंत्र्य का प्रश्न

1

अर्थ सदा से शक्ति का अन्ध-अनुगामी रहा है। जो अधिक सबल था, उसने सुख के साधनों का प्रथम अधिकारी अपने-आपको माना और अपनी इच्छा और सुविधा के अनुसार ही धन का विभाजन करना कर्तव्य समझा। यह सत्य है कि समाज की स्थिति के उपरान्त उसके विकास के लिए, प्रत्येक व्यक्ति को, चाहे वह सबल रहा चाहे निर्बल, मेधावी था—चाहे मन्दबुद्धि, सुख के नहीं तो जीवन-निर्वाह के साधन देना आवश्यक-सा हो गया; परन्तु यह आवश्यकता भी शक्ति की पक्षपातिनी ही रही। सबल ने दुर्बलों को उसी मात्रा में निर्वाह की सुविधाएँ देना स्वीकार किया, जिस मात्रा में वे उसके लिए उपयोगी सिद्ध हो सके। इस प्रकार समाज की व्यवस्था में भी वह साम्य न आ सका जो सबके व्यक्तित्व को किसी एक तुला पर तौलता।

सारी राजनीतिक, सामाजिक तथा अन्य व्यवस्थाओं की रूपरेखा शक्ति द्वारा ही निर्धारित होती रही और सबल की सुविधानुसार ही परिवर्तित और संशोधित होती गई, इसी से दुर्बल को वही स्वीकार करना पड़ा जो सुगमतापूर्वक मिल गया। यही स्वाभाविक भी था।

आदिम युग से सभ्यता के विकास तक स्त्री सुख के साधनों में गिनी जाती रही। उसके लिए परस्पर संघर्ष हुए, प्रतिद्वन्द्विता चली, महाभारत रचे गए और उसे चाहे इच्छा से हो और चाहे अनिच्छा से, उसी पुरुष का अनुगमन करना पड़ता रहा जो विजयी प्रमाणित हो सका। पुरुष ने उसके अधिकार अपने सुख की तुलना पर तौले, उसकी विशेषता पर नहीं; अत: समाज की सब व्यवस्थाओं में उसके और पुरुष के अधिकारों में एक विचित्र विषमता मिलती है। जहाँ तक सामाजिक प्राणी का प्रश्न है—स्त्री, पुरुष के समान ही सामाजिक सुविधाओं की अधिकारिणी है, परन्तु केवल अधिकार की दुहाई देकर ही तो वह सबल-निर्बल का चिन्तन-संघर्ष और उससे उत्पन्न विषमता नहीं मिटा सकती।

एक ओर सामाजिक व्यवस्थाओं ने स्त्री को अधिकार देने में पुरुष की सुविधा का विशेष ध्यान रखा है, दूसरी ओर उसकी आर्थिक स्थिति भी परावलम्बन से रहित

नहीं रही। भारतीय स्त्री के सम्बन्ध में पुरुष का भर्ता नाम जितना यथार्थ है, उतना सम्भवत: और कोई नाम नहीं। स्त्री, पुत्री, पत्नी, माता आदि सभी रूपों में आर्थिक दृष्टि से कितनी परमुखापेक्षिणी रहती है, यह कौन नहीं जानता! इस आर्थिक विषमता के पक्ष और विपक्ष, दोनों ही में बहुत कुछ कहा जा सकता है और कहा जाता रहा है।

आर्थिक दृष्टि से स्त्री की जो स्थिति प्राचीन समाज में थी, उसमें अब तक परिवर्तन नहीं हो सका, यह विचित्र सत्य है।

वेदकालीन समाज में पुरुष ने नवीन देश में फैलने के लिए सन्तान की आवश्यकता के कारण और अनाचार को रोकने के लिए विवाह को बहुत महत्त्व दिया और सन्तान की जन्मदात्री होने के कारण स्त्री भी अपूर्व गरिमामयी हो उठी। उसे यज्ञ जैसे धर्म-कार्यों में पति का साथ देने के लिए सहधर्मिणीत्व और गृह की व्यवस्था के लिए गृहिणीत्व का श्लाघ्य पद भी प्राप्त हुआ, परन्तु धार्मिक और सामाजिक दृष्टि से उन्नत होने पर भी आर्थिक दृष्टि से वह नितान्त परतंत्र ही रही।

गृह और सन्तान के लिए द्रव्य-उपार्जन पुरुष का कर्तव्य था, अत: धन स्वभावत: उसी के अधिकार में रहा। गृहिणी गृहपति की आय के अनुसार व्यय कर गृह का प्रबन्ध और सन्तान-पालन आदि कार्य करने की अधिकारिणी मात्र थी।

प्राचीन समाज में पुरुष से भिन्न स्त्री की स्थिति स्पृहणीय मानी ही नहीं गई, इसके पर्याप्त उदाहरण उस समय की सामाजिक व्यवस्था में मिल सकेंगे। प्रत्येक कुमारिका वयस्क होने पर गृहस्थ धर्म में दीक्षित होकर पति के गृह चली जाती थी और फिर पुत्रों के समर्थ होने पर वानप्रस्थ आश्रम में पति की अनुगामिनी बनती थी। पुत्र पिता की समस्त सम्पत्ति का अधिकारी होता था, परन्तु कन्या को विवाह के अवसर पर प्राप्त होनेवाले यौतुक के अतिरिक्त और कुछ देने की आवश्यकता ही नहीं समझी गई। जिन कुमारिकाओं ने गृह-धर्म स्वीकार नहीं किया, उन्हें तपस्विनी के समान अध्ययन में जीवन व्यतीत करने की स्वतंत्रता थी, परन्तु उस स्थिति में गृहस्थ के समान ऐवश्र्य-भोग उनका ध्येय नहीं रहता था।

स्त्री को इस प्रकार पिता की सम्पत्ति से वंचित करने में क्या उद्‌देश्य रहा, यह कहना कठिन है। यह भी सम्भव है कि स्त्री के निकट वैवाहिक जीवन के अनिवार्य रखने के लिए ऐसी व्यवस्था की गई हो और यह भी हो सकता है कि पुरुष ने उस संघर्षमय जीवन में इस विधान की ओर ध्यान देने का अवकाश ही न पाया हो। कन्या को पिता की सम्पत्ति में स्थान देने पर एक कठिनाई और भी उत्पन्न हो सकती थी। कभी युवतियाँ स्वयंवरा होती थीं और कभी विवाह के लिए बलात् छीनी भी जा सकती थीं। ऐसी दशा में पैतृक सम्पत्ति में उनके उत्तराधिकारी होने पर अन्य परिवारों के व्यक्तियों का प्रवेश भी वंश-परम्परा को अव्यवस्थित कर सकता था। चाहे जिस कारण से हो, परन्तु इस विधान ने पिता के गृह में कन्या की स्थिति को बहुत गिरा दिया, इसमें सन्देह नहीं। विधवा भी पुनर्विवाह

के लिए स्वतंत्र थी, अतएव उसके जीवन-निर्वाह के लिए विशेष प्रबन्ध की ओर किसी ने ध्यान नहीं दिया।

प्राचीन समाज का ध्यान अपनी वृद्धि की ओर अधिक होने के कारण उसने स्त्री के मातृत्व का विशेष आदर किया, यह सत्य है; परन्तु सामाजिक व्यक्ति के रूप में उसके विशेष अधिकारों का मूल्य आँकना सम्भव न हो सका। उसके निकट स्त्री पुरुष की संगिनी होने के कारण ही उपयोगी थी, उससे भिन्न उसका अस्तित्व चिन्ता करने योग्य ही नहीं रहता था। अपनी सम्पूर्ण सुविधाओं और समस्त सुखों के लिए स्त्री का पुरुष पर निर्भर रहना ही अधिक स्वाभाविक था, अत: समाज ने किसी ऐसी स्थिति की कल्पना ही नहीं की, जिसमें स्त्री पुरुष से सहायता बिना माँगे हुए ही जीवन-पथ पर आगे गढ़ सके। पिता, पति, पुत्र तथा अन्य सम्बन्धियों के रूप में पुरुष स्त्री का सदा ही भरण-पोषण कर सकता था, इसलिए उसकी आर्थिक स्थिति पर विचार करने की किसी ने आवश्यकता ही न समझी। स्त्री के प्रति समाज की यह धारणा इतनी पुरानी हो गई है कि अब उसकी अस्वाभाविकता और अनौचित्य को हम एक प्रकार से भूल ही गए हैं, अन्यथा ऐसी स्थिति बहुत काल तक न ठहर सकती।

आरम्भ में प्राय: सभी देशों के समाज ने स्त्री को कुछ स्पृहणीय स्थान नहीं दिया परन्तु सभ्यता के विकास के साथ-साथ स्त्री की स्थिति में भी परिवर्तन होता गया। वास्तव में स्त्री की स्थिति समाज का विकास नापने का मापदंड कही जा सकती है। नितान्त बर्बर समाज में स्त्री पर पुरुष वैसा ही अधिकार रखता है, जैसा वह अपनी अन्य स्थावर सम्पत्ति पर रखने को स्वतंत्र है। उसके विपरीत पूर्ण विकसित समाज में स्त्री पुरुष की सहयोगिनी तथा समाज का आवश्यक अंग मानी जाकर माता तथा पत्नी के महिमामय आसन पर आसीन रहती है।

भारतीय स्त्री की स्थिति में आदिम-युग की स्त्री की परवशता और पूर्ण विकसित समाज के नारीत्व की गरिमा का विचित्र सम्मिश्रण है। उसके प्रति समाज की श्रद्धा की मात्रा पर विचार कर कोई उसे पूर्ण संस्कृत समाज का अंग ही समझ सकता है, परन्तु उसके जीवन का व्यावहारिक रूप एक दूसरी ही करुण गाथा सुनाता है। सम्भवत: उस धर्मप्राण युग ने स्त्री को धार्मिक तथा सामाजिक दृष्टि से उन्नत स्थान देकर ही अपने कर्तव्य की इति समझ ली; उसकी व्यावहारिक कठिनाइयों की ओर उसका ध्यान ही नहीं जा सका। मातृत्व की गरिमा से गुरु और पत्नीत्व के सौभाग्य से ऐश्वर्यशालिनी होकर भी भारतीय नारी अपने व्यावहारिक जीवन में सबसे अधिक क्षुद्र और रंक कैसे रह सकी, यही आश्चर्य है। समाज ने उसे पुरुष की सहायता पर इतना निर्भर कर दिया कि उसके सारे त्याग, सारा स्नेह और सम्पूर्ण आत्म-समर्पण बन्दी के विवश कर्तव्य के समान जान पड़ने लगे।

शताब्दियाँ की शताब्दियाँ आती-जाती रहीं, परन्तु स्त्री की स्थिति की एकरसता में कोई परिवर्तन न हो सका। किसी भी स्मृतिकार ने उसके जीवन की विषमता पर

ध्यान देने का अवकाश नहीं पाया; किसी भी शास्त्रकार ने पुरुष से भिन्न करके उसकी समस्या को नहीं देखा।

अर्थ सामाजिक प्राणी के जीवन में कितना महत्त्व रखता है, यह कहने की आवश्यकता नहीं। इसकी इच्छृंखल बहुलता में जितने दोष हैं, वे अस्वीकार नहीं किये जा सकते, परन्तु इसके नितान्त अभाव में जो अभिशाप हैं, वे भी उपेक्षणीय नहीं। विवश आर्थिक पराधीनता अज्ञात रूप में व्यक्ति के मानसिक तथा अन्य विकास पर ऐसा प्रभाव डालती रहती है, जो सूक्ष्म होने पर भी व्यापक तथा परिणामत: आत्मविश्वास के लिए विष के समान है। दीर्घकाल का दासत्व जैसे जीवन की स्फूर्तिमती स्वच्छन्दता नष्ट करके उसे बोझिल बना देता है, निरन्तर आर्थिक परवशता भी जीवन में उसी प्रकार प्रेरणा-शून्यता उत्पन्न कर देती है। किसी भी सामाजिक प्राणी के लिए ऐसी स्थिति अभिशाप है जिसमें वह स्वावलम्बन का भाव भूलने लगे, क्योंकि इसके अभाव में वह अपने सामाजिक व्यक्तित्व की रक्षा नहीं कर सकता।

समाज में पूर्ण स्वतंत्र तो कोई हो ही नहीं सकता, क्योंकि सापेक्षता ही सामाजिक सम्बन्ध का मूल है। प्रत्येक व्यक्ति उसी मात्रा में दूसरे पर निर्भर है, जिस मात्रा में दूसरा उसकी अपेक्षा रखता है। पुरुष-स्त्री भी इसी अर्थ में अपने विकास के लिए एक-दूसरे के सहयोग की उपेक्षा रखते हैं, इसमें सन्देह नहीं। कठिनाई तब उत्पन्न होती है जब यह सापेक्ष भाव एक की ओर अधिक घट या बढ़ जाता है। स्त्री और पुरुष यदि अपने सुखों के लिए एक-दूसरे पर समान रूप से निर्भर रहते तो उनके सम्बन्ध में विषमता आने की सम्भावना ही न रहती, परन्तु वास्तविकता यह है कि भारतीय स्त्री की सापेक्षता सीमातीत हो गई। पुरुष अपने व्यावहारिक जीवन के लिए स्त्री पर उतना निर्भर नहीं है जितना स्त्री को होना पड़ता है। स्त्री उसके सुखों के अनेक साधनों में एक ऐसा साधन है जिसके नष्ट हो जाने पर कोई हानि नहीं होती। एक प्रकार से पुरुष ने कभी उसके अभाव का अनुभव करना ही नहीं सीखा, इसी से उसे स्त्री के विषय में विचार करने की आवश्यकता भी कम पड़ी। स्त्री की स्थिति इससे विपरीत है। उसे प्रत्येक पग पर, प्रत्येक साँस के साथ पुरुष से सहायता की भिक्षा माँगते हुए चलना पड़ता है।

जीवन के विकास के लिए दूसरों से सहायता लेना बुरा नहीं; परन्तु किसी को सहायता दे सकने की क्षमता न रखना अभिशाप है। सहयात्री वे कहे जाते हैं, जो साथ चलते हैं। कोई अपने बोझ को सहयात्री कहकर अपना उपहास नहीं करा सकता। भारतीय पुरुष ने स्त्री को या तो सुख के साधन के रूप में पाया या भार रूप में, फलत: वह उसे सहयोगी का आदर न दे सका। उन दोनों का आदान-प्रदान सामाजिक प्राणियों के स्वेच्छा से स्वीकृत सहयोग की गरिमा न पा सका, क्योंकि एक ओर नितान्त परवशता और दूसरी ओर स्वच्छन्द आत्मनिर्भरता थी। उनके कार्य-क्षेत्र की भिन्नता तो आवश्यक ही नहीं, अनिवार्य है, परन्तु इससे उनकी सापेक्षता में

विषमता आने की सम्भावना नहीं रहती। यह विषमता तो स्थिति-वैषम्य से ही जन्म और विकास पाती है।

2

भारतीय समाज में जिस अनुपात से स्त्री जाग्रत हो सकी, उसी के अनुसार अपनी सनातन सामाजिक स्थिति के प्रति उसमें असन्तोष भी उत्पन्न होता जा रहा है। उस असन्तोष की मात्रा जानने के लिए हमारे पास अभी कोई मापदंड है ही नहीं, अत: यह कहना कठिन है कि उसकी जागृति ने उसकी चिर-अवनत दृष्टि को जिस क्षितिज की ओर फेर दिया है, वह उजले प्रभात का सन्देश दे रहा है या शक्ति संचित करती हुई आँधी का। ऐसे असन्तोष प्राय: बहुत कुछ मिटा-मिटाकर स्वयं बनते हैं और थोड़ा-सा बनाकर स्वयं ही मिट जाते हैं। भविष्य को उज्ज्वलतम रूप देने के लिए समाज को कभी-कभी सहस्रों वर्षों की अवधि में धीरे-धीरे एक-एक रेखा अंकित कर बनाए हुए अतीत के चित्र पर काली तूली फेरना पड़ जाता है। कारण, प्रत्येक निर्माण विध्वंस के आधार पर स्थिर है और प्रत्येक नाश निर्माण के अंक में पलता है।

असंख्य युगों से असंख्य संस्कार और असंख्य भावनाओं ने भारतीय स्त्री की नारी-मूर्ति में जिस देवत्व की प्राण-प्रतिष्ठा की थी, उसका कोई अंश बिना खोए हुए वह इस यंत्रयुग की मानवी बन सकेगी, ऐसी सम्भावना कम है। अवश्य ही हमारे समाज को यह सोचना अच्छा नहीं लगता कि उसकी निर्विकार भाव से पूजा और उपेक्षा स्वीकार कर लेनेवाली चिर मौन प्रतिमा के स्थान में ऐसी सजीव नारी-मूर्ति रख दी जावे, जो पल-पल में उसके मनोभावों के साथ रुष्ट और तुष्ट होती रहती हो। वास्तव में तो भारतीय स्त्री अब तक वरदान देनेवाली देवी रही है, फिर अचानक आज उसका कुछ माँग बैठना क्यों न हमें आश्चर्य में डाल दे? झाँझ और घड़ियाल के स्वरों में धूप-दीप के मध्य अपने पूजागृह में अन्ध बधिर के समान मौन बैठा हुआ देवता यदि एकाएक उठकर हमारी पूजा-स्तुति का निरादर कर हमारे सारे गृह पर अधिकार जमाने को प्रस्तुत हो जावे, तो हम वास्तव में संकट में पड़ सकते हैं। हमारी पूजा-अर्चना की सफलता के लिए यह परम आवश्यक है कि हमारा देवता हमारी वस्तुओं पर हमारा ही अधिकार रहने दे और केवल वही स्वीकार करे जो हम देना चाहते हैं। इसके विपरीत होने पर तो हमारी स्थिति भी विपरीत हो जाएगी। भारतीय स्त्री के सम्बन्ध में भी यही सत्य हो रहा है। उसको बहुत आदर-मान मिला, उसके बहुत गुणानुवाद गाये गए, उसकी ख्याति दूर-दूर देशों तक पहुँचाई गई, यह ठीक है, परन्तु मन्दिर के देवता के समान ही सब उसकी मौन जड़ता में ही अपना कल्याण समझते रहे! उसके अत्यधिक श्रद्धालु पुजारी भी उसकी निर्जीवता को ही देवत्व का प्रधान अंश मानते रहे और आज भी मान रहे हैं।

इस युगान्तरदीर्घ जीवन-शून्य जीवन में स्त्री ने क्या पाया, वह कहना बहुत प्रिय न जान पड़ेगा, परन्तु इतना तो 'सत्यं ब्रूयात प्रियं ब्रूयात' के अनुसार भी कहा जा सकता है कि इस व्यवहार से उसके मन में जीवन को जानने की उत्सुकता जाग्रत हो गई। पिछले कुछ वर्षों में जीवन की परिस्थितियों में इतना अधिक परिवर्तन हो गया है कि उस कोलाहाल में स्त्री को कुछ सजग होना ही पड़ा। इसमें सन्देह है कि इससे भिन्न स्थिति में वह उतनी शीघ्रता से सर्तक हो सकती या नहीं। इस वातावरण को बिना समझे हुए स्त्री की माँगों के सम्बन्ध में कोई धारणा बना लेना यदि अनुचित नहीं तो बहुत उचित भी नहीं कहा जा सकता।

वर्तमान युग में भी जितकी परिस्थितियाँ श्वास लेने की स्वच्छन्दता तक नहीं देतीं और जिन्हें जड़ता के अभिशाप को ही वरदान समझना पड़ता है, उनके सुख-दु:ख तो हृदय की सीमा से बाहर झाँक ही नहीं सकते, फिर उनके सुख-दु:खों का वास्तविक मूल्य आँक सकना हमारे लिए कैसे सम्भव हो सकता है? परन्तु जिन स्त्रियों के निराश असन्तोष में हमें अपने समाज का असहिष्णुता से भरा अन्याय प्रत्यक्ष हो जाता है, उनके स्पष्ट भाव को समझने में भी हम भूल कर सकते हैं। ऐसी स्थिति में हमारी विश्वास योग्य धारणा भी इतनी विश्वास योग्य नहीं है कि हम उसे बिना तर्क की कसौटी पर कसे स्वीकार कर सकें।

हम प्राय: अपनी सनातन धारणा का जितना अधिक मूल्य समझते हैं, उतना दूसरे व्यक्ति के अभाव और दु:ख का नहीं। यही कारण है कि जब तक व्यक्तिगत असन्तोष सीमातीत होकर हमारे संस्कारजनित विश्वासों को आमूल नष्ट नहीं कर देता तब तक हम उसके अस्तित्व की उपेक्षा ही करते रहते हैं। स्त्री की स्थिति भी युगों से ऐसी ही चली आ रही है। उसके चारों ओर संस्कारों का ऐसा क्रूर पहरा रहा है कि उसके अन्तरतम जीवन की भावनाओं का परिचय पाना ही कठिन हो जाता है। वह किस सीमा तक मानवी है और उस स्थिति में उसके क्या अधिकार रह सकते हैं, यह भी वह तब सोचती है जब उसका हृदय बहुत अधिक आहत हो चुकता है। फिर उसके व्यक्तिगत अधिकारों और उनकी रक्षा के साधनों के विषय में कुछ कहना तो व्यर्थ ही है। समाज ने उसकी निश्चेष्टता को भी उसके सहयोग और सन्तोष का सूचक माना और अपने पक्षपात और संकीर्णता को भी अपने विकास और उसके जीवन के लिए अनुकूल और श्रेयस्कर समझने की भूल की।

स्त्री के जीवन की अनेक विवशताओं में प्रधान और कदाचित् उसे सबसे अधिक जड़ बनानेवाली अर्थ से सम्बन्ध रखती है और रखती रहेगी, क्योंकि वह सामाजिक प्राणी की अनिवार्य आवश्यकता है। अर्थ का प्रश्न केवल उसी के जीवन से सम्बन्ध रखता है, यह धारणा भ्रान्तिमूलक है। जहाँ तक सामाजिक प्राणी का सम्बन्ध है, स्त्री उतनी ही अधिक अधिकार-सम्पन्न है, जितना पुरुष—चाहे वह अपने अधिकारों का उपयोग करे या न करे। समाज न उनके उपयोग का मूल्य घटा सकता है और न

बढ़ा सकता है; केवल वह बन्धनों से उसकी शक्ति और बुद्धि को बाँधकर उसे जड़ बना सकता है, परन्तु उन बन्धनों में कुछ ऐसे भी हो सकते हैं, जो केवल उसके लिए ही नहीं, वरन सबके लिए घातक सिद्ध होंगे।

अर्थ का विषम विभाजन भी एक ऐसा ही बन्धन है, जो स्त्री-पुरुषों, दोनों को समान रूप से प्रभावित करता है। यह सत्य है कि यह प्रश्न आज का नहीं है वरन हमारे समाज के समान ही पुराना हो चुका है, परन्तु यह न भूलना चाहिए कि आधुनिक युग की परिस्थितियाँ प्राचीन से अधिक कठिन हैं। जैसे-जैसे हम आगे बढ़ते जाते हैं, हमारा जीवन अधिक जटिल होता जाता है और हमें और अधिक उलझनभरी परिस्थितियों और समस्याओं का सामना करना पड़ता है, इसी से अतीत के साधन लेकर हम अपने गन्तव्य पथ पर बहुत आगे नहीं जा सकते। आदिम युग की नारी के लिए जो साधारण कष्ट की स्थिति होगी, वह आधुनिक नारी का जीवन-यापन ही कठिन कर सकती है। वर्तमान युग में अन्य व्यक्तियों के सामने जो जीवन-निर्वाह की कठिनाइयाँ हैं, उनसे स्त्री भी स्वतंत्र नहीं, क्योंकि वह भी समाज का आवश्यक अंग है और उसके जीवन के विकास से ही समुचित सामाजिक विकास सम्भव हो सकता है।

सुदूर अतीत काल में विशेष परिस्थितियों से प्रभावित होकर निरन्तर संघर्ष के कारण समाज स्त्री को जो न दे, उसी को आदर्श बनाकर उसके प्रत्येक अधिकार को तौलना न आधुनिक समाज के लिए कल्याणकर हो सका है, न हो सकने की सम्भावना है। उचित तो यही था कि नवीन परिस्थितियों में नवीन कठिनाइयों को दृष्टि में रखते हुए वह किया जाता जो पहले से अधिक उपयुक्त सिद्ध होता। प्राचीन हमारे भविष्य की त्रुटियों को दूर करने में समर्थ नहीं हो सकता, उसका कार्य तो उनकी ओर संकेत मात्र कर देना है। यदि हम उस संकेत को आदेश के रूप में ग्रहण करें और उसी से अपनी सब समस्याओं को सुलझाना चाहें तो यह इच्छा हमारे ही विकास की बाधक रहेगी।

कोई नियम, कोई आदर्श सब काल और सब परिस्थितियों के लिए नहीं बनाया जाता; सबमें समय के अनुसार परिवर्तन सम्भव ही नहीं, अनिवार्य हो जाते हैं। प्राचीन आधारशीलता को बिना हटाए हम उस पर वर्तमान का निर्माण करके अपने जीवन के मार्ग को प्रशस्त करते रह सकते हैं, अन्यथा कोई प्रगति सम्भव ही नहीं रहती।

समाज ने स्त्री के सम्बन्ध में अर्थ का ऐसा विषम विभाजन किया है कि साधारण श्रमजीवी वर्ग से लेकर सम्पन्न वर्ग की स्त्रियों तक की स्थिति दयनीय ही कही जाने योग्य है। वह केवल उत्तराधिकार से ही वंचित नहीं है, वरन अर्थ के सम्बन्ध में सभी क्षेत्रों में एक प्रकार की विवशता के बन्धन में बँधी हुई है। कहीं पुरुष ने न्याय का सहारा लेकर और कहीं अपने स्वामित्व की शक्ति से लाभ उठाकर उसे इतना अधिक परावलम्बी बना दिया है कि वह उसकी सहायता के बिना संसार-पथ पर एक पग भी आगे नहीं बढ़ सकती।

सम्पन्न और मध्यवर्ग की स्त्रियों की विवशता, उनके पतिहीन जीवन की दुर्वहता समाज के निकट चिर-परिचित हो चुकी है। वे शून्य के समान पुरुष की इकाई के साथ सब कुछ हैं, परन्तु उससे रहित हुए नहीं। उनके जीवन के कितने अभिशाप उसी बन्धन से उत्पन हुए हैं, इसे कौन नहीं जानता! परन्तु इस मूल त्रुटि को दूर करने के प्रयत्न इतने कम किये गए हैं कि उनका विचार कर आश्चर्य होता है।

जिन स्त्रियों की पाप-गाथाओं से समाज का जीवन काला है, जिनकी लज्जाहीनता से जीवन लज्जित है, उनमें भी अधिकांश की दुर्दशा का कारण अर्थ की विषमता ही मिलेगी। जीवन की आवश्यक सुविधाओं का अभाव मनुष्य को अधिक दिनों तक मनुष्य नहीं बना रहने देता, इसे प्रमाणित करने के लिए उदाहरणों की कमी नहीं। वह स्थिति कैसी होगी, जिसमें जीवन की स्थिति के लिए मनुष्य को जीवन की गरिमा खोनी पड़ती है, इसकी कल्पना करना भी कठिन है। स्त्री ने जब कभी इतना बलिदान किया है, नितान्त परवश होकर ही और यह परवशता प्राय: अर्थ से सम्बन्ध रखती रही है। जब तक स्त्री के सामने ऐसी समस्या नहीं आती जिसमें उसे बिना कोई विशेष मार्ग स्वीकार किये जीवन असम्भव दिखाई देने लगता है, तब तक वह अपनी मनुष्यता को जीवन की सबसे बहुमूल्य वस्तु के समान ही सुरक्षित रखती है। यही कारण है कि वह क्रूर-से-क्रूर, पतित-से-पतित पुरुष की मलिन छाया में भी अपने जीवन का गौरव पालती रहती है। चाहे जीर्ण-शीर्ण ठूँठ पर आश्रित लता होकर जीवित रहना उसे स्वीकृत हो, परन्तु पृथ्वी पर निराधार होकर बढ़ना उसके लिए सुखकर नहीं। समाज ने उसके जीवन की ऐसी व्यवस्था की है जिसके कारण पुरुष के अभाव में उसके जीवन की साधारण सुविधाएँ भी नष्ट हो जाती हैं। उस दशा में हताश होकर वह जो पथ स्वीकार कर लेती है, वह प्राय: उसके लिए ही नहीं, समाज के लिए भी घातक सिद्ध होता है।

आधुनिक परिस्थितियों में स्त्री की जीवनधारा ने जिस दिशा को अपना लक्ष्य बनाया है, उनमें पूर्ण आर्थिक स्वतंत्रता ही सबसे अधिक गहरे रंगों में चित्रित है। स्त्री ने इतने युगों के अनुभव से जान लिया है कि उसे सामाजिक प्राणी बने रहने के लिए केवल दान की ही आवश्यकता नहीं है, आदान की भी है, जिसके बिना उसका जीवन जीवन नहीं कहा जा सकता। वह आत्म-निवेदित वीतराग तपस्विनी ही नहीं, अनुरागमयी पत्नी और त्यागमयी माता के रूप में मानवी भी है और रहेगी। ऐसी स्थिति में उसे वे सभी सुविधाएँ, वे सभी मधुरकटु भावनाएँ चाहिए जो जीवन को पूर्णता प्रदान कर सकती हैं।

पुरुष ने उसे गृह में प्रतिष्ठित कर वनवासिनी की जड़ता सिखाने का जो प्रयत्न किया है, उसकी साधना के लिए वन ही उपयुक्त होगा।

आज की बदली हुई परिस्थितियों में स्त्री केवल उन्हीं आदर्शों से सन्तोष न कर लेगी जिनके सारे रंग उसके आँसुओं से धुल चुके हैं, जिनकी सारी शीतलता उसके

सन्ताप से उष्ण हो चुकी है। समाज यदि स्वेच्छा से उसके अर्थ-सम्बन्धी वैषम्य की ओर ध्यान न दे, उसमें परिवर्तन या संशोधन को आवश्यक न समझे तो स्त्री का विद्रोह दिशाहीन आँधी-जैसा वेग पकड़ता जाएगा और तब एक निरन्तर ध्वंस के अतिरिक्त समाज उससे कुछ और न पा सकेगा। ऐसी स्थिति न स्त्री के लिए सुखकर है, न समाज के लिए सृजनात्मक।

आधुनिक नारी—उसकी स्थिति पर एक दृष्टि

1

मध्य और नवीन युग के सन्धिस्थल में नारी ने जब पहले-पहल अपनी स्थिति पर असन्तोष प्रकट किया, उस समय उसकी अवस्था उस पीड़ित के समान थी, जिसकी प्रकट वेदना के अप्रकट कारण का निदान न हो सका हो। उसे सह्य व्यथा थी, परन्तु इस विषय में 'कहाँ' और 'क्या' का कोई उत्तर न मिलता था। अधिक गूढ़ कारणों की छान-बीन करने का उसे अवकाश भी न था, अत: उसने पुरुष से अपनी तुलना करके जो अन्तर पाया, उसी को अपनी दयनीय स्थिति का स्पष्ट कारण समझ लिया। इस क्रिया से उसे अपनी व्याधि के कुछ कारण भी मिले सही, परन्तु यह धारणा नितान्त निर्मूल नहीं कि इस खोज में कुछ भूलें भी सम्भव हो सकीं। दो वस्तुओं का अन्तर सदैव ही उनकी श्रेष्ठता और हीनता का द्योतक नहीं होता, यह मनुष्य प्राय: भूल जाता है। नारी ने भी यही चिरपरिचित भ्रान्ति अपनाई। मनोवैज्ञानिक दृष्टि से, शारीरिक विकास के विचार से और सामाजिक जीवन की व्यवस्था से स्त्री और पुरुष में विशेष अन्तर रहा है और भविष्य में भी रहेगा, परन्तु यह मानसिक या शारीरिक भेद न किसी की श्रेष्ठता का प्रतिपादन करता है और न किसी की हीनता का विज्ञापन करता है। स्त्री ने स्पष्ट कारणों के अभाव में इस अन्तर को विशेष त्रुटि समझा, केवल यही सत्य नहीं है, वरन यह भी मानना होगा कि उसने सामाजिक अन्तर का कारण ढूँढ़ने के लिए स्त्रीत्व को क्षत-विक्षत कर डाला।

उसने निश्चय किया कि वह उस भावुकता को आमूल नष्ट कर डालेगी, जिसका आश्रय लेकर पुरुष उसे रमणी समझता है, उस गृह-बन्धन को छिन्न-भिन्न कर देगी जिसकी सीमा ने उसे पुरुष की भार्या बना दिया है और उस कोमलता का नाम भी न रहने देगी जिसके कारण उसे बाह्य जगत के कठोर संघर्ष से बचने के लिए पुरुष के निकट रक्षणीय होना पड़ा है। स्त्री ने सामूहिक रूप से जितना पुरुष जाति को दिया, उतना उससे पाया नहीं, यह निर्विवाद सिद्ध है, पर इस आदान-प्रदान की विषमता के मूल में स्त्री और पुरुष की प्रकृति भी कार्य करती है, यह न भूलना चाहिए। स्त्री अत्यधिक त्याग केवल इसलिए नहीं करती, अत्यधिक सहनशील केवल इसलिए

नहीं होती कि पुरुष उसे हीन समझकर इसके लिए बाध्य करता है। यदि हम ध्यान से देखेंगे तो ज्ञात होगा कि उसे ये गुण मातृत्व की पूर्ति के लिए प्रकृति से मिले हैं। ये अच्छे हैं या बुरे, इसकी विवेचना से विशेष अर्थ न निकलेगा, जानना इतना ही है कि ये प्राकृतिक हैं या नहीं। इस विषय में स्त्री स्वयं भी अन्धकार में नहीं है। वह अपनी प्रकृतिजनित कोमलता को त्रुटि चाहे मानती हो, परन्तु उसे स्वाभाविक अवश्य समझती है, अन्यथा उसके इतने प्रयास का कोई अर्थ न होता। परिस्थितिजन्य दोष जितने शीघ्र मिट सकते हैं, उतने संस्कारजन्य नहीं मिटते, यही विचार स्त्री को आवश्यकता से अधिक कठोर बने रहने को विवश कर देता है। परन्तु यह कठिनता इतनी सयत्न होती है कि स्त्री स्वयं भी सुखी नहीं हो पाती। कवच बाहर की बाण-वर्षा से शरीर को बचाता है, परन्तु अपना भार शरीर पर डाले बिना नहीं रह सकता।

आधुनिक स्त्री ने अपने जीवन को इतने परिश्रम और यत्न से जो रूप दिया है, वह कितना स्वाभाविक हो सकता है, यह कहना अभी सम्भव नहीं। हाँ, इतना कह सकते हैं कि वह बहुत सुन्दर भविष्य का परिचायक नहीं जान पड़ता। स्त्री के लिए यदि उसे किसी प्रकार उपयोगी समझ भी लिया जावे तो भावी नागरिकों के लिए उसकी उपयोगिता समझ सकना कठिन ही है।

आधुनिकता की वायु में पली स्त्री का यदि स्वार्थ में केन्द्रित विकसित रूप देखना हो तो हम उसे पश्चिम में देख सकेंगे। स्त्री वहाँ आर्थिक दृष्टि से स्वतंत्र हो चुकी है, अत: सारे सामाजिक बन्धनों पर उसका अपेक्षाकृत अधिक प्रभुत्व कहा जा सकता है। उसे पुरुष के मनोविनोद की वस्तु बने रहने की आवश्यकता नहीं है, अत: वह चाहे तो परम्परागत रमणीत्व को तिलांजलि देकर सुखी हो सकती है। परन्तु उसकी स्थिति क्या प्रमाणित कर सकेगी कि वह आदिम नारी की दुर्बलता से रहित है? सम्भवत: नहीं। श्रृंगार के इतने संख्यातीत उपकरण, रूप को स्थिर रखने के इतने कृत्रिम साधन, आकर्षित करने के उपहास-योग्य प्रयास आदि क्या इस विषय में कोई सन्देह का स्थान रहने देते हैं? नारी का रमणीत्व नष्ट नहीं हो सका, चाहे उसे गरिमा देनेवाले गुणों का नाश हो गया हो। यदि पुरुष का उन्मत्त कर देनेवाले रूप की इच्छा नहीं मिटी, उसे बाँध रखनेवाले आकर्षण की खोज नहीं की गई तो फिर नारीत्व की ही उपेक्षा क्यों की गई, यह कहना कठिन है। यदि भावुकता ही लज्जा का कारण थी तो उसे समूल नष्ट कर देना था, परन्तु नारी ऐसा करने में भी असमर्थ रही। जिस कार्य को वह बहुत सफलतापूर्वक कर सकी है, वह प्रकृति से विकृति की ओर जाना मात्र था। वह अपनी प्रकृति को वस्त्रों के समान जीवन का बाह्य आच्छादनमात्र बनाना चाहती है, जिसे इच्छा और आवश्यकता के अनुसार जब चाहे पहना या उतारा जा सके। बाहर के संघर्षमय जीवन में जिस पुरुष को नीचा दिखाने के लिए वह सभी क्षेत्रों में कठिन-से-कठिन परिश्रम करेगी, जीवन-यापन के लिए आवश्यक प्रत्येक वस्तु को अपने स्वेदकणों से तौलकर स्वीकार करेगी,

उसी पुरुष में नारी के प्रति जिज्ञासा जाग्रत रखने के लिए वह अपने सौन्दर्य और अंग-सौष्ठव के रक्षार्थ असाध्य-से-असाध्य कार्य करने के लिए प्रस्तुत है। आज उसे अपने रूप, अपने शरीर और अपने आकर्षण का जितना ध्यान है, उसे देखते हुए कोई भी विचारशील स्त्री को स्वतंत्र न कह सकेगा।

स्त्री के प्रति पुरुष की एक रहस्यमयी जिज्ञासा सृष्टि के समान ही चिरन्तन है, इसे अस्वीकार नहीं किया जा सकता, परन्तु यह जिज्ञासा इनके सम्बन्ध का 'अथ' है, 'इति' नहीं। प्राचीन नारी ने इस 'अथ' से आरम्भ करके पुरुष से अपने सम्बन्ध को ऐसी स्थिति में पहुँचा दिया जहाँ उन दोनों के स्वार्थ एक और व्यक्तित्व सापेक्ष हो गए। यही नारी की विशेषता थी जिसने उसे मनोविनोद के सुन्दर साधनों की क्षेणी से उठाकर गरिमामयी विधात्री के ऊँचे आसन पर प्रतिष्ठित कर दिया।

आधुनिक नारी पुरुष के और अपने सम्बन्ध को रहस्यमयी जिज्ञासा से आरम्भ करके उसे वहीं स्थिर रखना चाहती है जो सम्भवत: उसे किसी स्थायी आदान-प्रदान का अधिकार नहीं देता। सन्ध्या के रंगीन बादल या इन्द्रधनुष के रंग हमें क्षणभर विस्मय-विमुग्ध कर सकते हैं किन्तु इससे अधिक उनकी कोई सार्थकता हो सकती है, यह हम सोचना भी नहीं चाहते। आज की सुन्दर नारी भी पुरुष के निकट और कोई विशेष महत्त्व नहीं रखती। उसे स्वयं भी इस कटु सत्य का अनुभव होता है, परन्तु वह उसे परिस्थिति का दोषमात्र समझती है। आज पुरुष के निकट स्त्री प्रसाधित शृंगारित स्त्रीत्व मात्र लेकर खड़ी है, यह वह मानना नहीं चाहेगी, परन्तु वास्तव में यही सत्य है। पहले की नारी जाति केवल रूप और वय का पाथेय लेकर संसार-यात्रा के लिए नहीं निकली थी। उसने संसार को वह दिया जो पुरुष नहीं दे सकता था, अत: उसके अक्षय वरदान का वह आज तक कृतज्ञ है। यह सत्य है कि उसके अयाचित वरदान को संसार अपना जन्मसिद्ध अधिकार समझने लगा, जिससे विकृति भी उत्पन्न हो गई, परन्तु उसके प्रतिकार के जो उपाय हुए, वे उस विकृति की दूसरी ओर फेरने के अतिरिक्त और कुछ न कर सके।

पश्चिम में स्त्रियों ने बहुत कुछ प्राप्त कर लिया, परन्तु सब कुछ पाकर भी उनके भीतर की चिरन्तन नारी नहीं बदल सकी। पुरुष उसके नारीत्व की उपेक्षा करे, यह उसे भी स्वीकार न हुआ, अत: वह अथक मनोयोग से अपने बाह्य आकर्षण को बढ़ाने और स्थायी रखने का प्रयत्न करने लगी। पश्चिम की स्त्री की स्थिति में जो विशेषता है, उसके मूल में पुरुष के प्रति उनकी स्पर्द्धा के साथ ही उसे आकर्षित करने की प्रवृत्ति भी कार्य करती है। पुरुष भी उसकी प्रवृत्ति से अपरिचित नहीं रहा, इससे उसके व्यवहार में मोह और अवज्ञा ही प्रधान है। स्त्री यदि रंगीन खिलौने के समान आकर्षक है तो वह विस्मय-विमुग्ध हो उठेगा, यदि नहीं तो वह उसे उपेक्षा की वस्तुमात्र समझेगा। यह कहने की आवश्यकता नहीं कि दोनों ही स्थितियाँ स्त्री के लिए अपमानजनक हैं। पश्चिमी स्त्री की स्थिति का अध्ययन कर यदि हम अपने देश

की आधुनिकता से प्रभावित महिलाओं का अध्ययन करें तो दोनों ही ओर असन्तोष और उसके निराकरण में विचित्र साम्य मिलेगा।

हमारे यहाँ की स्त्री शताब्दियों से अपने अधिकारों से वंचित चली आ रही है। अनेक राजनीतिक और सामाजिक परिस्थितियों ने उसकी अवस्था में परिवर्तन करते-करते उसे जिस अधोगति तक पहुँचा दिया है, वह दयनीयता की सीमा के अतिरिक्त और कुछ नहीं कही जा सकती। इस स्थिति को पहुँचकर भी जो व्यक्ति असन्तोष प्रकट नहीं करता, उसे उस स्थिति के योग्य ही समझना चाहिए। कोमल तुल-सी वस्तु भी बहुत दबाये जाने पर अन्त में कठिन जान पड़ने लगती है। भारतीय स्त्री भी एक दिन विद्रोह कर ही उठी। उसने भी पुरुष के प्रभुत्व का कारण अपनी कोमल भावनाओं को समझा और उन्हीं को परिवर्तित करने का प्रयत्न किया। अनेक सामाजिक रूढ़ियों और परम्परागत संस्कारों के कारण उसे पश्चिमीय स्त्री के समान न सुविधाएँ मिलीं और न सुयोग, परन्तु उसने उन्हीं को अपना मार्गप्रदर्शक बनाना निश्चित किया।

शिक्षा के नितान्त अभाव और परिस्थितियों की विषमता के कारण कम स्त्रियाँ इस प्रगति को अपना सकीं और जिन्होंने इस बाधाओं से ऊपर उठकर इसे अपनाया भी उन्हें इसका बाह्य रूप ही अधिक आकर्षक लगा। भारतीय स्त्री ने भी अपने आपको पुरुष की प्रतिद्वन्द्विता में पूर्ण देखने की कल्पना की, परन्तु केवल इसी रूप से उसकी चिरन्तन नारी-भावना सन्तुष्ट न हो सकी। उसकी भी प्रकृतिजन्य कोमलता अस्ति-नास्ति के बीच में डगमगाती रही। कभी उसने सम्पूर्ण शक्ति से उसे दबाकर अपनी ऐसी कठोरता प्रकट की जो उसके कुचले मर्मस्थल का विज्ञापन करती थी और कभी क्षणिक आवेश में प्रयत्न-प्राप्त निष्ठुरता का आवरण उतारकर अपने अहेतुक हल्केपन का परिचय दिया। पुरुष कभी उससे वैसे ही भयभीत हुआ, जैसे सज्ञान विक्षिप्त से होता है और कभी वैसे ही उस पर हँसा, जैसे बड़ा व्यक्ति बालक के आयास पर हँसता है। कहना नहीं होगा कि पुरुष के ऐसे व्यवहार से स्त्री का और अधिक अनिष्ट हुआ, क्योंकि उसे अपनी योग्यता का परिचय देने के साथ-साथ अपने सज्ञान और बड़े होने का प्रमाण देने का प्रयास भी करना पड़ा।

उसके सारे प्रयत्न और आयास अपनी अनावश्यकता के कारण ही कभी-कभी दयनीय-से जान पड़ते हैं, परन्तु वह करे भी तो क्या करे! एक ओर परम्परागत संस्कार ने उसके हृदय में यह भाव पर दिया है कि पुरुष विचार, बुद्धि और शक्ति में उससे श्रेष्ठ है और दूसरी ओर उसके भीतर की नारी प्रवृत्ति भी उसे स्थिर नहीं रहने देती। इन्हीं दोनों भावनाओं के बीच में उसे अपनी ऐसी आश्चर्यजनक क्षमता का परिचय देना है जो उसे पुरुष के समकक्ष बैठा दे। अच्छा होता यदि स्त्री प्रतिद्वन्द्विता के क्षेत्र में बिना उतरे हुए ही अपनी उपयोगिता के बल पर स्वत्वों की माँग सामने रखती, परन्तु परिस्थितियाँ इसके अनुकूल नहीं थीं। जो अप्राप्त है, उसे पा लेना कठिन नहीं

है परन्तु जो प्राप्त था, उसे खोकर फिर पाना अत्यधिक कठिन है। एक में पानेवाले की योग्यता सम्भावित रहती है, दूसरे में अयोग्यता। इसी से एक का कार्य उतना श्रमसाध्य नहीं होता जितना दूसरे का। स्त्री के अधिकारों के विषय में भी यही सत्य है।

2

इस समय हम जिन्हें आधुनिक काल की प्रतिनिधि के रूप में देखते हैं, वे महिलाएँ तीन श्रेणियों में रखी जा सकती हैं। त्रिवेणी की तीन धाराओं के समान वे एक-सी होकर भी अपनी विशेषताओं में भिन्न हैं। कुछ ऐसी हैं, जिन्होंने अपने युगान्तरदीर्घ बन्धनों की अवज्ञा कर पिछले कुछ वर्षों में राजनीतिक आन्दोलन को गतिशील बनाने के लिए पुरुषों को अभूतपूर्व सहायता दी; कुछ ऐसी शिक्षिताएँ हैं जिन्होंने अपनी अनुकूल परिस्थितियों में भी सामाजिक जीवन की त्रुटियों का कोई उचित समाधान न पाकर अपनी शिक्षा और जागृति को आजीविका और सार्वजनिक उपयोग का साधन बनाया और कुछ ऐसी सम्पन्न महिलाएँ हैं, जिन्होंने थोड़ी-सी शिक्षा के साथ बहुत-सी पाश्चात्य आधुनिकता का संयोग कर अपने गृह-जीवन को एक नवीन साँचे में ढाला है।

यह कहना अनुचित होगा कि प्रगतिशील नारी-समाज के ये विभाग किसी वास्तविक अन्तर के आधार पर स्थित हैं, क्योंकि ऐसे विभाग ऐसी विशेषताओं पर आश्रित होते हैं, जो जीवन के गहन-तल में एक हो जाती हैं।

यह समझना कि राष्ट्रीय आन्दोलन में भाग लेनेवाली स्त्रियाँ अन्य क्षेत्रों में कार्य नहीं करतीं या शिक्षा आदि क्षेत्रों में कार्य करनेवाली पाश्चात्य आधुनिकता से दूर रह सकी हैं, भ्रान्तिपूर्ण धारणा के अतिरिक्त और कुछ नहीं है। वास्तव में ये श्रेणियाँ उनके बाह्य जीवन के सादृश्य के भीतर कार्य करनेवाली वृत्तियों को समझने के लिए ही हैं। आधुनिकता की एकरूपता को भारतीय जाग्रत महिलाओं ने अनेक रूपों में ग्रहण किया है, जो स्वाभाविक ही था। ऐसी कोई नवीनता नहीं है, जो प्रत्येक व्यक्ति को भिन्न रूप में नवीन नहीं दिखाई देती, क्योंकि देखनेवाले का भिन्न दृष्टिकोण ही उसका आधार होता है। प्रत्येक स्त्री ने अपनी असुविधा, अपने सुख-दुःख और अपने व्यक्तिगत जीवन के भीतर से इस नवीनता पर दृष्टिपात किया, अतः प्रत्येक को उसमें अपनी विशेष त्रुटियों के समाधान के चिह्न दिखाई पड़े।

इन सबके आचरणों को भिन्न-भिन्न रूप से प्रभावित करनेवाले दृष्टिकोणों का पृथक्-पृथक् अध्ययन करने के उपरान्त ही हम आधुनिकता के वातावरण में विकसित नारी की कठिनाइयाँ समझ सकेंगे। उनकी स्थिति प्राचीन रूढ़ियों के बन्धन में बन्दिनी स्त्रियों की स्थिति से भिन्न जान पड़ने पर भी उससे स्पृहणीय नहीं है। उन्हें प्राचीन विचारों का उपासक पुरुष-समाज अवहेलना की दृष्टि से देखता है, आधुनिक

दृष्टिकोणवाले समर्थन का भाव रखते हुए भी क्रियात्मक सहायता देने में असमर्थ रहते हैं और उग्र विचारवाले प्रोत्साहन देकर भी उन्हें अपने साथ ले चलना कठिन समझते हैं। वस्तुत: आधुनिक स्त्री जितनी अकेली है, उतनी प्राचीन नहीं, क्योंकि उसके पास निर्माण के उपकरण मात्र हैं, कुछ भी निर्मित नहीं। चौराहे पर खड़े होकर मार्ग का निश्चय करनेवाले व्यक्ति के समान वह सबका ध्यान आकर्षित करती रहती है, किसी से कोई सहायतापूर्ण सहानुभूति नहीं पाती। यह स्थिति आकर्षक चाहे जान पड़े, परन्तु सुखकर नहीं कही जा सकती।

राष्ट्रीय आन्दोलन में भाग लेनेवाली महिलाओं ने आधुनिकता को राष्ट्रीय जागृति के रूप में देखा और उसी जागृति की ओर अग्रसर होने में अपने सारे प्रयत्न लगा दिये। उस उथल-पुथल के युग में स्त्री ने जो किया, वह अभूतपूर्व होने के साथ-साथ उसकी शक्ति का प्रमाण भी था। यदि उसके बलिदान, उसके त्याग भूले जा सकेंगे तो उस आन्दोलन का इतिहास भी भूला जा सकेगा। इस प्रगति-द्वारा सार्वजनिक रूप से स्त्री समाज को भी लाभ हुआ। उसके चारों ओर फैली हुई दुर्बलता नष्ट हो गई, उसकी कोरी भावुकता छिन्न-भिन्न हो गई और उसके स्त्रीतव से शक्तिहीनता का लांछन दूर हो गया। पुरुष ने अपनी आवश्यकतावश ही उसे साथ आने की आज्ञा दी, परन्तु स्त्री ने उससे पग मिलाकर चलकर प्रमाणित कर दिया कि पुरुष ने उसकी गति पर बन्धन लगाकर अन्याय ही नहीं, अत्याचार भी किया है। जों पंगु है, उसी के साथ गतिहीन होने का अभिशाप लगा है। गतिवान को पंगु बनाकर रखना सबसे बड़ी क्रूरता है।

राष्ट्र को प्रगतिशील बनाने में स्त्री ने अपना भी कुछ हित साधन किया, यह सत्य है, परन्तु इस मधु के साथ कुछ क्षार भी मिला था। उसने जो पाया, वह भी बहुमूल्य है और जो खोया, वह भी बहुमूल्य था—इस कथन में विचित्रता के साथ-साथ सत्य भी समाहित है।

आन्दोलन के समय जिन स्त्रियों ने आधुनिकता का आह्वान सुना, उनमें सभी वर्ग की शिक्षिता और अशिक्षिता स्त्रियाँ रहीं। उनकी नेत्रियों के पास इतना अवकाश भी नहीं था कि वे उन सबके बौद्धिक विकास की ओर ध्यान दे सकतीं।

यह सत्य है कि उन्हें कठोरतम संयम सिखाया गया, परन्तु यह सैनिकों के संयम के समान एकांगी ही रहा। वे यह न जान सकीं कि युद्धभूमि में प्रतिक्षण मरने के लिए प्रस्तुत सैनिक का संयम, समाज में युग तक जीवित रहने के लिए इच्छुक व्यक्ति के संयम से भिन्न है। एक बन्धनों की रक्षा के लिए प्राण देता है तो दूसरा बन्धनों की उपयोगिता के लिए जीवित रहता है। एक अच्छा सैनिक मरना सिखा सकता है और एक सच्चा नागरिक जीना, एक में मृत्यु का सौन्दर्य है और दूसरे में जीवन का वैभव। परन्तु अच्छे सैनिक का अच्छा नागरिक होना यदि अवश्यम्भावी होता तो सम्भवत: जीवन अधिक सुन्दर बन गया होता।

स्वभावत: सैनिक का जीवन उत्तेजनाप्रधान होगा और नागरिक का संवेदनाप्रधान। इसी से एक के लिए जो सहज है, वह दूसरे के लिए असम्भव नहीं तो कष्टसाध्य अवश्य है।

आन्दोलन के युग में स्त्रियों ने तत्कालीन संयम और उससे उत्पन्न कठोरता को जीवन का आवश्यक अंग मानकर स्वीकार किया, अपने प्रस्तुत उद्देश्य का साधन मात्र मानकर नहीं। इससे उनके जीवन में जो एक रुक्षता व्याप्त हो गई है, उसने उन्हीं तक सीमित न रहकर उनके सुरक्षित गृहजीवन को भी स्पर्श किया है। वास्तव में उनमें से अधिकांश महिलाएँ रूढ़ियों के भार से दबी जा रही थीं, अत: देश की जागृति के साथ-साथ उनकी क्रान्ति ने भी आत्मविज्ञापन का अवसर और उसके उपयुक्त साधन पा लिये। यही उन परिस्थितियों में स्वाभाविक भी था, परन्तु वे यह स्मरण न रख सकीं कि विद्रोह केवल जीवन के विशेष विकास का साधन होकर ही उपयोगी रह सकता है। वह सामाजिक व्यक्ति का परिचय नहीं, उसके असंतोष की अभिव्यक्ति है।

उस करुण युग के अनुष्ठान में भाग लेनेवाली स्त्रियों ने जीवन की सारी सुकोमल कला नष्ट करके संसार-संग्राम में विद्रोह को अपना अमोघ अस्त्र बनाया। समाज उनके त्याग पर श्रद्धा रखता है, परन्तु उनकी विद्रोहमयी रुक्षता से सभीत है। जीवन का पहले से सुन्दर और पूर्ण चित्र उनमें नहीं मिलता, अत: अनेक आधुनिकता के पोषक भी उन्हें सन्दिग्ध दृष्टि से देखते हैं। अनन्त काल से स्त्री का जीवन तरल पदार्थ के समान सभी परिस्थितियों के उपयुक्त बनता आ रहा है, इसलिए उसकी कठिनता आश्चर्य और भय का कारण बन गई है। अनेक व्यक्तियों की धारणा है कि उच्छृंखलता की सीमा का स्पर्श करती हुई स्वतंत्रता, प्रत्येक अच्छे-बुरे बन्धन के प्रति उपेक्षा का भाव, अनेक अच्छे-बुरे व्यक्तियों से सख्यत्व और अकारण कठोरता आदि उनकी विशेषताएँ हैं। इस धारणा में भ्रान्ति का भी समावेश है, परन्तु, नितान्त निर्मूल नहीं कही जा सकती। अनेक परिवारों में जीवन की कटुता का प्रत्यक्ष कारण स्त्रियों की कठोरता का सीमातीत हो जाना ही है, यह सत्य है, परन्तु इसके लिए केवल स्त्रियाँ ही दोषी नहीं ठहराई जा सकतीं। परिस्थिति इतनी कठोर थी कि उन्हें उस पर विजय पाने के लिए कठोरतम अस्त्र ग्रहण करना पड़ा। उनमें जो विचारशील थी, उन्होंने प्राचीन नारियों के समान कृपाण और कंकण का संयोग कर दिया। जो नहीं थीं, उन्होंने अपने स्त्रीत्व से अधिक विद्रोह पर विश्वास किया। वे जीने की कला नहीं जानतीं, परन्तु संघर्ष की कला जानती हैं, जो वास्तव में अपूर्ण है। संघर्ष की कला लेकर तो मनुष्य उत्पन्न ही हुआ है, उसे सीखने कहीं जाना नहीं पड़ता। यदि वास्तव में मनुष्य ने इतने युगों में कुछ सीखा है तो वह जीने की कला कही जा सकती है। संघर्ष जीवन का आदि हो सकता है, अन्त नहीं। इसका यह अर्थ नहीं कि संघर्षहीन जीवन ही जीवन है। वास्तव में मनुष्य जाति नष्ट करनेवाले संघर्ष से अपने-आपको बचाती हुई विकास करनेवाले संघर्ष की ओर बढ़ती जाती है।

सामाजिक प्रगति का अर्थ भी यही है कि मनुष्य अपनी उपयोगिता बढ़ाने के साथ-साथ नष्ट करनेवाली परिस्थितियों की सम्भावना कम करता चले। किसी परिस्थिति में वह हिम के समान अपने स्थान पर स्थिर हो जाता है और किसी परिस्थिति में वह जल के समान तरल होकर अज्ञात दिशा में बह चलता है। स्त्री का जीवन भी अपने विकास के लिए ऐसी ही अनुकूलता चाहता है, परन्तु सामाजिक जीवन में परिस्थिति की अनुकूलता में विविधता है। हम अपना एक ही केन्द्रबिन्दु बनाकर जीवन-संघर्ष में नहीं ठहर सकते और न अपना कल्याण ही कर सकते हैं। स्त्री की जीवन-शक्ति का ह्रास इसी कारण हुआ कि वह अपने-आपको अनुकूल या प्रतिकूल परिस्थिति के अनुरूप बचाने में असमर्थ रही। उसने एक केन्द्रबिन्दु पर अपनी दृष्टि को तब तक स्थिर रखा, जब तक चारों ओर से परिस्थितियों ने उसकी दृष्टि नहीं रोक ली। उस स्थिति में प्रकाश से अचानक अन्धकार में आए हुए व्यक्ति के समान वह कुछ भी न देख सकी। फिर प्रकृतिस्थ होने पर उसने वही पिछला अनुभव दोहराया।

जागृति-युग की उपासिकाओं के जीवन भी इस त्रुटि से रहित नहीं रहे। उन्होंने अपनी दृष्टि का एक ही केन्द्र बना रखा है, अत: उन्हें अपने चारों ओर के सन्दिग्ध वातावरण को देखने का न अवकाश है और न प्रयोजन। वे समझती हैं कि वे राष्ट्रीय जागृति की अग्रदूती के अतिरिक्त और कुछ न बनकर भी अपने जीवन को सफलता के चरम सोपान तक पहुँचा देंगी। इस दिशा में उनकी गति का अवरोध करनेवालों की संख्या कम नहीं रही, यह सत्य है। परन्तु इसीलिए वे अपना गन्तव्य भी नहीं देखना चाहतीं, यह कहना बहुत तर्कपूर्ण नहीं कहा जा सकता। ऐसा कोई त्याग या बलिदान नहीं जिसका उद्‌गम नारीत्व न रहा हो, अत: केवल त्याग के अधिकार को पाने के लिए अपने-आपको ऐसा रुक्ष बना लेने की कोई आवश्यकता नहीं जान पड़ती।

जिन शिक्षिताओं ने गृह के बन्धनों की अवहेलना कर सार्वजनिक क्षेत्र में अपना मार्ग प्रशस्त किया, उनकी कहानी भी बहुत कुछ ऐसी ही है। उनके सामने नवीन युग का आह्वान और पीछे अनेक रूढ़ियों का भार था। किसी विशेष त्याग या बलिदान की भावना लेकर वे नये जीवन-संग्राम में अग्रसर हुई थीं, यह कहना सत्य होगा। वास्तव में गृह की सीमा में उनसे इतना अधिक त्याग और बलिदान माँगा गया कि वे उसके प्रति विद्रोह कर उठीं। स्वेच्छा से दी हुई छोटी-से-छोटी वस्तु मनुष्य का दान कहलाती है, परन्तु अनिच्छा से दिया हुआ अधिक-से-अधिक द्रव्य भी मनुष्य का अधीनता-सूचक ही समझा जाएगा। स्त्री को जो कुछ बलात् देना पड़ता है, वह उसके दान की महिमा न बढ़ा सकेगा, वह शिक्षिता स्त्री भलीभाँति जान गई थी।

भविष्य में भारतीय समाज की क्या रूपरेखा हो, उसमें नारी की कैसी स्थिति हो, उसके अधिकारों की क्या सीमा हो, आदि समस्याओं का समाधान आज की जाग्रत और शिक्षित नारी पर निर्भर है। यदि वह अपनी दुरवस्था के कारणों को स्मरण रख सके और पुरुष की स्वार्थपरता को विस्मरण कर सके तो भावी समाज का स्वप्न

सुन्दर और सत्य हो सकता है, परन्तु यदि वह अपने विरोध को ही चरम लक्ष्य मान ले और पुरुष से समझौते के प्रश्न को ही पराजय का पर्याय समझ ले तो जीवन की व्यवस्था अनिश्चित और विकास का क्रम शिथिल होता जाएगा।

क्रान्ति की अग्रदूती और स्वतंत्रता की ध्वजा-धारिणी नारी का कार्य जीवन के स्वस्थ निर्माण में शेष होगा, केवल ध्वंस में नहीं।